小学生家庭教育与学校教育的协同发展研究

王新乐 著

湖南大学出版社

·长沙·

图书在版编目（CIP）数据

小学生家庭教育与学校教育的协同发展研究／王新乐

著. -- 长沙 ：湖南大学出版社，2024.9. -- ISBN

978-7-5667-3693-2

　Ⅰ. G626

中国国家版本馆 CIP 数据核字第 202453NY28 号

小学生家庭教育与学校教育的协同发展研究

XIAOXUESHENG JIATING JIAOYU YU XUEXIAO JIAOYU DE XIETONG FAZHAN YANJIU

著　　者：王新乐

责任编辑：刘雨晴

印　　装：长沙市雅捷印务有限公司

开　　本：710 mm×1000 mm　1/16　印　　张：15.25　字　　数：243 千字

版　　次：2024 年 9 月第 1 版　　印　　次：2024 年 9 月第 1 次印刷

书　　号：ISBN 978-7-5667-3693-2

定　　价：78.00 元

出 版 人：李文邦

出版发行：湖南大学出版社

社　　址：湖南·长沙·岳麓山　　　　邮　　编：410082

电　　话：0731-88822559（营销部），88649149（编辑室），88821006（出版部）

传　　真：0731-88822264（总编室）

网　　址：http://press.hnu.edu.cn

电子邮箱：624307885@qq.com

前　言

　　随着社会的快速发展进步，教育系统也必须积极适应新变化。在小学教育领域，这不仅体现在课程改革上，也体现在家校合作新动态上。2022 年 1 月起实施的《中华人民共和国家庭教育促进法》强调了家庭、学校、社会之间的协调与合作，不仅阐释了家庭教育的定义、目的和方法，为家长提供了实施家庭教育的指导，还明确了国家和社会对家庭教育的指导、支持和服务，以帮助家长提升育儿能力，旨在共同构建一个协同育人机制。为了促进学生全面而健康地成长，学校和家长之间的密切沟通和有效交流变得更加重要。在教育改革的大潮中，小学的家校合作受到了越来越多的关注。

　　学校是教育的主要场所，但家庭教育同样重要，尤其是在小学阶段，父母的言传身教对孩子的影响十分深远。鉴于小学生的年龄较小，心智尚未成熟，自我管理能力较弱，家长和教师需要紧密合作，为小学生提供连贯的监督和指导。此外，素质教育的实施要求教师根据学生的不同情况采取个性化教学策略，确保学生在德、智、体、美、劳等方面实现均衡发展；"五项管理"（作业、睡眠、手机、读物、体质管理）工作的推广实施要求教师和家长互补合作，及时沟通，深入了解学生的家庭环境和个人特点。在育人过程中，学校和家庭必须分工合作，相互支持，以共同促进学生的全面发展。

我国长期以来的传统教育观念仍影响着许多家长，导致家校合作往往停留在形式上，未能发挥应有的作用。当前，虽然理论研究和实践改革不断深入，但家校合作仍处于探索阶段，存在许多不尽如人意的地方，其效果尚待提高。班级管理的成功也依赖于家长的积极参与和配合。受到教育水平和旧观念的影响，许多家长错误地将学生教育完全视为学校的责任，忽略了自身所扮演角色的重要性。这种观念不仅给教师的工作带来困难，也不利于学生的健康成长。因此，本书选择小学生家庭教育与学校教育的协同发展这一研究对象，旨在将理论与实践结合，分析现状，探讨问题根源，并提出改进建议，为小学生的全面发展做出贡献。

目　录

第一章

家庭教育

第 一 节

家庭教育理论概述

一、家庭教育基本概念

目前，学界对家庭教育的定义有以下两种观点：一种观点将家庭教育视作父母或家中的其他成年人对孩子的教导和培养。其是教育体系的一部分，旨在有目的地通过系统的支持来培育子女，由家中的长辈通过日常生活中的实际活动、言传身教来进行教育，致力于实现特定的教育目的。家庭教育在这里被看作父母或家庭中成年成员对孩子成长过程中的引导和教育，应当基于社会的需要和孩子成长的自然规律，积极并有意识地进行。此种形式的教育主要发生在家庭日常生活的实践中，旨在推动儿童的社会化，同时建立和发展亲子间的良好关系。另一种观点认为家庭教育涵盖了家庭成员间的相互作用和教育。这种观点强调家庭内成员之间的互动教育，不仅父母和其他长辈会对孩子施加教育影响，孩子的反馈也对父母及长辈产生教育作用和思考，这一过程是双向的、互动的，并在不断进化。家庭教育在此被看作一个家庭成员间互相影响和教育的过程。本书采纳前一种观点，着重探讨父母或家庭中其他成年人在家庭环境中对孩子进行的教育。

二、中外家庭教育的发展

（一）国外家庭教育的发展

1. 日本

隋唐以来，日本深受中国儒家文化影响，形成了重视家庭教育的传统。明治维新后，日本虽通过学习西方科学，经济大幅增长，但社会文化层面依然注重儒学教育以及家学教育，这为其经济和科技的快速发展奠定了基础，日本的家庭教育模式独特而有启示意义。

第一，重视母亲对人才培养的作用。在日本，尤其强调母亲在育儿中的关键作用。国家提供政府支持和激励措施，如为休职育儿母亲提供补助，或减免全职母亲的配偶的所得税，并要求雇主提供家庭健康保险。怀孕女性前往地方政府登记相关信息，建立儿童档案后，可获得免费健康体检次数，并接受专业营养师的定期家访指导。此外，政府监督家庭教育的实施，确保父母承担起照顾子女的责任。这些制度不仅提升了家庭教育的质量，也成为彰显母亲地位的推动力，使得母亲在家庭教育中的作用更为突出。

第二，家庭教育并非封闭，而是与其他教育紧密相关，如学校教育、社会教育等。在日本，很多学校都会制定严格的标准去管理青少年，而社会层面也时刻关注青少年的成长，这样一来便与家庭教育紧密结合，共同促进孩子的成长与发展。幼儿园教育尤其重视与家庭的合作，提供全面的课程，减少了父母对专门艺术学校的需求。在社会教育方面，日本制定了《少年法》，设立少年院和家庭裁判所，少年院专门负责收容和重新教育被家庭裁判所送来的青少年。少年院通过提供文化和职业教育，帮助这些青少年重新适应社会。这种模式极具借鉴意义，从实际情况来看，日本教育质量处于较高水平，与学校教育、社会教育和家庭教育的紧密配合有着密切联系。

第三，全社会对家庭教育给予了高度重视。日本社会普遍重视儿童的成长和教育，普遍认同"儿童优先、教育为本"的理念，父母可选择约50种专为学龄前儿童设计的月刊，还有如"幼儿教育大学"等机构专门提升父母的育儿技能。日本父母重视品格和人格教育，他们希望子女能发挥个人潜力，建立家庭、遵守法律、经济独立，成为可造之才，不仅为提升自身生活品质打下基础，还能具有一定社会地位，得到人们的尊敬和认可。①

---

① 王彩霞. 当前中国家庭教育问题研究[D]. 包头：内蒙古科技大学，2012.

2．美国

（1）美国家庭教育。

美国大家庭逐渐变少，产生这种变化主要有三个原因。首先，人口增长率下降，导致平均家庭规模减小。其次，美国成立后的"西进运动"和人口迁徙使人们的血缘观念逐渐淡化。最后，为维持生计，家庭将生产任务委托给商店、工厂和市场。因此，大家庭数量和规模逐渐减少。

随着生产力发展和社会进步，美国家庭不再从事劳动生产，而是将任务交给商店、工厂和市场。这导致家庭教育内容发生变化，艺徒制度取代了家庭对子女的生产技能教育。艺徒制度为孩子提供了离开父母、专门学习知识的机会，使他们在特定技能上更加专业。此外，环境也对家庭教育产生影响。殖民地时期的大家庭结构复杂，成员众多，导致孩子的教育常被忽视，甚至出现家庭暴力现象。美国独立建国后，家庭结构发生变化，父母有更多时间关注子女教育，注重教育方式和方法。随着移民数量的增加，美国的家庭情况变得更加复杂，家庭教育也呈现出巨大差异。不同的家庭因家庭环境、经济条件、传统观念和父母受教育程度等方面的不同，导致家庭教育情况更加多样化。

（2）美国家庭教育的积极影响与局限性。

第一，积极影响。在进步主义时期，为了适应社会变革和缓解家庭压力，家庭教育也做出了相应的调整。可以说，进步主义运动为家庭教育的改革提供了契机，推动了家庭教育的不断探索和发展。作为教育体系的重要组成部分，家庭教育特别强调对子女的道德教育，对社会产生了重要影响。在美国，父母在教育子女时强调个人主义，这塑造了子女追求独立、自强的性格特征。这种个性主义也促进了美国社会的包容性和独立性，成为多元文化的形成因素之一。社会变革迫使父母在教育内容上做出调整，强调尊重他人权利，培养子女与他人交流沟通的能力，营造了团队合作的氛围。随着社会经济的迅速发展和对高品质生活的追求，父母更加注重培养子女的竞争意识，让他们在竞争中获得满足感，实现个人价值。这种积极健康的竞争氛围推动着美国社会不断自我更新。

随着进步主义运动的推进，学校教育体系逐渐完备，包括幼儿、初等、高等以及职业教育，形成了多层次、多类型的学校系统。政府实施了"强制入学"政策，初等教育的普及使学校教育逐渐成为主要教育形式。克雷明在《公共教育》中指出，学校已经取代了家庭和教会在未成年人社会化中的首要地位，而家庭教育的功能逐渐减弱。然而，尽管学校提供了基础学科知识教育和交往场所，但由于学校难以个性化教育每个孩子，家庭教育在此时显得尤为重要。家庭是孩子的第一所学校，父母则是孩子的首要导师，他们的言行举止在潜移默化中塑造着孩子的品德和习惯，这种影响深远且持久。家庭教育的关键在于培养良好的生活和学习习惯，这有助于孩子更好地接受学校教育，并在未来生活中取得成功。家庭教育与学校教育密不可分，良好的家庭教育对学校教育有着巨大的促进作用。学校教育建立在家庭教育的基础上，与学校教育相比，家庭教育更具灵活性和多样性。进步主义时期的家庭教育与学校教育并存，推动着家庭教育朝着更加和谐、民主的方向发展，以适应社会发展的需求。

在进步主义时期，父母的工作机会增多，使他们教育子女的时间和精力有所减少。然而，学校和社会丰富多彩的活动为孩子提供了接触新思想和文化的机会，拓宽了他们的视野，提高了他们的独立性。孩子们更加自主和自由，这种变化使得传统教育方式不再适用，而孩子们的积极、乐观、勇于创新也进一步塑造了美国社会的价值观。在这个时期，家庭教育也逐渐调整，父母更注重鼓励孩子、尊重孩子的个性，并教育他们遵守社会规范，维护社会公德。总之，教育贯穿于孩子生活的方方面面，为社会的发展带来积极的影响。

第二，局限性。进步主义时期的家庭教育，虽然对社会产生了很多积极影响，但也存在一些局限性。在传统家庭中，父母拥有绝对的权威。然而，随着父母外出工作，他们为子女创造了独立和自主的条件，使得子女渐渐脱离传统教育，甚至认为其一无是处。同时，父母对子女的抚养也更加随意、散漫，导致传统家庭教育的地位逐渐下降。父母的掌控力减弱，甚至失去掌控，子女则追求更多自由，导致传统教育方式难以维持。在这一时期，父母与子女之间的关系出现矛盾，同时也伴随着子女对父母监管的不满，迫使父母做出妥协。

在进步主义时期，许多女性为争取自身权益而投入社会改革，这使得女性地位得到提升，她们获得了更多的工作机会，同时也改变了对婚姻的看法，不再将家庭置于首要位置。这些因素都不利于传统家庭教育的延续。此外，单亲家庭、再婚家庭以及未婚母亲的增加使亲子问题更加复杂化。比如，在单亲家庭中，因父母或母亲的缺失而导致子女教育不完整，在性格上留下瑕疵，增加了走向极端的可能性。未婚母亲通常经济条件较差，即使她们能获得社会救济金或政府赡养费，情况也不容乐观。此外，也面临着福利得不到保障等方面的问题。

家庭教育的局限性还包括父母的教育水平和思想观念对子女的影响。接受过高等教育的父母通常会鼓励子女接受高等教育，而受教育程度较低的家庭则可能更倾向于选择技术类学校。此外，家庭环境也对子女产生重要影响。父母之间的争吵和矛盾，以及不良的处理方式，都可能给子女造成负面影响。如果父母在教育子女方面出现误导或犯下较大错误，则可能会给子女带来无法弥补的损失，甚至危及整个社会。

在这一时期，不同阶层家庭之间的鸿沟开始加深，特别是贫困家庭和富裕家庭之间的差距日益扩大。这两种家庭拥有不同的教育模式和生活方式，他们的价值观和世界观之间的差异越来越明显。不同阶层家庭的教育差异加剧了社会的分化。在这一时期，经济相对富裕的中产阶级家庭的教育更加民主和平等，而经济压力较大的劳工家庭的子女可能不得不外出打工以减轻家庭经济负担，导致父母对教育的重视程度降低。

在这个时期，社会的专业化程度不断提高，由于许多家庭成员离开家庭，投身社会工作，导致他们与家庭之间的生活和经济联系减弱。这使得家庭教育者与受教育者之间相处的时间减少，情感交流和依恋也减少，家庭成员之间的疏远感和孤独感增加。[①]

---

① 王玲.进步主义时期美国家庭教育研究[D].甘肃：西北师范大学，2015.

（二）中国家庭教育的发展

1. 我国古代的家庭教育

我国是一个尊师重道的国家，从古代开始便高度重视教育。家庭教育作为教育的重要组成部分，也得到了古人的高度重视。最早的家庭教育与宗族制度密切相关。先秦时期的宗族制度经过奴隶社会时期的演化发展，已经逐渐成形和稳定。在王室中，宗族制度是王位更替的重要支撑；在家族中，宗族制度下产生了"大父母"，负责全面领导和管理家族；而在家庭教育方面，主要是由家族嫡长子即宗子负责。当时的家庭教育内容十分广泛，生产、生活、军事、祭祀等方面都会涵盖在内，而这些内容也是家族安身立命的基础。

秦灭六国一统天下后，文教政策为之一变，"以法为教，以吏为师"成为指导思想，此时家庭教育也逐步发生变化。而处于封建社会大环境下，等级性不可避免，由此使得家庭教育出现分层，分为三个种类：第一类为贵族家庭教育，主要在皇家贵族中出现；第二类为官宦家庭教育，主要在官员家族中出现；第三类为广大社会底层的平民家庭教育。南北朝的分裂给人民带来了无尽苦难，但同时也创造了重新洗牌的契机。等到隋朝统一天下后，科举制开始实行。该制度为平民百姓通过读书改变命运提供了渠道，因此平民百姓更加重视家庭教育，希望通过家庭教育培养出优秀人才，进而扭转家庭的命运。皇室贵族、官宦人家同样重视家庭教育，而这类家族资源丰厚，有能力聘请优秀教师前往家庭任教。这一时期的家庭教育与学校教育有所结合，共同为培养优秀人才贡献力量。

到了元、明、清时期，家庭教育受到统治阶级的更大关注，但其主要目的不是促进家庭教育，而是将家庭教育作为维持封建统治的一种手段，比如此时期的家族中会将修身、齐家等思想与国家政治秩序、伦理道德联系起来，理学思想成为家庭教育的重要内容。

2. 我国近现代的家庭教育

家庭教育不会消失，因为家庭是社会的基本单元，没有家庭，也就没有社会。到了近代，国家对家庭教育的重视程度与日俱增，开启了法制化发展道路。关于家庭教育的研究也更加深入，相关理论逐步完善。很多专家学者基于理论投身实践研究，支撑我国近代家庭教育向理论更完善、实践更丰富的方向发展，成为现代家庭教育成形的坚实基础。

1916 年 6 月，朱庆澜在出任广东省省长期间用白话文编写了一本《家庭教育》，他在书中对家庭教育的意义、作用、原则、内容、方法等方面进行了系统阐述，并结合实际情况进行深入分析。在他的心目中，家庭教育是一项至关重要的教育事业。他将学龄前孩子比作一张白纸，家庭教育则是为这张白纸上色的第一道染料，如果父母不做好家庭教育，染色效果便会不尽如人意，使得孩子得不到良好引导和培养，小则影响家庭发展，大则关系国家未来。他认为父母要在家庭教育中做好每一件事，比如要以身作则，不能只严格要求孩子而不严格要求自己；要因材施教，不能盲目强压和逼迫；要注重环境塑造，为孩子营造适于良好成长的氛围和风气；父母都要参与其中，但是角色有所不同，有分工也要有合作；教育方式以引导为主，不能随意打骂和体罚孩子。朱庆澜着重强调家庭教育要在孩子品德教育中发挥重要作用，逐步将各类优秀品德传递给孩子。

中国近现代教育家陈鹤琴也著有一本与家庭教育相关的书，即《家庭教育》。他在创作这本书时将自己的儿子作为观察对象，从中了解孩子的相关特征，除此之外，他还对其他人教育子女的经验进行研究分析，从中总结可取之处。在这本书中，陈鹤琴对家庭教育相关理论进行了系统阐述，并着重强调家庭教育的作用和意义。在他看来，家庭教育要从早期入手，因为此时的儿童具有更强的可塑性。如果能进行良好的家庭教育，不仅有利于儿童的成长发育，也能为国家和社会发展打下人才基础。对于学龄前儿童来说，家庭教育是他们所接受的主要教育类型，陈鹤琴认为家庭教育内容要足够宽广，家庭体育与卫生、家庭德育、家庭智育、家庭美育、家庭劳动教育等都要囊括在内，只有这样才能从各个方面引导和教育儿童。陈鹤琴还总结了家庭教育原则，并通过具体例子进行说明，在原则方面主要包括正面教育、以身作则、严格要求、宽严适度等；在引入的具体例子中，包括游戏教育、激励教育、榜样教育、诱导教育等。陈鹤琴十分关注家庭教育，他深刻指出儿童只有从小教育好，未来才能成才，才能成长为国家的栋梁。

3. 我国当代的家庭教育

社会一直在发展，生产方式也在改变，而具体到教育领域，社会化成为一种趋势。在这一大趋势下，家庭教育并没有被埋没，而是仍旧在教育事业中扮演着极为重要的角色。对于未成年人来说，他们尚没有谋生能力，想要独立自主生活还不现实，因此大部分时间仍然会在家庭中度过，并且即便成为成年人，也不会与家庭断绝联系，因此家庭教育仍旧发挥作用。家庭教育的影响力极为深远和长久，如果家庭环境较差、文化氛围不够浓厚等，可能会对家庭教育产生不良影响，再如父母价值观有偏差、兴趣爱好较为低级等，都可能在潜移默化中影响未成年子女，让他们在是非判断以及选择过程中步入歧途。一个家庭想要健康发展下去，家庭教育必须优化。从实际情况看，当今我国的家庭教育正在发生变革，传统家庭教育内容有所传承，新时代风潮也在不断深入。这使得现代家庭教育在发展过程中面临更多的选择，如何去芜存菁是摆在无数家庭面前的一道难题。

一个人来到世界上，首先接触的社会环境便是家庭。家庭环境良好，儿童的个性与品格发展便能够步入正轨，心理素质会更健康，道德品质会更为端正。影响家庭环境的因素有很多，如家庭成员思想品德水平、行为规范、爱好类型、人际关系处理能力等。而除了这些软性因素外，家庭经济水平也会产生较大影响，一般来说，经济条件较好的家庭有能力去布置更好的生活环境。但总体来看，精神环境较物质环境占据更重要的地位。

不同类型的教育塑造不同类型的家庭，可总结如下：

一是理想型家庭，家庭成员能够和谐相处，并且结构完整，另外家庭成员在政治、科学、文化修养等方面也具有较高水平，能够支撑他们更正确地开展家庭教育。在这种环境中的孩子善良、豁达、上进、富有同情心，父母备受尊重，家庭民主氛围浓厚。

二是专制型家庭，父母不尊重孩子，专制、强硬，剥夺孩子独立的机会，导致孩子脾气暴躁、意志薄弱。父母权威不受认可。

三是溺爱型家庭，父母迁就、满足孩子所有需求，使孩子唯我独尊、任性，父母成奴仆，孩子"失控"。

四是教育不一致型家庭，父管母护，教育理念不统一，导致孩子顽皮、不听管教，父母失去威信。家庭成员教育作用相互抵消，孩子利用父母矛盾掩盖错误。

第 二 节

家庭教育的社会地位与价值

一、家庭教育是落实立德树人根本任务的关键力量

我国对家庭教育一直很重视，并且将家庭教育与国家发展紧密联系起来。在立德树人大目标体系之下，培育良好家庭、家教、家风也是重要的努力方向。在理想的家庭教育中，培养何种人、如何培养等问题能得到良好解答，使得家庭教育过程更加顺利高效。《家庭教育促进法》颁布之后，更是将家庭教育的地位和作用进一步提高。家庭教育在新时代下应承担特定使命，认识到在立德树人中的关键作用，并与学校、社会协作，积极践行相关法律，发挥自身的教育作用和价值。

二、家庭教育是孕育培植儿童健全人格的根本基础

在整个教育体系中，家庭教育处于基础位置，是教育事业夯实发展的基石。相较于其他教育，家庭教育具有显著天然性，无论是教育形式、教育内容还是教育空间都没有固定的框架，而是基于实际情况天然生成。这样一来，更有利于儿童的健全发展。学者李希贵曾对依托竞争激发孩子学习动力的做法提出不同见解，他认为竞争终究是外力，如果孩子的学习动力一直依赖外力激发，久而久之便会形成依赖心理，一旦外力消失，学习动力也会大幅削减。因此，在采用竞争之法时要注意程度，不能过度竞争，一方面是避免儿童产生依赖竞争的心理，另一方面是为培养健全人格

提供支持，因为过度竞争会让儿童产生更强的功利化心态，难以正确认识合作、团结等精神品质。具有健全社会人格的人才能更好适应新时代，这要求家庭教育不能只注重知识和学习能力提升，还要高度关注心理和身体素质。在这一目标体系下，家庭教育要丝丝入扣、步步为营，比如当儿童处于婴幼儿时期时，便要开始进行人格的培养，并且以陪伴性和长远性为重要原则。当儿童接受学校教育和社会教育时，家庭教育仍旧要在培养健全人格方面继续发挥作用，比如学校教育除了重点负责教授知识、引导实践，还要与家庭教育紧密合作来培养儿童健康的心理素质。①

三、家庭教育是推动教育回归育人本质的核心动力

儿童进行学习时，"有意思、有意义、有可能"应该在他们心目中留下深刻印记，只有这样他们才能更有动力进行学习，同时也能推动教育回归育人本质。家庭教育也要在这一过程中发挥应有作用。家庭是一个人成长和发展的起点，家庭氛围、家庭教育理念等都会潜移默化产生影响，而当一个人受到正面影响，形成正确的行为习惯和思想态度，则能为后续在受教育方面获得更优成果打下基础。反之如果形成负面影响，所产生的阻力也是不容小觑。原因在于家庭教育会持续更长时间，所产生的影响是极为深刻的，并且具有很强的持续性。在整个教育体系中，家庭教育处于初始地位，与后期的学校教育和社会教育遥相呼应，如果家庭教育不到位，教育体系的根基便可能扎不牢。对于学校教育和社会教育来说，良好的家庭教育可助力所有学校教育目标和社会教育目标更高质量实现。在现实社会中，学校教育和社会教育处于不断变化过程中，而家庭教育却保持着极强稳定性，如果能依托家庭教育向儿童稳定输出正确的价值观，当他们进入到学校教育和社会教育中后，所树立的价值观能支撑他们以不变应万变，进而更好地实现立德树人目标。

---

① 范䣛泽，谭轶纱，贾伟. 立德树人视域下我国家庭教育的价值本真、现实隐忧及发展路向[J]. 中国电化教育，2023(08)：68-75.

四、家庭教育是涵养良好社会风气的重要路径

家国文化是中华传统文化的重要组成，从古至今一直在发挥作用，如教化人民、维护秩序、塑造风气、治理社会、传承文化等。在家国文化中，家庭是重要角色，家庭文化是否良好，会对家国文化品质产生深刻影响。家风是家庭文化的核心所在，是一个家庭整体风貌和氛围的表现，具体体现在家庭成员的行为方式、思维理念、价值观念等方面。想要塑造良好家风，离不开家庭教育的辛勤耕耘，而当家庭教育不知疲倦，奋力塑造出好家风后，社会风气也能得到涵养，逐步促进全社会形成良好氛围。家庭教育不是抽象而是具体的，体现为父母对孩子的各种引导和教育，包括价值引导、习惯培养、知识传授等，一方面这能为孩子健康成长提供支持，另一方面则在潜移默化中培育和传承家风。在家庭教育的助力下，孩子的价值选择和行为准则会积极向上，并坚持以健康的思想观念去待人接物以及参与社会生活，成为引领良好社会风气的一分子。

第 三 节

儿童家庭教育的内涵

一、儿童家庭教育的功能

（一）传统社会的家庭教育功能特征

家庭以血缘关系为纽带，最基本的关系结构是一对夫妻和他们的子女。进入现代社会后，一夫一妻制成为常态，在这一体制下，父母与子女的关系更为明确，这也为家庭教育创造了良好条件。原始社会中，儿童并没有明确的教育者，只要是该群体的成年人都有抚养和教育的责任，由此所形成的教育体系具有公共性。

1. 传统社会家庭教育的主要功能

家庭在传统社会中是一个"集大成者"，需要参与多种事务，如生产、生育、养育、教育、政治参与等，其中的教育并不等同于现在的教育，而是归属于养育范畴，因此会具有一定的私人特征。关于家庭教育方向，我国有很多典籍、家训等提供指导，如《礼记》《颜氏家训》《太公家教》等，到了明清民国时期，家训依旧层出不穷，只是在内容上更为通俗。无论哪个时代，所留下的家训都会记载和论述家庭在教育方面的作用，具体为：一是养育儿童，并引导他们良好成长。《礼记》中记载国君和官员家的子女有专人进行养育和引导，如国君有"子师""慈母""保母"等，官员有"食母"，而普通百姓则是由儿童的生母来养育和引导。在民国时期，很多有识之士的家庭中能发现大量适合儿童观看的杂志、报纸等，也有用于儿童教育的相关玩具，这说明这些家庭对儿童教育十分重视。二是指导儿童基本生活常识，并引导他们学会待人接物。《礼记》中记载了家庭之中晚辈与长辈相处时的相关礼仪，也记载了不同年龄和性别的教育内容；《太公家教》中教导与人交谈时要谨慎组织语言，并且注重自身容貌，给予他人足够尊重。三是指导儿童从事农业和手工业生产。《礼记》中记载女子年龄超过 10 岁后便要学习织布，还要逐步接触和学习其他女红技能。因为农业是国家根基，也是古人谋求生计的重要渠道。有的家族世世代代以某种手工业为生，家庭教育中便会将手工业作为教育内容，一方面是向儿童传授技能，另一方面是为了延续家业。四是委托专门机构与人员开展知识文化教育。《礼记》中记载男孩超过 10 岁后，父母便要寻找教师专门培养孩子。皇室、官宦等有着较强的经济实力，有能力让孩子进入官学，而对于普通家庭中的孩子来说，主要是在乡学、村学、家族私塾学校等地方学校接受教育。

2. 生理性抚养和社会性抚育是传统社会家庭教育的本体功能

家庭教育可能会在教育方法、教育内容等方面存在短板，但不能因为这个原因就否定其功能，如果家庭教育得不到重视，必然产生很大影响，除了孩子成长受影响外，人类社会的正常发展也会受到冲击。家庭是人类的生命起点，人类对家庭所产生的依赖极为强烈，家庭除了照料孩子和满足他们的生活需求外，还要在情感上充分投入，而当两者达到更深程度后，所建立起的教育联系会更为自然，更有利于引导儿童学习生活常识、行为习惯和礼节规则。这两者之间的界限并不明确，二者相辅相成，融入了家庭的日常生活当中。在中国传统社会，家庭可能还承担了知识文化传承和技能培训等功能，如今这些功能通常由专门机构或外部人员主导。

3. 家风是传统社会家庭教育功能的对象化凝结

家庭教育也会不断传承，在我国，家书、家规、家训、家法、家礼等是重要的载体，通过这些内容能够了解一个家族的家风，同时家族中所累积下来的生活经验、行事作风等也会继续在每一代子孙身上流传。在古代社会，一些世家大族通过维护门阀制度、标榜家风等方式来抵御外来侵扰。然而，家风的形成需要至少三代人的代际传承，这不是一般家庭所能实现的。因此，家风对于家庭教育具有双重功能：一是面向子女的教化功能，既传承儒雅高贵气质，也传授通俗经验和处事标准；二是面向家庭家族的荣誉示范功能，世家望族通过维护家风来稳固社会地位，而一些平民家庭也努力通过改善家风来提升社会地位。这种"伙伴间荣誉"和"竞争性荣誉"激励了家庭成员的积极进取，对家庭教育产生了积极影响。①

（二）家庭教育功能的现代遭遇与时代定位

1. 家庭教育功能的现代遭遇

在传统社会中，家庭教育内容、方式、方法等具有较强稳定性，即便朝代更替、岁月流转，依旧很少变化，究其原因与多方面因素有关，比如传统家庭生产方式具有自给自足的特征，对外界依赖较低，因此外界变化对家庭的冲击力也会较低；传统家庭在结构上也相对稳定，这为家庭教育的持续性打下了基础。然而在现代社会，传统家庭受到很大冲击，无论是家庭经济生活还是家庭结构都发生很大变化，不仅使得家庭功能产生新内

---

① 辛治洋，戴红宇. 家庭教育功能的历史演进与时代定位[J]. 教育研究与实验，2021(06)：68-75.

容，也使得家庭教育发生不可逆转的改变。

（1）家庭经济性质的改变造成传统家庭教育功能的外移。

在中国传统社会中，小农经济是主要的经济形态，而家庭是其中重要的生产者，同时也是消费者，因此自给自足不成问题，维持生计不在话下。农业生产劳动需要多个家庭成员合作完成，这一过程没有工资激励，完全是通过家庭关系连接，使得每个家庭成员都自觉担负相应责任。当出现农业生产劳动量大、劳动力不足情况时，不同家庭之间会产生互助关系，而维持这种互助关系主要依靠联姻、收养等。归根结底，血缘亲属关系依旧是古代农业生产持续下去的根本动力。文化教育不同于农业生产，当某个家庭没有能力完成文化教育时，通常不会寻求其他家庭帮助，而是请私塾教师前来授课。即便如此，小农家庭仍然跨不出"子承父业"的局限，因此小农家庭扩大再生产和向上流动的动力较为不足。到了现代社会，小农家庭逐步退出历史舞台，所形成的现代家庭的性质和地位发生了改变，表现为生产单位性质越来越淡化，消费单位性质则越来越巩固。家庭往往通过购买的方式将教育交给学校和社会培训机构，父母希望为子女提供最优质的教育条件和效果，以实现家庭的社会阶层的跃升。

（2）家庭结构与关系的简单化造成传统家庭教育功能的萎缩。

小农家庭的生产和消费为一体，无论是生产规模还是消费规模都限制在较小范围内，而当现代家庭弱化生产单位性质、巩固消费单位性质时，会逐步走出自给自足模式，进入社会大生产体系中。此时的家庭不再是生产流程的主体，而是其中的一个组成部分。在现代家庭中，子女长大成人后会离开原生家庭组建新的家庭，新家庭与原生家庭虽然还有联系，但不像过去那样继续受原生家庭管制，而是呈现出独立生活的显著特点。家庭教育也会随之发生变化，比如传统家庭中老人通常具有很高权威，能对家庭教育作出指导，而在现代家庭中，老人的权威地位被弱化，对于家庭教育的话语权不断减弱；现代社会的生活节奏很快，传统家庭的慢节奏、热闹等特征逐渐消失，如子女为了更好地就业和生存会长时间在外求学，待在家里的时间大幅减少，使得家庭教育难以开展。

（3）国家对儿童教育权利的主张改造了传统家庭教育功能。

社会更迭伴随着落后家庭被淘汰出局的过程，留下来的则是经历了彻底变化的家庭。当国家产生后，为了确保国家更好发展，也会对家庭水平高度重视，并会借助公共权力去管理和干预家庭教育。实施义务教育是我国介入家庭教育的最直接方式，并且为了贯彻实施，会严厉禁止其他代替义务教育的教育形式。我国出台了相关法律法规来推动义务教育发展，并同时对家庭教育进行指导和规范，如出台《全国家庭教育指导大纲》和《家长家庭教育基本行为规范》等。站在国家视角分析，国家介入家庭教育的种种方式终究是为了改造和规范其功能，比如要确保家庭教育在实现国家认同和政治认同方面作出贡献，这要求父母改变传统思想观念，能够认识到"家校社"协同教育的重要性，并在尊重儿童成长规律和保护儿童权利基础上去塑造良好家庭关系和环境。这一过程中，国家会尊重父母的教育权，并尽可能提供相应支持，但如果发现父母存在错误行使教育权行为，则要进行干预。现代家庭教育在国家介入下具有了新的教育功能，在维系国家稳定、社会和谐等方面发挥了更突出的作用，但与此同时部分家庭的教育权被弱化，经常是在学校安排下去发挥教育职能，从而变得不独立。

2. 家庭教育功能的时代定位

家庭教育功能发挥受到很多因素影响，家庭本身的结构现状、关系态势等是重要因素，除此之外，国家政治经济制度也会产生制约作用。自改革开放以来，我国发展之路重新规划，塑造出新的经济社会发展样貌，同时世界形势也在风云变幻、难以捉摸，成为影响我国家庭结构与功能的潜在因子。无论是内部还是外部变化，所产生的影响都不可忽视，在长远发展视角中，准确把控家庭教育功能定位，要求更深入理解家庭教育内涵，并结合时代特征和国家需求进行分析研究。

（1）基于"家庭"内涵的家庭教育功能本体定位。

深入探讨家庭教育的功能，必须首先明确哪些功能并非家庭教育所具备的。通过反向思考，能更精准地把握家庭教育的核心职责与边界。家庭教育作为教育体系中的一个重要组成部分，其功能的独特性既体现在与学校教育、社会教育的差异上，又体现在其固有的、无法替代的价值上。传统社会与现代社会的家庭教育功能，虽然都强调对下一代的培育，但具体内涵和方式却大相径庭。传统社会中的家庭教育，往往与家族传承、宗法制度紧密相连，而现代社会则更加注重孩子的个性发展、综合素质的提升。然而，无论时代如何变迁，家庭教育始终承载着品德教育和人格教育的重任。要准确界定家庭教育的功能，必须深入理解"家庭"这一概念的内涵。家庭，作为社会的基本细胞，是情感交流、文化传承和个体成长的重要场所。基于血缘关系而延伸出的自然情感、政治关系和生活服务，构成了家庭教育的基石。这些特点决定了家庭教育功能的私密性、情感性和情境性。首先，家庭教育的私密性是其最显著的特点之一。家庭教育发生在家庭这一私密空间中，父母与子女之间的亲密关系和相互信任，为教育的深入开展提供了有利条件。这种私密性使得家庭教育能够更加注重个体差异，根据孩子的性格、兴趣和能力进行有针对性的培养。其次，家庭教育的情感性是其独特的优势。父母与子女之间的亲情关系，使得家庭教育更加注重情感的沟通和交流。父母通过关爱、理解和支持，帮助孩子建立自信、培养情感能力，为孩子的全面发展奠定坚实基础。最后，家庭教育的情境性是其功能的又一重要体现。家庭生活丰富多彩，涵盖了饮食起居、亲友交往、矛盾处理等多个方面。在这些日常生活中，父母通过自己的言谈举止为孩子树立了榜样，同时也为孩子提供了实践的机会。这种情境化的教育方式，使得家庭教育功能更加生动、具体和有效。然而，当前社会中，许多家庭教育的功能被学校教育所替代或延伸，这在一定程度上削弱了家庭教育的独特性和价值。因此，需要重新审视和界定家庭教育的功能，明确其与学校教育的边界，以更好地发挥家庭教育的独特作用。通过深入理解和把握这些功能，可以为孩子的全面发展提供更加有力的支持，同时也为构建更和谐的家庭和社会关系做出贡献。在未来的家庭教育中，应更加注重培养孩子的独立性、创造性和情感能力，让他们在家庭的关爱和引导下茁壮成长。

（2）基于"教育"内涵的家庭教育功能要素定位。

家庭教育的功能可以划分为基础功能、延伸功能和拓展功能。基础功能是家庭教育的基础，其类似于学校的墙壁，为学校教育提供了基本条件，同时也会对儿童产生潜移默化的影响。基础功能包括生理性抚养，旨在满足儿童的生理需求，并受到亲子关系和家庭结构的影响；还包括社会性抚育，通过日常生活中的点滴教导孩子社会生活的方方面面。延伸功能指家庭教育功能经过逐步积累和变化，部分家庭开始将生产专业化，并形成稳定的职业活动，甚至延续职业传承。拓展功能则是家庭教育功能的增强和变迁，随着时代的发展，家庭要承担确保子女接受义务教育等更多的功能。尽管社会和家庭结构不断变化，但家庭教育的基础功能始终存在，其功能定位一直以"教育"为核心。父母和相关机构需要意识到这些功能要素，并根据家庭和社会的稳定性适时展现延伸和拓展功能。

（3）基于"功能"内涵的家庭教育功能价值定位。

日本学者柴野昌山采纳默顿的正负双向功能论，对教育功能进行了细致的划分，将其区分为正向与负向、显性与隐性四个维度，进而构建了学校教育功能的四象限结构。这一理论的提出，不仅揭示了教育功能的多样性，更凸显了教育功能可能存在的复杂性和不确定性。在理解教育功能时必须认识到，它并非总是如我们所愿般呈现出纯粹的正面效果。相反，它也有可能带来一些出乎意料的，甚至与我们的期望背道而驰的负面效果。这种正负双向的功能特性，使得我们在探讨教育问题时，必须保持一种全面而审慎的态度。一些学者进一步指出，"功能"一词所指的是一种客观的结果，这种结果并不受特定社会阶层、群体或个人的主观接受与否的影响。这种理解方式，实际上是站在系统内部的视角来审视功能，即将社会视为一个整合的、相互关联的系统，其中的每一个部分都在为整个系统的运作发挥着积极的作用。在讨论功能时应当把视野放宽，从整个系统的角度出发，而非局限于某个特定的部分或层面。家庭教育作为社会系统中的一个重要组成部分，其功能的发挥不仅关乎家庭的和谐与幸福，更关乎国家的发展、民族的进步和社会的和谐稳定。"功能"一词的内涵，决定了家庭教育功能必须与国家层面的价值需求相契合。因此，在讨论家庭教育功能时，不能仅仅将其视为一种私人事务，而应当将其置于整个国家的社会经济发展和教育政策框架内进行考量。具体来说，家庭教育功能的发挥应当与国家的教育目标、价值观念和社会需求保持高度一致。通过科学、合理的家庭教育方式和方法，培养出符合国家和社会发展需要的优秀人才，为国家的繁荣富强和民族的伟大复兴贡献力量。同时，家庭教育也应当注重培养孩子的综合素质和创新能力，以适应未来社会的快速发展和变化。

如果忽视了国家立场在功能定位中的关键作用，家庭教育可能会面临一系列潜在的风险。首先，从功能目标的角度来看，家庭教育可能会不自觉地受到传统社会"差序格局"的深刻影响。这种格局强调私人关系和资源的特殊权益，可能导致家庭教育的目标偏离了国家和社会发展的整体方向，而过分侧重于个体或小团体的利益。其次，在功能实现的具体层面，许多现代父母由于缺乏系统的家庭教育知识和理论支撑，可能无法准确地把握自己在家庭教育中的角色定位，或者采用的教育方式并不科学。这种情况不仅可能影响家庭教育的效果，还可能对孩子的成长产生负面影响，甚至导致教育目标的落空。再次，在功能效果上，缺乏国家的统一标准可能导致每个家庭对成功的定义不同。此外，当家庭教育摆脱国家监管时，可能损害儿童自身的权利。

家庭教育的上位价值在于与学校和社会共同协作培养人才，而不仅仅停留在家庭层面。家庭教育，尽管根植于家庭环境之中，其目标远非仅仅满足家庭个体或父母的意愿所能概括。它实则构成了整个人才培养体系中不可或缺的一环，与国家、民族和社会的长远利益紧密相连。因此，家庭教育的功能定位，必须紧密围绕国家的教育方针进行，确保其方向正确、目标明确。具体来说，家庭教育应以培养具备民族复兴使命的新时代人才为己任，致力于为国家和社会输送具备高度社会责任感、创新能力和实践精神的优秀人才。尽管家庭教育与学校教育的形式有所不同，但两者在培养人才的核心问题上是一致的，即都需回答"培养何种人才、如何培养以及为谁培养"这三个关键问题。

二、儿童家庭教育的任务

（一）家庭教育的基础性：培养好人

在传统社会的脉络中，个体的成长往往是在家庭环境的熏陶下逐渐展开的，而社会教育则在很大程度上扮演着对家庭教育进行延伸与补充的角色。然而，随着现代学校教育体制的出现与不断完善，家庭教育的地位逐渐边缘化，让位于更为系统化、标准化的现代学校教育。现代学校教育的发展，一方面是对现代生产对个人知识素养不断提升的需求的回应，另一方面也顺应了现代社会对民主化、平等化教育的追求。正如著名教育家夸美纽斯在《大教学论》中所深刻指出的那样，现代教育的崇高目标在于尽快将知识之光普照到每一个个体的心田。在这个过程中，知识与品德教育无疑成为核心议题。无论是知识的积累还是品德的塑造，都直接关系到个体如何更好地融入现代社会，即个体的社会化过程。夸美纽斯在提出班级授课制，以满足"把一切知识交给一切人"的宏大愿景的同时，也敏锐地洞察到自然教育理念与这一需求之间可能存在的张力与冲突。因此在探讨现代教育的发展时，需要全面审视家庭教育、学校教育以及社会教育之间的关系，寻求一种更为和谐、平衡的教育模式，以更好地促进个体的全面发展与社会的共同进步。在《教育漫话》中，洛克阐述了他的绅士教育主张。洛克深入探讨了人的自然状态和教育的可能性。他指出，每个人的内心都是独特的，有着自己的特点，因此很少有两个儿童可以用完全相同的方式来教育。从这个角度来看，教育应该属于私人范畴。洛克认为，人的自然状态是与生俱来的，不依赖外部教育的塑造。因此，家庭作为最接近自然的环境，既包括家庭成员间的自然关系，也包括一个适合协调人的自然、维护人的自由的环境。

卢梭曾以造物主和人进行对比来描述这个世界。他说造物主永远在创造美好，但是美好事物一旦被人获取便会变质，不再是美的。他将教育划分为自然、人为和客观事物三类。他强调，自然教育不会受到人类控制，客观事物教育有一部分会被人类控制，人的教育会被人类更大范围控制。但是人的教育终究有范围限制，我们也只是假定能够控制。这引出了教育的两种不同取向之间的冲突：培养个人与培养公民。"我们必须在培养个人和培养公民之间做出选择，不能两者兼得。"他强调了好的社会制度的重要性，这样的制度能够改变人的天性，将个体的"我"逐渐消融，成为社会共同体的一分子，心甘情愿为社会共同体的建设奉献力量。一面是个人，一面是公民，所对应的教育制度是强调个性和特殊性的，以及强调公共和共同性的，前者以培养优秀个人为目标，后者以培养优秀公民为目标。卢梭认为现代教育体制在培养好人方面存在根本性的问题，因此提倡家庭教育或自然教育。对于现代化视角下培养好人与培养好公民之间的根本性冲突，卢梭认为，家庭教育或自然教育能够弥补现代教育体制偏离自然人本质的缺陷。洛克和卢梭对家庭教育的构想，可以被理解为对现代教育体制的一种抗衡。

（二）家庭教育的中心：以自然性的呵护平衡个体社会化过程中的紧张

教育的根本目标是使年轻一代在社会化过程中获得系统性指导，塑造出社会性自我。亚里士多德认为，追求知识是每个人的本性。但在涂尔干看来，人会在社会不断演进中逐渐消弭求知欲，或者说不再是天生具备，只有当社会对某种知识需求愈加强烈时，才会激发个体去学习和掌握这类知识的渴望。具体而言，传统社会中人们更多立足于内在需求去学习和追求知识，而到了现代社会，人们的知识追求大幅改变，尤其是对科学知识的追求，是现代社会对个体的必要要求。

古典教育，以柏拉图为典范，其中心思想是对个人内心的改造，把个人精神作为教学的中心。但是，伴随着斯宾塞和杜威等近代教育家的出现，教育研究的中心由个人的内在问题转移到了实际的社会生活问题。这意味着，现代教育的根基在于社会性，而非仅仅关注个体。在早期的非体制化时代，古典教育或许更多地聚焦于个体，但在当今社会，个体深受社会规范与要求的制约，单纯强调个体化的教育显得不切实际，这也是杜威对卢梭提出批评的原因。不过，值得注意的是，卢梭主要关注的是家庭教育，而杜威的批评则更多地针对学校教育。当我们提及杜威坚持儿童为本位的教育立场时，实际上可能忽视了他更深层次的关注点——即人对社会的适应与改造，以及人与人之间的有机关联。杜威的教育理念不仅关注儿童个体的发展，更重视他们如何更好地适应和改造社会，如何在社会中与他人建立和谐的联系，这构成了他教育思想的重要组成部分。

现代的学校制度，其实质不在于培养个人与生俱来的好奇心，而在于为个人教授一系列事先设定好的通用的知识系统，不管这个人有没有这个学习愿望。卢梭《爱弥尔》一书中所提倡的"教育方法"与其所提倡的"学习方法"有很大不同，它不是源于人们对知识的自然渴求。卢梭的"天性"思想是以家庭环境为中心的，它为家庭教育的实施奠定了基础并提供了指导。在此基础上，作者提出了对孩子天性的认识和对其自由权的尊重。卢梭认为，由于个体的自由在根本上依赖于家庭教育，所以他把家庭教育看作是一种"自由"的教育；然而，公民教育却不能做到这一点，更谈不上什么规范。

如果说学校教育终究是为社会服务，呈现出显著的社会化特征，那么家庭教育的自然化特征则更为深刻，但最终也会在服务社会中落实。在特征层面，家庭的特殊属性是家庭教育自然化特征的决定性力量。家庭成员之间的亲情关系和私密的成长环境为个体提供了契合生命自然的体验和空间。家庭教育的功能主要体现在两个方面：一是促进个体自然性的发展，包括身体健康、家庭情感的温暖和谐，以及对孩子自然发展的呵护；二是延缓儿童社会化的过程，为个体提供自然生命的基础，并在个体适应学校教育的过程中提供必要的支持和保护。

个体来到这个世界时，是以纯粹的自然存在为基础的。在个体逐步成长时，家庭会给予关爱和呵护，个体原本的自然性会逐步减退，慢慢社会化。但不是说家庭的呵护和关爱会完全站在自然性的对立面，而是说家庭是社会化的一种推动力量，该力量同样也会在保护个体天性和自然状态方面发挥作用。社会化是个体成长不可避免的过程，而在这个过程中，个体必须面对自然状态和社会化之间所产生的冲突，主要表现在以下两个方面：一是在学龄前阶段时自然状态应该得到重点培养，而培养的核心在于呵护这种状态，但家长的呵护与其社会化状态有所关联，因此两者在学龄前阶段是共存的，只是自然状态会处于更重要地位。二是个体在逐渐社会化的过程中，自然状态和社会化之间会产生对立和紧张，在学校教育中体现显得尤为明显。前者提醒我们，早期家庭教育应重视自然状态的培养；后者则提示学校和家庭都需要积极面对和缓解个体成长中的这种对立和紧张。尽管学校教育可以通过体育、美育过程来缓解这种紧张，但家庭仍是缓解这种紧张的关键场所，甚至是根本场所。因此，家庭对孩子自然状态的呵护是不可或缺的天然屏障。

时常有此类情况发生：孩子在学校犯下错误，受到老师的批评，这一事件传回家后，父母并未及时给予孩子情感上的慰藉与疏导，反而更加强调学校规训制度的正确性，认为孩子犯错就应这样处理，最终导致孩子可能选择离家出走。这类事件并非个案，简单归咎于任何一方并不能解决问题。解决这一问题的核心是要构建一个协作的教学体制，让学校和父母的教学可以互补，而不会陷于一种千篇一律的教学方式。当学校的规模扩大、学生数量增加时，它的规约性特征越来越明显，并有加强的趋势。虽然纪律在学校教育中有其存在的必然性，但是它不能成为不正当的纪律条例的借口，而应该对其进行深刻的反思和调整。但在目前学校规模大、考试压力大、老师自身素质有限等因素的影响下，学校教育的规约性特征或许会越来越明显，这就要求有关各方更多地关注家庭教育对于个人自然本性的保护。[①]

（三）家庭教育与学校教育的协调：呵护儿童生命的自然与自由

如果不能给个人一个充分发挥其天性的空间，那么个人的天性就有可能被压制甚至被歪曲，这就更加深了自然性和社会化的鸿沟。由于学校教育一般重视规训，因此，父母必须主动维护个人的天性，以保证个人的完整与协调发展。在此期间，家庭中的互动尤其重要。人的本性和自由是人的本性发展的关键，以自然和自由为核心的家庭教育显得尤为重要。通过充满爱的亲子交往，孩子不仅能够在宽松的环境中充分展现自己的天性，还能在父母的引导下，让天性得到合理的发展。若家庭教育过于严格，导致家庭氛围紧张，孩子的自由将受到束缚，自然性展现的空间也将受限，从而抑制其天性发展。同样，父母缺席或亲子交往不足，将减少孩子自然天性和谐展现的机会，可能导致个体成长的扭曲。因此，家庭教育需要找

到自然性与社会化之间的平衡点，为孩子提供一个既充满爱又充满自由的成长环境。

我们强调家庭教育对自然性的保护作用，这并不意味着否定学校教育对自然性的关心和呵护。其实，从各个层次来看，学校教育对人的本性有着深刻的关注。首先，在早期的学校教学中，应该尽量降低社会化成分，而更多地表现出对人的天性的关心和尊敬。比如，在小学低年级，可以减少孩子的纪律观念，减轻他们的学习负担，保证他们的自然发展，以免他们过早地社会化。其次，在学校教育中，要加强对孩子天性的关注，如体育、美育等，这样才能更好地发展孩子的天性。体育和美育不仅有助于关注个体的全面发展，而且是促进个体社会化的重要实践途径。通过发展学校体育和美育，可以有效缓解学生在学校中的紧张和不适感，为他们提供一个更加和谐、宽松的成长环境。此外，扩展儿童的游戏空间、增加儿童的游戏时间也是学校教育关心自然性的体现。游戏不仅是儿童的天性，也是他们认识世界、发展自我的重要方式。通过增加游戏，可以为学校注入更多的生命活力，让学生在自然环境中自由成长，充分展现他们的天性和潜能。

三、儿童家庭教育的原则

（一）自然和谐的原则

在探讨家庭教育的原则时，必须强调自然和谐的重要性。这首先意味着父母需要深刻理解并尊重孩子成长的自然规律。家庭教育不是简单地灌输和强制，而是要根据孩子生理、心理发展的自然特点和顺序来实施。父母要抛弃对成才的偏见，对儿童的成长现状、发展潜能和人格特征进行客观的分析，从而对自身的教学心理进行调节。从教学内容到教学方式，都要根据孩子的现实情况和接收情况，保证教学过程自然和谐，让孩子在各种活动与体验中自然地得到身体与心理的发展。另外，在家庭教育中遵循"天人合一"的理念也是非常重要的。在实际的家庭教育活动中，不能过于依赖自我意识、主动性、指导或纠正等理念，这些理念都具有一定的局限性。父母应该让子女在家中主动地接受教育的影响，对他们的人格、需求和渴望进行全面的承认和尊重，以促使他们正常发展。在教育方法方面，要防止对儿童过分的约束，也不能把自己的意愿强行塞给他们，而要鼓励他们顺势而为，让教育的过程自然地、潜移默化地进行。从根本上说，家庭教育的目的应该是为了培养全面和谐的人格。父母不但要重视儿童的品德，意志和性格的发展也是需要注意的。父母在教育孩子的同时，也要教育他们如何做人、如何生活、如何生存，并发展其适应性。和谐并不是单纯地追求综合发展、协调平衡，而是追求个体的充实与总体效果的最佳化。如果父母对孩子的兴趣爱好和特长有所关注，那么，他们的家庭生活将会更加融洽。

（二）生活与教育过程融合统一的原则

生活与教育融合的原则指出，必须全面关注家庭生活的各个方面和整个过程，以提升家庭教育质量。家庭生活和家庭教育之间的关系是密不可分、相互渗透的。家庭生活不仅是日常生活的载体，更是家庭教育的丰富源泉。家庭中的点滴细节、日常交流、互动体验，都能转化为教育的场景，成为塑造孩子性格、价值观和行为习惯的重要力量。在家庭教育中，我们强调"生活即教育"或"教育即生活"的理念，这是因为家庭教育的真正价值并不仅仅在于书本知识和学术成就，更在于通过生活实践培养孩子的综合素质和适应能力。传统的家庭教育观念往往将家庭生活和教育问题割裂开来，将家庭教育局限于学习辅导和作业操练，这种做法不仅限制了教育内容的广度和深度，也剥夺了孩子在生活中学习和成长的机会。为了实现生活与教育过程的融合统一，需要重新审视家庭教育与家庭生活的关系。首先，家庭教育应当融入家庭生活的全过程，让教育成为生活的一部分，而不是独立于生活之外的存在。父母应善于发掘家庭生活中的教育因素，将其转化为教育资源和机会，让孩子在日常生活中自然而然地接受教育。其次，要树立孩子在家庭生活中获得完整经验的理念。家庭生活是一个多元、复杂的系统，孩子在其中会接触到各种人、事、物，这些经历将塑造他们的世界观和人生观。因此，要引导孩子积极参与家庭生活，让他们在实践中学习、在游戏中成长、在体验中积累人生经验。最后，提高家庭生活本身的趣味性和质量也是至关重要的。一个和谐、和睦、积极向上的家庭氛围，不仅能够为孩子提供良好的成长环境，还能够增强家庭教育的效果。父母应努力提升家庭生活的品质，让家庭生活成为孩子成长道路上的温馨港湾。

（三）愉悦能动的原则

在家庭教育的场景中，教育者和受教育者的互动至关重要，这种互动应当在愉悦与积极的情绪状态下进行，以主动和积极的姿态展开学习和活动，从而实现教育影响的双向施加与接收。现代教育理念倡导创造一个轻松愉悦的教育氛围，特别是在家庭这一特殊的教育环境中，更应致力于营造一种愉悦的学习和探索氛围。在这种氛围中，孩子可以在快乐和自主的状态下学习和成长，从而有效促进他们身心健康的全面发展。愉悦能动原则，首先要求父母能够全面而深入地认识和调动孩子的学习积极性。这意味着父母需要密切关注孩子在家庭生活中的情感体验，理解他们的快乐感来源，并根据孩子的特长、兴趣和意愿，合理安排学习任务和教育活动。此外，父母还应通过道德教育和个性培养，激发孩子的自我价值感和责任感，使他们从内心产生对学习的渴望和动力。在教育方式上，同样需要贯彻愉悦和乐学的理念。父母可以积极创设各种愉悦的教育场景，调动孩子的愉悦情绪，通过激励和赞许来增强他们的学习信心。同时，父母还应不断尝试新的教育方法，以创新和求变的精神提高教育的趣味性，减轻孩子的学习负担，让他们在轻松愉快的氛围中茁壮成长。近年来，一些家庭教育文章提倡"与孩子同乐""快乐教学"等理念，体现了愉悦乐学原则。最后，在教育内容上要珍视自然美好的事物，并将其融入教育过程中。大自然是最能体现美好和和谐的地方，父母应引导孩子与自然亲近，丰富其知识和体验，培养其良好的性情，使他们充满快乐的情感。

（四）理解亲融的原则

亲融的理念深刻体现了家庭中教育者与受教育者之间关系的核心要

义。它强调，双方应在平等且独立的基础上，构筑起一种相互理解、情感认同与深度融合的紧密关系。这种关系的建立，并非一蹴而就，而是双方共同努力、用心经营的结果。在现代家庭教育的语境下，亲融理念具有特殊而重要的意义。它不仅是家庭教育的一种特殊要求，更是现代家庭民主特征的鲜明体现。通过培养这种亲密而融洽的亲子关系，可以确保家庭教育的有效性得到最大程度的发挥，从而显著提升实际成效。传统家庭教育往往呈现出两种极端：一种是父母专制，孩子缺乏地位和尊重；另一种是孩子被放任、溺爱，导致家庭教育失去控制。这与现代家庭教育的理念背道而驰。理解亲融的原则首先要求父母与子女建立平等独立的亲子关系，尊重孩子意见，不将自己的意愿强加于他们。同时，父母也应尊重孩子的隐私，通过理解和沟通化解亲子矛盾。在家庭教育中，建立亲融的情感关系至关重要。父母应通过积极的教育活动增进亲子之间的认同感，强化情感纽带，提高教育效果。此外，在家庭教育的实践过程中，父母必须精准掌握教育方式的尺度，实现关怀与自由、要求与温暖的完美平衡。他们应当以亲切的态度给予孩子足够的关心与照顾，但绝不可陷入无原则的放纵之中；同时，对于孩子的行为规范和学业要求，父母也应坚持严格的标准，但务必避免冷酷无情的态度，以免给孩子造成不必要的心理压力。父母应努力成为孩子生活中的朋友与成长道路上的引导者，通过倾听、理解和支持，与孩子建立起深厚的情感纽带，共同面对生活的挑战与成长的困惑。他们应当以身作则，通过自身的言行示范，向孩子传递正确的价值观和道德观，引导孩子形成健全的人格和良好的行为习惯。

（五）共同提高的原则

家庭教育是相互影响的过程，作为教育者的父母实际上也在不断成长和发展。在家庭教育中，父母不仅在教育孩子，也在不断提升自己，父母必须通过教育孩子来教育自己，成为家庭教育中共同发展的主体。传统的家庭教育常常忽视这种双向性，将父母置于绝对的教育者地位，而忽视了自身能力的提升。共同提高的原则要求父母意识到教育子女的同时，也是自我提升过程，其需要不断学习文化和教育知识，并将这些知识贯穿于家庭教育全过程。正确而有效的家庭教育方法，如以身作则和榜样示范，不仅对孩子有教育作用，也对父母自身的修养有所提高。此外，父母还应与孩子相互学习，尊重孩子的观点和看法，并在教育过程中与他们交流，以实现共同成长和发展。[①]

第四节

家庭教育与学校教育协同发展的国内外研究现状

一、国内研究现状

（一）关于家校合作含义的研究

虽然家校合作在中国教育改革中备受关注，但目前仍缺乏一个明确且被广泛接受的定义，国内的学者们有着不同的理解。比如，马忠虎学者认为，家校合作就是家庭与学校这两大重要社会机构联手，共同承担教育责任，共同促进孩子的成长。他强调，家校合作应包括相互了解、相互学习、彼此尊重、相互促进。他认为，通过教育，家庭与学校相互协作、共同发展，可以增强学校教育的家庭支持，使父母能够从学校获取更多经验。他主张将学校与家庭视为一个整体，并以合作为核心开展工作，要求双方在合作伙伴关系中保持平衡，发挥双方教育优势，最大化利用教育资源，形成教育合力，以促进教育的发展和进步。

学者岳瑛对此也有自己的看法，她认为应该建立一个社会、家庭和学校三者有机结合的系统。在构建和谐社会的过程中，学校、社会与家庭教育应密切配合。她认为，家庭教育与学校教育、社会教育同具有教育性

[①] 丁瑜. 论现代家庭教育的原则[J]. 常熟高专学报，2003(06)：18-20.

质，但各有其自身的特点。家校合作以家庭教育为基础，以学校教育为先导，社会教育是对这两个方面的补充和扩展。家校合作就是要把这三个方面结合起来，达到强化教育效能、保证教育取向一致、补足教育缺陷的目的。这样的综合教育对提高教育质量具有明显的促进作用。家庭与学校的协作，不但可以帮助学生克服学业上的障碍，还可以帮助他们的身体和心理健康发展，为他们将来的发展打下良好的根基。

学者周丹深入阐述了家校合作的概念，指出它不仅是描述家庭教育与学校教育之间关系的理念，更是双方在处理关系时的一种行动模式。在教育任务的执行中，家校双方地位平等，形成了一种伙伴关系。在教育孩子的过程中，家校双方应各自发挥优势，分工明确且相互补充，尤其强调父母在学校教育中的参与和监督权利。尽管家校之间存在一定的差异，但双方都可以从对方那里获得必要的信息和资源。家校之间的联系是互利互惠的，它们在教育目的和内容上有着共同的要求，合作范围广泛，互动形式丰富多样。家校之间的支持与配合至关重要，需要探索双方有效互动的途径。简而言之，家校合作建立在家庭与学校交流的基础之上，要让孩子感受到双方在教育上的一致性。家校双方各具特色，只有合作共赢，才能发挥最大的教育影响力。

本书认为，对于家校的认识，应该包含如下内容：首先，家校是一种双向的关系，而不是一方主宰。但在具体的实施过程中，还应进一步研究如何更好地推动家校合作。在此基础上，父母要充分配合学校的教学工作，同时，也要加强学校对家庭教育的引导。儿童的综合发展需要两方面的努力。其次，要阐明家校合作的终极目的，就是为促进儿童的健康成长而共同奋斗。

（二）关于家校合作方式的研究

部分学者的家校合作研究主要聚焦于学校如何引导家庭教育。马忠虎学者在这一领域进行了更为深入的探索，他将家庭教育与学校教育相结合，提出了 26 种家校沟通的方法，这些方法在全国范围内产生了广泛的影响。浙江大学的刘力教授则专注于父母参与家校合作的形式研究，并将家校合作划分为四个层次。其中，形式化参与是最表层的参与形式，包括父母会、校际交流会等，这些活动通常由学校组织，邀请父母参与。第二个层次是人际关系，又叫"家庭—学校"的双向沟通，即通过各种渠道，让父母积极地参加到教学中来，让他们互相沟通，互相表达自己的观点。第三个层次是制度性的介入，即通过建立班主任制度、学生事务处等制度来管理家校的关系。最后，管理性的介入是一种高度的介入，使学生父母有权参加教育活动，有权决定学生的重大决定，并保证学校教育的透明度和公开性，如成立父母委员会，对学校进行父母监督等。这四个层面体现了家庭教育在各个层面上的深度差异，以及家庭教育与学校的密切关系与互动。

（三）关于家校合作现状、问题及对策的研究

通过对知网相关文献的深入研究，发现家校合作领域的探讨主要集中在问题与策略层面。例如，王燕洁、杨柠和张茂等学者分别从不同角度探讨了小学家校合作的问题及改进策略。这些研究以实践应用为核心，提供了丰富的案例分析。通过这些文献的梳理，还可以窥见当前我国家校合作存在的问题。比如，学校教育与家庭教育之间的合作意识薄弱，两者往往各行其是，缺乏深度融合。这导致家校合作多停留在表面，缺乏持久有效的保障机制，难以向更深层次发展。此外，家校合作的对比研究也颇具价值。从国际视角来看，无论是中国还是其他国家，家校合作都经历了相似的历史发展阶段。邱兴等学者通过对比中、美、英三国的家校合作实践，分析了不同国家在管理制度和方式上的差异，为我国家校合作模式的创新提供了有益借鉴。目前我国家校合作的水平仍有待提高，具体表现为：教师和父母在教育观念上存在差异，父母往往将教育责任推给学校，缺乏家校共育的意识；家校之间的沟通渠道不畅，合作层次较低，多停留在形式层面，且内容主要聚焦于学生成绩；同时，教师与父母对家校合作的积极性不高，态度较为随意等。

在家校合作策略的实践研究中，主要聚焦于以下几个方面：首先，构建家校间的双向沟通桥梁，共同营造和谐的教育环境，使父母能够深度参

与学校的管理，形成教育合力。其次，探索并创新家校合作的新模式，推动家校合作向更高层次、更广领域发展。再次，丰富家校合作的内容，实现合作形式的多样化，以满足不同家庭的教育需求。最后，建立并完善家校合作的机制，确保合作的顺利进行，并不断提升合作效果。

针对存在的问题，一些学者从理论层面进行了深入探讨。例如，权慧和赵庆华强调家校沟通中的平等性，提倡改变教育观念，提升父母在沟通中的地位，以推动家校合作的深入发展。彭茜和郭凯则主张资源共享、平等交流、目标一致和合作共赢的策略，为家校合作创造更多交流空间。黄河清则指出家校之间的"错位"现象，并提倡双向互动、步调一致、优势互补的合作方式。为此，学校应加大对父母的宣传和指导，转变目前家庭与学校之间的关系，扩大家庭与学校之间的联系；学校要加强与父母的交流，要注意发挥好家庭与学校之间的纽带作用，并对这些措施进行系统化、规范化，以维持学校教育秩序的平稳运行，推动家庭与学校之间的和谐发展。谭虎、蔡建兴、邓节芳等人都认为，应突破师生之间的不对等关系，在学校中应充分利用学校的组织、协调功能，探讨一种符合国内实际的家校合作方式。

二、国外研究现状

（一）关于家校合作含义的研究

随着教育界的深入探索，家校合作在促进孩子全面发展中的重要作用日益凸显。乔伊斯·爱泼斯坦是约翰斯·霍普金斯大学的博士，她在《塑造成功的学生：学校、家庭与社区合作行动指南》一书中将家校合作的内涵扩展为"学校、家庭、社区三方合力"，凸显了三方在儿童教育中的共同职责和重要作用。

爱泼斯坦不仅将家庭和学校视为合作的主要参与者，更将学生置于家校合作的中心，强调学生在家校互动中的主体性和主动性。她倡导教师与父母之间建立沟通桥梁，深入理解父母的观点和需求，共同为学生的成长创造良好环境。隆巴那教授等强调，父母参与不应仅限于某些特定活动，而应涵盖所有直接或间接影响学生的教育活动。他们倡导父母与教师的紧密合作，共同培养学生的自我管理能力，促进其个性发展。范德格里夫特和格林等学者也指出，父母参与学校活动、关注孩子学习状况等方式，有助于提升教育效果。不列颠哥伦比亚大学的埃斯特教授也指出，父母参与不应局限于家庭内部，而应充分发挥父母的潜力，主动参与到孩子全部的学习和成长过程中，共同为孩子的未来打下坚实基础。

（二）关于家校合作方式的研究

美国学者兰根布伦纳和索恩伯格对父母在家校合作中的不同角色进行分类，提出了三种主要的参与方式：第一种，父母在学校教学过程中扮演学习与支持的角色。这涉及父母在教育过程中与学校的协同工作，比如参加父母会、与教师电话交流等，这类合作通常要求父母积极参与并提供各类学习和实践活动的指导。第二种方式，父母通过志愿服务参与家校合作，这要求父母不仅有强烈的参与意愿，还需要具备一定的文化水平。为了支持这类参与，一些地方设立了专门的培训机构。这种参与形式可能包括父母报告会和父母为学生提供的课外辅导。第三种，父母在学校管理和决策过程中发挥作用，这被称为顾问式参与，要求父母具有一定的社会地位，并且在父母群体中也应当具有一定的影响力，他们可以参与学校教育决策的过程并加以监督，如通过家委会或作为学校董事会成员的角色。英国北爱尔兰大学的摩根教授则从父母参与的层次进行分类，将家校合作分为三个级别：最基础的层次包括参加父母会、校园开放日等低阶形式的合作；中级层次则涉及父母直接介入课堂活动，如协助准备教学材料或进行资金募集；最高级别的合作则是建立父母咨询委员会等形式，这时父母在学校教育政策和管理中扮演着咨询和决策的角色。

在探索家校合作这一问题上，英国和美国这两个教育强国走在前列。他们不仅率先开展了家校合作的实践，还在如何有效进行这种合作、增强合作意识、建立合作平台以及促进家校互利共赢等方面积累了丰富经验。从1965年起，美国开始尝试家校合作，并成为世界上最早将家校合作纳入法律保护范畴的国家之一。美国教育界和社会团体强调父母是教育过程中不可或缺的重要资源，成立了具有深远影响的家校合作组织——父母教师协会（Parent-Teacher Association，PTA），标志着家校合作的正式开启。PTA的成立不仅规范了合作体系，也强调了父母在孩子教育中的责任与义务。美国于1983年发表了一项《国家处在危机中：教育改革势在必行》的研究报告，它突出了父母的作用，指出了家庭和社会共同努力的核心职责。随后，美国于1994年颁布《2000年目标美国教育法》，第一次以立法形式肯定了家校的重要地位，并开始实施家校合作。21世纪以来，美国教育部正式把"家庭参与"作为一项重要的教育目的，强调了把父母训练成教育事业的合伙人，以全面提升孩子的素质。与此同时，美国还通过一系列法律法规，鼓励父母更积极地参与教育，并不断完善家校合作的制度框架。而在英国，家校合作同样得到了法律的保障，明确了各方的权利与责任。英国还创新性地推广了"父母联系册"这一沟通方式，为家校合作提供了宝贵的国际经验和启示。这些国家在家校合作领域的成功实践和探索，不仅为我国小学家校合作提供了坚实的理论基础，也为我们在实践中不断创新和完善家校合作机制提供了宝贵的借鉴。

三、国内外研究评述

相比之下，在家校合作领域的研究中，西方国家开始较早，并已建立了一套明确的法律和规范体系来界定父母在家校合作中的权利和义务。在国际范围内，家校合作的研究通常集中在父母参与层面，突出了父母在学校教育管理中参与的必要性。众多国际学者从不同视角深入探讨了家校合作的本质，并提出了行之有效的实施策略。在国内外的研究中，对家校合作的探讨往往缺乏具体性和综合性，尤其是针对小学教育阶段的研究更是较为稀缺。鉴于小学教育是学生全面发展的基础阶段，这一阶段的教育质量直接关系到学生未来成长的方向。因此，在中国推进素质教育的进程中，探索如何更有效地促进家庭与学校之间的协作，成了一个有待研究的重要课题。

第二章

家长与儿童

第 一 节

家庭中母亲的角色与作用

家庭成员之间的互动直接或间接地相互影响着。作为社会的一个单元，家庭处于广泛的社会关系网络中，包括与邻居、亲戚和社会组织的关系等。父母作为家庭内部关系的重要角色，需要学习如何帮助孩子建立良好的社会关系和培养正确的社交能力。每个家庭成员都应清晰了解自己在家庭中的角色和责任，同时也应认识到自己的价值和独特性。在核心家庭内部，成员之间应保持平等、互爱和互助的关系，同时每个成员都应为家庭的整体提升做出贡献。不应以个人发展为代价而牺牲家庭关系，也不应为了家庭而牺牲个人的成长。

一、母亲教育是促进儿童发展的力量源泉

女性在孕育和哺育子女方面具有独特的生理优势，这为母亲在儿童成长中扮演重要角色奠定了基础。胎儿在孕育的过程中，始终深受母体的熏陶与影响，从肉体的形成到语言的习得，再到性格的塑造和感官能力的培养，母亲的每一个细节都会对孩子产生深远的影响。可以说，母亲是孩子生命中最初的启蒙者，她的存在为孩子的成长注入了源源不断的力量。首先，在婴幼儿时期，母亲通过日常的拥抱、亲吻、说话和玩耍等互动方式，为孩子提供了丰富多样的触觉、听觉和视觉刺激。这些刺激不仅满足了孩子的基本需求，更促进了他们早期认知结构的形成，为日后的学习和成长奠定了坚实的基础。其次，母亲也是孩子成长过程中最直接的影响源。从受孕的那一刻起，母子之间便建立起了一种特殊的联系。母亲不仅是孩子的孕育者，更是他们成长过程中的保护者和引导者。在日常生活中，孩子的言行举止往往会受到母亲的影响，这种影响不仅体现在生活习惯上，更体现在价值观、人生观等深层次方面。再次，母亲还是孩子最直

接的情感源泉。母爱有一种神奇的力量，它不仅能够给予孩子温暖和安全感，更是他们情感体验的温床。在母亲的关爱和呵护下，孩子学会了如何去爱、如何去表达情感，也学会了如何去面对挫折和困难。同时，母亲也是孩子情感经验的直接来源，母亲的情感教育对孩子至关重要，她的情绪、态度和行为都会对孩子产生深刻的影响。最后，母亲为孩子的社会性发展奠定基础。人类具有社会性，而母亲的言传身教则是孩子最初的社交范本。孩子通常会在潜移默化中模仿母亲行为，学会与人相处，适应社会环境。

二、母亲教育是开启儿童智慧之门的钥匙

奥地利生态学家劳伦兹提出的关键期理论指出，个体发展过程中某些技能或行为模式的发展对特定时期的环境刺激最为敏感。在适当的环境刺激下，特定时期的适应性最强，反之则不再显现。儿童具有巨大的发展潜能，早期的智力开发对他们未来的发展起着决定性作用。因此，儿童早期的智力开发不仅对个人的性格和品质有着重要影响，也能为其未来成长奠定坚实的基础。

母亲在儿童智力培养中扮演着至关重要的角色。作为孩子最初的教育者，母亲通过日常的互动和沟通，为孩子提供了丰富的语言环境，激发了他们的好奇心和探索欲。母亲的耐心倾听和积极响应，帮助孩子建立起对世界的初步认知，促进了语言能力和思维能力的初步发展。在孩子的成长过程中，母亲的教育方式和态度对孩子的学习兴趣和习惯有着深远影响。母亲的鼓励和支持能够增强孩子的自信心，激发他们的学习动力，而母亲的期望和信念也能在无形中塑造孩子的自我认知和目标追求。

三、母亲教育是培养儿童道德的引路人

道德是我们在社会中立足的基础，也是塑造孩子成为社会栋梁的关键。良好的品质不仅对日常生活和学业有益，而且对未来融入社会也至关重要。母亲对于孩子道德品质的培养至关重要，她是孩子道德行为的首要榜样，也是品德塑造的关键人物。孩子天生无知，需要父母的引导和帮

助，才能逐步形成自己的道德观念。母亲与孩子之间有着天然的亲近关系，其言行举止会潜移默化地影响孩子的道德发展。母亲是孩子道德模仿的最主要根源，她的正确引导能够帮助孩子在成长道路上茁壮成长，而错误示范则会导致孩子误入歧途。因此，作为母亲，应该重视孩子的道德教育，扮演好孩子道德发展的引路人角色，让他拥有良好的品德，这不仅是他一生中最宝贵的财富，也将使他受益终身。①

第 二 节

家庭中父亲的角色和作用

在现实生活中，父亲与母亲的性别和社会角色存在显著差异，这些差异在他们与子女的互动行为中尤为明显。研究者对这些差异是否对孩子的成长造成不同影响表现出了浓厚的兴趣。Paquete 等人深入剖析了父亲在孩子成长过程中扮演的独特角色，他们指出，父亲的与母亲的影响力存在显著差异，主要体现在其独特的个性特征、行为模式以及这些特征对孩子产生的深远影响上。与此同时，Flouri 等人的研究也进一步揭示了在某些行为特质方面，父亲的作用甚至超越了母亲。尽管在探讨父母角色时，研究者们往往将父母视为一个整体来讨论，或者更多地关注母亲的角色，但我们必须认识到，父亲和母亲在孩子成长过程中的角色和影响力存在显著的差异。这种差异不仅体现在他们的行为方式上，更在于他们与孩子之间建立的独特情感纽带和互动模式。因此，本节将从家庭中父母角色差异的视角出发，深入剖析父亲在家庭中的角色定位，以及他如何以独特的方式影响孩子的成长。希望通过这样的探讨，引发更多人对家庭教育中父亲作用的关注和重视，从而推动家庭教育理念的更新和完善，为孩子的健康成长提供更加全面和均衡的支持。

---

① 何粮丽. 母亲教育对儿童发展的重要性［J］. 文学教育（下），2022（09）：176-178.

一、父亲是孩子重要的游戏伙伴

父亲和母亲在孩子的生活中都是不可或缺的玩伴，但他们在陪伴孩子游戏时所展现的方式有着鲜明的区别。母亲倾向于在游戏中注入更多的情感元素，为孩子营造一个温馨而富有情感的互动环境。而父亲则更倾向于通过肢体活动、玩闹式的游戏与孩子进行互动，这些游戏往往更加自由、无拘无束，充满了活力和乐趣。尽管母亲在孩子身上的照顾时间远超父亲，但这种照顾主要集中在日常生活的照料上。相比之下，父亲在与孩子的互动中，更多地通过身体触碰和动作游戏来激发孩子的兴趣，为他们带来欢乐和刺激。这种身体活动的互动方式不仅有助于孩子锻炼身体，更能促进他们与父亲之间的情感联系。Paquete 的研究强调了父亲在孩子成长过程中扮演的特殊角色，特别是在玩闹游戏方面。他将这种父亲与孩子之间的动态互动称为"激活关系"，以区别于母亲与孩子之间的"依恋关系"。在这种"激活关系"中，父亲通过玩闹游戏与孩子进行深入的互动，不仅持续鼓励孩子，增强其成就感，还让孩子在游戏中提升认知能力和情绪调节能力。通过玩闹游戏，孩子不仅可以提高社会适应能力、掌握运动技能，还能更好地了解自己的角色和地位，学会如何与他人相处和竞争。此外，这类游戏还为孩子提供了一个观察和解释他人情绪状态及信号的机会，有助于提升他们的情绪调节能力，减少攻击行为，增强竞争力。

通过与父亲的互动游戏，孩子开始减少对母亲的依赖。母亲因其喂养成为孩子的首要依靠，但父亲的游戏引导孩子勇敢探索，突破母亲的抚育边界。这些游戏往往没有具体目的，而是通过刺激和新奇的体验，激发孩子的探索欲望，并确保其安全。这不仅增强了孩子对未知世界的好奇心，也建立了其面对新挑战时的自信心，进而提升其社会适应能力和技能。依恋理论强调，依恋和探索是孩子成长中两个关键且互补的方面，依恋满足孩子对安全和舒适的需求，而探索则促进孩子对环境的了解和适应。尽管孩子在寻求安慰时倾向于选择母亲，但其在与父亲的游戏过程中满足了自身对外部世界探索的渴望，这显示了父母在孩子成长中的互补角色。

二、父亲是孩子性别角色发展的榜样

父亲通过其独特的性别角色和行为，为孩子树立了性别认知范例，尤其在塑造儿童性别角色认识上发挥关键作用。研究表明，男孩通过模仿父亲来塑造自己的性别角色和特质，女孩则通过比较父母的行为深化对自己性别角色的理解。父亲的缺席研究进一步突显了其在性别角色形成中的重要性。父亲的早期缺失对孩子的性别角色发展尤为不利，对男孩影响尤为显著，可能导致他们缺乏典型的男性行为特征，偏向于非竞争性活动。对女孩而言，缺乏父亲的直接影响可能有安全感的缺失和性别角色发展的问题，如过早进入青春期和增加早期性行为的风险。这些发现凸显了父亲在性别角色教育中的不可替代作用。

三、父亲是孩子积极个性品质塑造者

父亲在孩子良好品质的塑造中扮演着重要角色，他的特质往往与母亲不同，如勇于冒险、克服困难、进取心和合作精神等。在与父亲的互动过程中，孩子潜移默化地接受父亲的影响，在无意识中进行学习和模仿。同时，父亲也会根据自己的理念、期望和要求，积极地参与孩子的培养和教育。这种亲子互动不仅有助于孩子的成长，更是塑造他们性格和品质的重要一环。研究表明，父亲的参与在孩子的性别意识形成和社交方式的塑造上扮演着举足轻重的角色。那些从小就与父亲共同成长、共同经历的孩子，往往展现出更加开放、自信、善于融入群体的特质。他们在同伴关系中表现得更为自如，更能够与他人建立深厚的友谊和信任。此外，父亲的参与程度也与孩子处理人际关系的能力密切相关。一个积极参与孩子成长的父亲，不仅能够提供情感上的支持和陪伴，更能够在孩子遇到困难和挑战时给予及时的指导和帮助。这种陪伴和支持，有助于孩子获得健康的人际关系处理能力，使他们能够更好地与他人沟通、合作和解决问题。同时，父亲还通过影响孩子的情感状态，促进他们良好品质的形成。一个充满爱心和耐心的父亲，能够让孩子感受到家庭的温暖和安全感，从而培养出积极向上的品质和价值观。这种情感上的滋养和支持，对孩子的成长和发展具有深远的影响。父亲的缺席可能会导致孩子心理健康水平较低。研究还表明，父亲的参与可以缓解孩子受同龄人攻击的负面影响，并对孩子的自我感觉、情绪调节等方面产生重要影响。与父亲关系良好的孩子通常具备更强的心理调节能力，更少表现出反社会行为，并且有更多的亲密同伴。

父亲倾向于为孩子提供更广阔的探索空间，让孩子在行动中锻炼能力、培养自信和自我效能感。这种交流方式不仅有助于孩子的个性发展，还能激发他们的求知欲和创新精神。研究表明，父亲的积极抚养与孩子在学校的行为表现有着显著的相关性。那些得到父亲积极关注和陪伴的孩子，往往在学校中表现出更好的行为习惯和学习态度。在与孩子的交往游戏中，父亲更倾向于采取平等、尊重的态度，鼓励和支持孩子进行尝试和创新。当然，对于孩子的行为问题，父亲也通常会采取更为严厉的教育方式，这有助于孩子更好地认识和理解道德准则。父亲的教养方式不仅促进了孩子自信、勇敢等品质的形成，还加深了他们对社会规则和规范的认识。在与父亲的互动中，孩子不仅能够学到如何与人相处、如何解决问题，还能培养起对规则和规范的尊重和遵守意识。此外，父亲在促进孩子认知和技能发展方面也有着不可忽视的作用。他们与孩子的交往方式往往更注重实践和创新，这使得孩子从父亲那里获得的认知更为丰富和多样。通过父亲的引导和陪伴，孩子可以学到更多的动手操作能力、培养起强烈的求知欲和好奇心。父亲的参与对儿童认知和语言发展有着重要影响，其支持有助于提高儿童的认知能力。

父母在孩子的成长过程中，都扮演着至关重要的角色，他们为孩子提供了丰富的机会来锻炼社交知识和技能。相较于母亲，父亲往往有更多的时间和机会参与各种社交活动，这使得他们在培养孩子的社交能力发展方面拥有独特的优势。随着孩子的不断成长，他们的自理能力逐渐提高，与外界交往的需求也日益增加。在这个过程中，父亲往往能够发挥更大的作用，满足孩子与外界交往的需求。他们通过带孩子参与各种活动，引导孩子与人交流、合作，帮助孩子建立良好的人际关系。斯坦利等人的研究进一步证明了父亲在孩子社交能力发展中的重要性。他们对长时间离开父亲的 25 名幼儿进行了深入调查，结果发现，这些父亲缺席的孩子在人际交往能力上的表现明显不及有父亲在家的孩子。这一研究结果表明，父亲的参与对于孩子的社交能力发展具有不可替代的作用。[①]

第三节

儿童父母的教育素质

父母的教育素质是指他们作为家庭教育的主体，在实施家庭教育活动时对子女产生影响和教育作用的一种特殊内在要素的总和，是完成家庭教育活动的必要条件。父母的教育素质主要包括教育观念、教育知识和教育能力。家庭教育活动的主体是人，无论是父母还是孩子都在不断变化和发展，因此，父母的教育素质是动态的，是相对于家庭教育活动和孩子成长发展需要的相对值。[②]

一、儿童父母教育素质现状与问题

（一）儿童父母教育素质现状

1. 文化水平

谈及父母的文化水平，不得不正视其在城乡之间的差异。在农村地区，父母普遍面临文化水平相对较低的问题。根据一项详尽的调查数据，可以了解到仅有 25.7% 的农村父母接受过高中以上的教育，这意味着他们拥有相对较高的文化素养和知识储备。然而，仍有 47.3% 的父母仅完成了初中教育，这在一定程度上限制了他们对孩子教育的深度参与和指导。更令人担忧的是，约有四分之一的农村父母仅接受过小学教育或甚至是文

---

① 董光恒，杨丽珠，邹萍. 父亲在儿童成长中的家庭角色与作用[J]. 中国心理卫生杂志，2006(10)：689-691.
② 王悦. 3-6 岁幼儿父母教育素养的结构及水平研究[D]. 沈阳：沈阳师范大学，2017.

盲，这无疑加大了他们在孩子教育上的难度。城市地区虽然整体情况稍好一些，但父母的文化水平也不尽如人意。调查数据显示，城市中超过半数的初中生父母的教育水平仅停留在高中或以下，这反映出他们在知识和文化上的局限性。虽然有一部分父母拥有专科及以上学历，占比达到23.5%，但本科及硕士以上学历的父母比例仍然偏低，分别为 8.5% 和0.65%。再谈到父母的文化生活，发现一个普遍现象：许多父母在闲暇时倾向于选择看电视、玩手机或电脑等娱乐活动。而在农村地区，由于文化娱乐活动的相对匮乏，父母更倾向于选择玩牌或打麻将来消磨时光。这种文化生活模式在一定程度上影响了他们对孩子教育的态度和方式，也可能对孩子的成长环境产生不利影响。

2. 教育素养

关于父母在教育方面的挑战，不得不正视的是教育知识的普遍匮乏。研究显示，众多父母在育儿过程中深感困扰，其中48%的母亲直言最为头疼的是不知如何有效地教育孩子，而43%的父母则坦诚地表示自身的知识水平不足以应对孩子的教育需求。这种教育知识的匮乏不仅影响了父母的自信心，也限制了他们在孩子的教育上发挥作用。与此同时，父母的教育观念也存在不少误区。一部分父母过分强调学校教育的重要性，相对忽视了家庭教育在孩子成长过程中的关键作用。他们往往将教育的责任完全寄托于学校和老师，忽视了作为父母自身应承担的教育责任。这种观念上的偏差不仅会影响孩子的全面发展，也可能导致家庭教育与学校教育的脱节。由于教育知识的不足，导致父母在教育实践中的能力也相对较低。他们可能会采取一些错误的教育方式，比如溺爱、严厉管教或是放任自流等，这些方式不仅无法有效地促进孩子的成长，反而可能给孩子的心理和行为带来负面影响。特别是由于缺乏系统的知识和理念，其往往只关注"怎样教"，而忽略了"为何教"和"何为教"。这导致在教育实践中，他们遇到问题时常常束手无策。综上所述，父母在教育知识、教育观念和教育能力等方面存在诸多问题，需要通过系统的学习和反思来提升自身素质和能力。

（二）儿童父母教育素质不高的原因分析

1. 父母自身原因

首先，在主观意识方面，父母普遍忽视了自身教育素养的提升。尽管如今父母重视孩子的教育，但他们很少关注自身教育素养的提高。受长期以来农业社会文化传统的影响，父母习惯在孩子出生时就自然成为父母，并没有意识到作为父母需要不断提升教育素养。此外，一些父母也将孩子的教育寄托于学校，认为自己无须过多干预。传统家长制观念的存在，使得即便父母已经意识到自身在教育方面存在问题，他们往往也不愿去深入反思并努力提升教育素养。这种观念的束缚，使得父母在面临教育挑战时，更倾向于维持现状，而非主动寻求改变和进步。其次，在客观条件方面，父母的时间和精力都受到严格的限制。他们不仅需要全心全意地照顾子女的成长，还需承担起维持家庭经济收入、处理烦琐家务、赡养老人以及维护社交关系等多项任务。这些繁重的责任使得父母在应对孩子教育问题时，往往感到力不从心，难以抽出足够的时间和精力去深入学习教育知识，提升自己的教育能力。同时，现代社会的快节奏和高压力工作使得父母的时间和精力更加有限。在应对这些多重功能和压力的同时，父母很难专注于自身教育素养的提升。

2. 社会原因

首先，中国几千年的传统文化中，人们长期以来将教养子女视为家庭私事，与其他家庭问题一样，被认为属于"非请莫入"的领域。在家庭教育领域，传统的家规家法和伦理道德观念被广泛奉行，被视为教育子女的"天经地义"。并且，受封建父权思想及"天生为父"思想的制约，对于家庭教育与亲职教育的关注比较少。同时，由于父母相较于儿童具有"知识垄断"的特点，加之传统文化所赋予的特殊身份，又为其提供了较高的话语权。虽然《国家中长期教育改革和发展规划纲要（2010—2020年）》已经对家庭教育提出了重要要求，但相对于其他国家，特别是发达国家而言，我国父母这方面的知识水平还不够高。另外，目前我国的家庭教育指导工作还存在一些问题，虽然在理论与实务方面取得了一定的进展，但是在机构设置、人员配置、资金投入等方面还存在不足。目前，我国教育体制改革还面临着许多问题，缺少系统、科学的指引。这不仅制约着家庭教育的有效性，而且也制约着父母素质的提高。①

二、提升儿童父母教育素质的对策

（一）制定相关政策法规

亲职教育的核心理念在于为父母提供成为合格家长所需的丰富经验。这不仅仅针对现有的父母群体，还包括那些即将步入父母角色的人们，通过专业的指导和帮助，使他们能够在未来的育儿过程中更加得心应手，有效履行作为父母的职责。这种教育的目的，在于让每一位父母都能更好地陪伴孩子成长，为他们创造一个更加温馨、和谐的家庭环境。父母是家庭教育的核心实施对象，其言行、思想以及对子女的教育方式会对个人产生深远影响，因此，亲职教育实质上是家庭教育的核心议题。

近年来，学术界和教育行政部门逐渐达成共识：教育是全社会的共同责任，只有整合全社会的资源，在社会、学校和父母共同努力下，才能取得最佳的教育成效。调查分析显示，受教育水平低的父母往往倾向于将教育子女的责任全交给学校。由于缺乏教育技能，他们对自己的教育能力和素质产生怀疑。因此，通过亲职教育提升父母素质至关重要。要让父母真正认识到家庭教育的重要性，并以一种自觉的态度去提升自己的文化素养，进而积极打造一个学习型的家庭环境。毕竟，家庭教育的实施及其效果，不仅依赖于父母自身的努力，也与政府的重视程度和积极参与息息相关。为了确保家庭教育能够形成一个完整且有效的体系，进而提升父母的教育素养，国家有必要采取一系列措施，并制定相关的政策法规。这些措施和法规不仅能够为父母提供更多的指导和支持，还能够为家庭教育的健

---

① 吴小叶.父母教育素养：现状、问题及其原因分析[J].成人教育，2015，35（07）：60-62.

康发展提供有力的保障。因此，需要从多个层面出发，共同推动家庭教育的进步，为孩子们的成长创造一个更加良好的环境。所有的中小学生父母，无论其社会身份如何，都应接受层次不同、内容各异、形式多样的亲职教育。对于个体经营者以及无业状态的父母，居民委员会、村民委员会等基层组织应担负起监督职责，确保他们能够接收到必要的亲职教育。在反复实践的基础上，将亲职教育构建成为一门学科，使其最终达到科学化水平。只有这样，才能将亲职教育纳入法制化轨道，有助于提升父母的素质。

（二）推广家长学校

家庭教育的持续发展离不开学校和社会的支持。作为家庭教育的主要责任人和执行者，父母自身的教育素质直接决定着家庭教育质量。正如马克思所说："孩子的发展能力取决于父母的发展。"因此，只有通过社会有计划地建立和开设各类家长学校，才能让父母认识到教育是一门科学和艺术，并努力实践、总结经验，最终提高自身教育素质，真正将家庭教育付诸实践，并在全社会营造良好的家庭教育氛围。我国的家长学校于20世纪80年代出现，并在此后获得了蓬勃发展。家长学校是专门为承担抚养教育子女任务的父母和其他家长提供教育和训练服务的学校。著名教育学家赵忠心认为："开设家长学校的目的不仅是解决家庭教育中的个别问题，而更重要的是从根本上提高父母的素质。"这表明了家长学校的重要性。成功的家长学校能够转变父母的教育观念，增强其以身作则的自觉性，提高家庭教育的艺术水平，改善家庭教育的氛围。

政府应加大力度推广家长学校，使其尽快覆盖每一条街道、每一个乡村。同时，应加强对家长学校的管理和监督，特别是对农村地区，防止办而无效的情况出现，家长学校的指导老师不仅需要掌握基本的教育学、教育心理学、家庭教育学、家庭教育社会学等学科知识，还要具备与父母沟通、交流的技巧。学校还应通过外派学习和专家培训的方式对主要授课者加以培训，使其具备广博的多学科知识和专业技能，将学校教师和相关专家的具体指导结合起来，让广大父母能够真正受益，从而有所收获。

针对现有的家长学校应积极寻求改进之道，采用更为灵活多样的办学方式，打造多元化、高效的教育模式。这些学校应向家庭和社会全面开放，接受来自各方的广泛监督，以确保教育质量和效果。在办学形式上，应摒弃传统的单向授课模式，转向互动的多向型教学模式。这样的转变将使父母从被动的听众转变为积极的参与者，增强他们的学习体验和教育效果。在授课内容上应紧密结合父母的实际需求和教育的发展趋势，实施开放式的家庭教育指导。这意味着学校应从传统的集体活动，转向更具参与性的集体活动，真正做到以父母为中心，满足他们的个性化需求。在家教指导过程中应强调人与人之间的平等和尊重，采用工作坊式的实践指导、座谈会式的经验交流等多种形式。同时针对重点对象还应提供个性化的指导，以充分发挥每位父母的积极主动性。通过这些举措，不仅能够提升父母的教育素养，还能够为孩子们的成长创造更加良好的家庭环境。

（三）加强家校合作

家庭与学校教育的共同追求是培养能够适应未来社会的杰出人才。这两者的有机结合，将形成一股强大的教育合力，全面推动孩子的健康成长与综合发展。在现代学校教育的背景下，父母的角色逐渐从旁观者转变为学校教育的亲密伙伴与积极合作者。为了促进双方的深度合作，学校与父母应携手共进，共同努力。学校应积极策划和组织双向交流活动，为父母提供更多参与学校教育的机会。教育工作者应持开放态度，虚心接纳父母的宝贵建议，将其融入教育实践中，使学校教育更贴近学生与父母的实际需求。与此同时，父母也应转变观念，从"校外参与"逐步拓展到"校内参与"。他们不仅可以成为学校活动的热心支持者，还可以成为决策过程中的重要参与者，为学校的发展提供有力的支持。这样的转变将有助于实现家校之间的有效沟通，推动学校教育的社会化进程，最终达到共同提高、共同发展的目标。

（四）积极构建学习化社区

由于家长学校普及不足，农村父母更多地依赖于电视或广播、家教书刊和与他人交流来获取家庭教育知识。这也导致父母们获取的知识和教育智慧主要停留在经验层面，十分缺乏系统性和科学性。除以上途径外，一些父母会参加本单位妇联、工会组织的活动来获取教育知识，但这只是少数，主要限于城市父母。社区作为一个小而功能齐全的社会单位，通过建立社区教育中心，可以显著提高居民的文化素质，并形成良好的学习氛围。社区教育中心可以充分利用社区内的学校和图书馆，向居民提供广泛多样的学习途径和方法，构建一个以学习为中心的社区，激发居民的学习动力。同时，社区教育中心还可以依托各种社会学术团体，如家庭教育研究会、妇女理论研究会等，加强理论研究。总之，通过持续学习，个人的素质和能力必将提升，从而推动家庭及所在社区整体素质的提高。

针对相对落后的农村地区，更有必要加强父母学习。各乡镇、村委会应该协同合作、各司其职，将家庭教育作为社区教育的重要组成部分，并创造良好的学习环境。加强文化建设，营造理想的精神家园，构建良好的社会氛围，提升父母的教育素质水平，以促进他们子女的更好发展。

近年来，各国政府都非常重视社区对家庭教育的重要影响。发挥社区作用来整合各种教育资源，已成为提高父母教育素质的重要途径之一，为创建学习型家庭提供了有力的外部支持。只有这样，学习化社区对父母的指导才能朝着多元化、现代化的方向发展，最终提高父母的教育素质，达到成功教育子女的最佳效果。

（五）鼓励创建学习型家庭

学习型家庭是指在如今这个学习化的社会中，家庭成员为了提升生存能力，追求更加幸福的生活，自觉地将学习融入日常生活的方方面面，并使之成为一种终身的习惯。这种家庭形态以自主学习为核心，强调全员参与，将学习与生活紧密相连，注重家庭成员间的共同分享与成长。学习型家庭不仅体现了家庭成员对知识的渴望和对自我提升的追求，更体现了对家庭幸福和未来发展的积极投入与努力。

1. 努力丰富家庭教育资源

学习的家庭是指提供良好学习环境的家庭，包括物质条件和人际关系；而家庭中的学习活动则指个人和集体学习行为。不论城乡，大部分家庭都能提供整洁干净的学习环境，但在电脑设备方面，尤其是在农村地区，能够为孩子提供的家庭则较少。

在全球信息化浪潮的推动下，尤其是随着互联网的广泛普及，电脑或智能手机已逐渐成为家庭教育的重要支柱，引领着家庭教育向现代化迈进。网络已成为现代家庭不可或缺的学习渠道，网络信息资源为学习提供了丰富的素材。父母们可以借助网络多媒体信息，与孩子一同探索知识，实现互动沟通，进而加深亲子间的情感纽带。家庭教育并非单方面的灌输，而是一个家庭成员共同学习、携手成长的过程。无论家庭经济条件如何，父母都应积极挖掘并开发家庭教育的资源。即便是经济条件有限的家庭，也可以通过合理的规划与创新，为孩子创造一个良好的学习环境，增加家庭成员间的共同活动，为构建学习型家庭奠定坚实的基础。若父母在信息获取上受到局限，观念未能与时俱进，这不仅可能影响其自身的素质提升，更可能对孩子的成长发展产生不利影响。

2. 不断更新家庭成员观念

作为一种新型家庭形态，学习型家庭倡导家庭学习理念，要求家庭提供有效的学习环境，并促使家庭成员积极参与学习。许多父母仍未改变陈旧的教育观念，错误地认为自己应该是孩子的"教育者"，导致他们对学习的主动性较低，角色认知存在偏差。

随着科技的迅速发展，"文化反哺"这一现象渐趋出现，指年长一代向年轻一代吸收文化的过程。简单来说，就是后辈在养育前辈。然而，一些父母面对这种"反哺"现象却感到不适，因为他们无法从"教育者"的角色转变为"被教育者"。随着信息时代的蓬勃发展，人们的视野日益拓宽，知识的边界也变得愈发模糊。在这样的背景下，孩子们可能在虚拟世界的影响下早早地接触到了成人社会，这不可避免地带来了信息不对称的问题。有时，孩子甚至可能比父母更早地掌握某些新知识和技能，这在一定程度上削弱了父母在家庭教育中的权威地位。面对这种日益复杂的教育环境，如果仍然固守传统的教育方法，不加以创新和调整，那么教育的效果恐怕会大打折扣，难以满足孩子日益增长的知识需求。

当前，父母需要更新观念，树立现代家庭教育理念，不断培养学习意识。同时，他们也需要转变角色，从仅仅是提供学习的支持者变为生活的引导者，从过度干预的"演员"转变为引导孩子自主学习和创造的"导演"，从而实现角色的全面转变。①

（1）树立多元成才的理念。

随着社会经济的发展和信息化、网络化时代的到来，社会对专业化人才的需求日益增加，各行各业都需要具备专业技能的人才。父母需要转变传统的成才观念，注重培养孩子的综合实力，以使其适应社会的变革和发展。在现代社会，大学招生数量不断增加，但人才的整体能力却在下降，因此考上大学已不再是评判成才的唯一标准。家庭教育应结合孩子的个性特点，尊重孩子选择，鼓励孩子多方面发展，不将孩子束缚在应试教育的桎梏之中。孩子的成才不一定要通过上大学来实现，社会对人才的需求是多样化和多层次的，因此父母需要树立多元化的成才理念，采用多种途径培养孩子，真正实现孩子个人价值，同时满足社会需要。

（2）树立能力为重的教育观念。

城乡父母对子女的学历期望普遍较高，但城市父母的期望高于农村父母。父母的期望对子女的学习和发展至关重要。适度的期望能够激励孩子，但过高的期望可能导致孩子感到沮丧，失去进取心。父母过高的期望还可能导致自身产生焦虑情绪，在教育过程中失去理智，对孩子的发展产生负面影响。社会的发展需要多样化人才，父母不能只看重孩子的学历，更应该关注孩子的能力。高收入并不完全依赖于高职位，自由市场经济为每个人实现自我价值提供了更大的机会。因此，教育孩子应该以能力为重，培养其综合能力，学历并不能全面反映个人的实际能力，而今"高分低能"的现象也日益普遍。因此，教育应该注重培养孩子的动手能力、思维能力、生存能力和社交能力，这样他们才能在竞争激烈的社会中脱颖而出。

（3）自主反思转变教育观念。

父母的教育观念是可以改变的，但这种改变过程并不简单。有时候，

① 姜一凡. 90后父母教育素质研究[D]. 南京：南京师范大学，2021.

人们会不自觉地采用了错误的教育方式。首先，需要激发父母内心的新需求，让他们意识到自己观念中的错误，从而产生改变的动机。实验结果表明，内在需求和动机是促使父母改变观念的主要因素。不能仅仅依赖外部力量来帮助父母改变教育观念，而是要让他们进行自我反思，审视自己的教育方式是否符合子女的发展需求。孔子曾说过"吾日三省吾身"，只有通过自我反思，才能不断进步。父母应加强自身学习和反思，从根本上发现并改正自己的不足，以改变教育观念。此外，在知识经济时代，各种观念都受到不同方面的影响，作为父母，应与时俱进，更新教育观念，提倡素质教育，使孩子更好地适应社会发展的要求。①

"家长"这个词汇是抽象的，但家长这一角色却是具体的。它的抽象和具体结合，构成了它的多面性和立体性。随着时代的变迁，这个角色的内涵不断充实，呈现出更加丰富多彩的特点。研究家长角色的定位，就是探讨和拓展其多面性和立体性，使之更具亲和力，成为社会健康发展的活跃细胞。父母的亲和力至关重要，他们应以孩子的朋友身份自觉地与他们相处，这是增强亲和力的有效途径。只有当父母转变了观念，正确地定位自己，才能为孩子提供适宜的成长环境，营造和谐健康的家庭氛围。

在学习型家庭这一新型家庭形态中，传统的家庭教育模式得以革新，孩子不再是唯一的学习中心，父母与孩子共同成为学习的主体，彼此在教育者和学习者的角色中互换。家庭成员的学习需求是推动学习型家庭形成的关键内驱力，它使家庭成员之间形成了一个相互学习、共同进步的良性循环。在这种家庭学习环境中，学习不再仅仅局限于孩子，父母同样需要保持开放的心态，积极学习新思想、新知识、新技能。他们不仅要掌握最新的家庭教育理念和技巧，还要适应这个日新月异的时代，为孩子树立一个不断进取、终身学习的榜样。这种家庭学习氛围的营造，不仅有助于提升父母的教育水平，使他们能够更好地引导和教育孩子，同时也为家庭的可持续发展注入了强大的动力。家庭成员之间的相互学习和共同进步，不

---

① 王利. 城乡 3—6 岁儿童父母教育观念调查研究[D]. 南宁：广西师范大学，2015.

仅能够增进彼此之间的情感联系，还能够让家庭成为一个真正意义上的学习共同体，共同迎接未来的挑战。

3. 积极建立新型家庭关系

家庭关系包括两个方面：一种是纵向的代际关系，它涵盖了不同世代之间的紧密联系，例如父母与子女之间的深厚纽带。另一种则是横向的同辈关系，它涉及同一代人之间的各种关系，如夫妻之间的亲密关系。这两种关系类型共同构成了家庭关系的复杂网络，是家庭和谐与稳定的重要基石。平等互动是处理这两种关系的基本原则。

亲子关系的构建应深深扎根于现代家庭关系的沃土和父母深沉的爱意之中。只有当孩子真切地感受到父母那份无私而深沉的爱时，他们才能体验到内心的愉悦与满足，进而形成健康、和谐的双向沟通，建立起民主型的亲子互动关系。这种关系不仅是情感的交流，更是心灵的交融，为孩子的成长奠定坚实的基础。

父母应当具备民主意识，与孩子保持频繁的沟通，以相互尊重和理解的态度倾听彼此。首先是要理解，父母要深入了解孩子的世界，意识到与成人世界有所不同，否则一味强行干预可能会妨碍孩子的发展。其次是指导，父母应当是指导者和协商者，而不是仅仅下达命令，他们需要全神贯注地引导孩子，帮助他们培养耐力、高尚品德，以及开放包容的思维，使其能够游刃有余地应对时代的变革。最后是解放，父母要让孩子拥有完全的自主权，成为独立个体。理解孩子是基础，指导是方法和过程，解放是目标。父母只有通过平等的交流，建立在深刻的相互理解的基础上，才能真正进入孩子的内心世界，成为他们能够信赖、分享心声的平等伙伴。这不仅有助于家庭关系的和谐，也有助于提升父母整体素质。

（六）重视隐性教育

大多数父母都能不断地反思自己的教育行为，并希望通过这种反思，解决教育子女过程中的各种问题，改善自己的教育方式，以达到更好的教育效果。同时，部分父母有时会学习和借鉴其他优秀父母的教育经验，但也有少数父母，尤其是农村父母，仍然坚持传统的教育方式。但是，在家庭教育中，父母们在借鉴成功的教育经验时往往只重视显性教育而忽视了隐性教育。

　　家庭教育通常通过两种途径实施：一种是有目的、有意识的主动教育，即显性教育，主要涉及父母的教育观念、目标、方法和内容等方面；另一种是无意识的被动教育，即隐性教育，涉及父母的素质、生活方式、经济地位等对孩子的潜在影响。显性教育的执行者主要是父母，他们承担着直接的教育职责。而隐性教育的发出者则涵盖了家庭环境中包括父母在内的所有成员。因此，父母在孩子的教育过程中扮演着双重角色，既是显性教育的实施者，又是隐性教育的发出者。隐性教育作为家庭教育的潜在资源，其作用往往比显性教育更为深远和关键，它潜移默化地影响着孩子的成长和发展，塑造着他们的性格和价值观。然而，许多父母只注意到了自己作为显性教育者的角色，而忽视了自己作为隐性教育者的角色。

　　学习型家庭的构建，无疑对现代父母提出了更高的要求，他们必须不断加强自身学习，持续提升个人素质。这不仅仅是掌握知识的过程，更是塑造正确教育理念，并将这些理念转化为个人智慧的过程。这样的智慧，能够引导他们以更加科学、合理的方式教育孩子，使他们真正成为智慧型的父母。实际上，影响和教育孩子的过程，也是父母自我提升、实现自我成长的过程。作为智慧型的父母，他们不仅要有深厚的学识，更要善于通过言传身教，将理性的教化、爱的滋润和美的熏陶巧妙地融为一体，为孩子的成长提供全方位的支持和引导。"身教胜于言教"是众所周知的道理。父母在孩子面前应特别注意自己的一言一行，确保每一个细节都能成为孩子的楷模。因此，父母要以身作则，树立榜样，通过自身的努力激励孩子。①

---

　　① 黄跃洪. 城乡中小学生父母教育素质现状调查及对策探讨[D]. 南昌：江西师范大学，2008.

第 四 节

儿童祖辈的教育素质

在《现代汉语词典》(第7版)中,"父母"一词被解释为"家长制之下的一家中为首的人;父母或其他监护人"。除父母外的其他监护人,通常是对孙子孙女负有监护与抚养义务的祖父母、外祖父母。本书选取了倪星提出的父母教养品质因素分类,把祖父母的教育素养解释为:在家庭教育过程中,担负着对孙辈进行教育责任的祖父母,为了发挥好这个角色所应该具有的独特特质,具体表现为教育知识、教育观念、教育方法和教学能力等。

一、儿童祖辈教育素质现状

(一)教育知识:仍需进步

部分祖父母在儿童饮食行为和内容方面,尚未形成全面而科学的认识,未能充分理解正确饮食对儿童成长的重要性,也未深刻意识到不良喂养行为可能带来的负面影响。在儿童心理健康知识方面,虽然他们普遍能够认识到儿童心理问题的重要性,但在某些观念上仍存在偏差,需要进一步的引导和纠正。在儿童身体发育知识的掌握上,他们大体上能够理解儿童身体发育与遗传的紧密联系,以及学龄前儿童身体发育的基本阶段特征。在儿童卫生保健知识方面,祖父母在监督儿童卫生习惯方面表现出色,对于儿童用药和日常身体保健也有相对准确的认知。综上所述,尽管祖父母在教育知识方面已有一定的科学性和正确性,但仍需不断学习和提升,以更好地促进儿童的全面发展。[①]

---

① 倪星.0-6岁儿童祖辈家长的教育素质现状及提升策略研究[D]上海:华东师范大学,2019.

（二）教育观念：新旧交织

儿童观具体涉及儿童权利、地位以及教育与儿童发展的关系。研究表明，祖父母普遍将儿童的地位与权力置于重要位置，致力于以合理的方式满足他们的需求，确保他们得到应有的关爱与尊重。在人才观方面，祖父母对孩子的成才期望较高，往往秉持传统观念，如"望子成龙、望女成凤"，过分强调将学习成绩作为衡量孩子成功与否的标准，并期望通过孩子的成就来实现自身的理想与期望。在教育观方面，祖父母也表现出一定的开放性和包容性。他们认识到在家庭教育中，保持孩子的好奇心、求知欲以及尊重孩子的独特思维和创意是至关重要的，这有助于培养孩子的创造力和创新精神。因此，尽管在人才观方面存在一些传统观念的影响，但祖父母在教育观方面仍展现出一定的科学性和进步性。祖父母在教育观念方面呈现出进步与滞后并存的状态。

（三）教育方法：有待改进

首先，就惩罚法而言，多数祖父母已认识到，对儿童施加身体或精神上的正向惩罚，并不利于其身心健康发展。说服教育法旨在借助事实与科学论证，以理服人、循循善诱，帮助儿童纠正不良思想与行为。然而，当前部分祖父母对于与儿童耐心沟通所能带来的实际效果持怀疑态度，认为其效果可能并不显著。至于榜样示范法，大多数祖父母能够以身作则，并深刻认识到自身及周围人的观念、行为等因素对儿童成长的重要影响，他们能以相同标准来约束自己和孙辈，并且能够帮助孙辈规避外界不良观念和行为的负面影响。因此祖父母在教育方法方面仍有改进和优化的空间。

（四）教育能力：总体趋好

了解孩子的能力是指祖父母对孙子孙女的认识程度，包括思想、情绪、行为和兴趣等。研究结果表明，尽管祖父母普遍知道孩子的多方面行为表现、内在思想和发展爱好，但是他们对孩子的理解还不够深刻，还需要继续深化。交流与协作能力则着重于祖父母对孙子孙女的教导，与其进行有效的交流与合作，协助他们化解在成长中遇到的困难。然而当面对与子女的育儿观念冲突时，祖父母更倾向于选择保持沉默，而非积极寻求沟通与解决之道。情绪控制能力则反映了祖父母在教育孙辈时对自身情绪的管理与掌控能力。虽然祖父母在理念上认识到情绪控制对儿童成长的重要性，但在实际生活中，由于各种因素的影响，他们往往难以真正做到对情绪的有效管理。

二、提升儿童祖辈教育素质的建议

生态系统理论将外界生态环境系统划分为微观、中观、外观、宏观和时序五大子系统，其核心研究内容为个体与各系统间的紧密互动、相互影响等关系。具体到家庭、学校、社区等关键环境中，个体成长所受到的影响多种多样且各具特点。本节基于这一理论，聚焦于家庭、学校、社区三个相对独立的主体，将其视为"家校社"协同的有机整体，旨在探讨如何有效提升祖父母的教育素质，并结合其特点提出具体策略。

首先，从家庭层面出发，通过强化祖父母的终身学习意识、降低学习障碍以及构建家庭学习共同体，来增强其教育素质。这不仅可以提升家庭教育的整体质量，也有助于培养孙辈的综合素养。其次，学校作为教育的重要场所，应积极促进祖父母参与学校活动，推动家庭教育研究与学校实验的结合。同时，提升教师在家庭教育指导方面的业务能力，使学校成为提升祖父母教育素质的重要阵地。再次，社区作为个体生活的重要环境，要通过优化社区环境，明确家庭教育指导的运作逻辑，建立相应的组织，给祖父母提供学习资源和支持，帮助他们提高自身的教育质量。另外，基于"家校社"合作视角，通过建立和强化"家校社"的功能，在合作发展中融合代际学习观念，形成一股力量，促进祖父母双方的文化素养提高。最后，从祖父母自身角度出发，应充分发挥其主观能动性，积极转变育儿知识、情感、观念和行为。鼓励他们主动参与教育过程，更新育儿观念，实现行为的积极变革，从而为孙辈的健康成长奠定坚实基础。

（一）家庭与祖辈教育素质的提升

伴随着社会的稳定发展，科学技术的飞速发展，从工业化时代到以知识为基础的信息化时代，终身教育的观念正在被人们所接受。在我们国家，由于历史传统、经济发展、社会变迁等多种原因，造成了隔代教育这一特殊现象。与学校和社区等外部环境相比，家庭是最基础的社会单元，在建构具有学习性与终身教育理念的环境时，家庭是最基本的角色。从终身学习的角度出发，家庭对祖父母的文化素养的提高具有重要作用。要提高祖父母的文化素养，必须减少他们在学习中遇到的困难，并要建立一个良性的学习环境。这不仅有助于提升家庭生活的品质，使教育更加贴近生活，更有助于树立我国正在积极推进的终身学习理念。

1. 增强祖父母终身学习意识

陈鹤琴曾指出，普遍存在一种天然的观念，即任何一个成年人都被视为有资格教养儿童。然而，对于如何教育和培养孩子，人们似乎很少进行深思熟虑，这一现象在中国相当普遍。观察当前的家庭教育现实，这种态度似乎并未随着时代和社会的进步而发生实质性改变。在家庭内部，传统的保守观念仍然普遍存在。祖父母往往倾向于将教育孩子视作角色转换后自然获得的能力，简单地将其视为代际间经验的传递与延续。这一观点忽略了在不同的社会发展时期，家庭教育表现出来的明显差别，把父母的教育质量看成固定的。但是，从马克思的角度看，万事万物总是处在发展和变化的过程中，没有什么是完全静态的；在人生的历程中，个人也是处于变动之中的。所以，父母的教养质量也不是一成不变的。终身学习观念与提高父母的教育质量有着密切的关系，它们是互相促进的。家庭作为祖父母生活与自我发展的重要场所，在提升他们的终身学习意识方面扮演着至关重要的角色。这种作用主要体现在家庭环境的熏陶和内部支持上。通过在家中装饰书画文字、设立家庭学习图书室、增强家庭成员间的交流互动等方式，可以有效帮助祖父母提升终身学习的意识。在这样的家庭氛围熏陶下，祖父母可能会更加沉浸在终身学习的环境中，从而进一步增强他们的终身学习意识。

2. 减轻祖父母终身学习障碍

提升祖父母的教育素质是一个漫长且复杂的过程。这不仅仅需要克服观念层面的难题，还需应对日常生活中琐碎繁杂的事务，并努力减轻他们在终身学习道路上所遭遇的各类障碍。首先，经济障碍是其中一个显著的挑战。由于许多祖父母处于退休或无收入状态，他们的经济能力相对有限。然而，提升教育素质往往需要一定的经济投入，如购买学习资料、参与培训课程或学校和社区的教育活动。因此，其他家庭成员应给予适当的经济支持，帮助他们克服这一障碍。其次，生活障碍也是不可忽视的。祖父母往往被家务琐事所牵绊，难以腾出足够的时间和精力来追求个人的教育成长。为了帮助他们克服这一障碍，家庭成员可以积极分担家务，为祖父母创造更多的个人时间和空间，使他们能够专注于自我提升。此外，信息障碍也是一个值得关注的问题。许多祖父母由于缺乏现代信息技术设备和使用能力，难以获取现代化的家庭教育资源。因此，家庭内部可以协助他们获取学习工具，指导他们使用互联网和其他学习资源，以帮助他们跨越信息鸿沟，开拓更广阔的学习视野。

3. 构建家庭学习共同体

"学习共同体"这一概念，在学校教育中常被提及，它涵盖了学习者、助学者等多元参与者，是共同围绕学习任务和目标形成的学习团体。在这个团体中，成员们通过交流互动、资源共享，不仅促进了知识的吸收，还增进了彼此间的友谊。而家庭学习共同体作为这一概念的延伸，特指家庭成员间的学习互动，旨在通过共同学习，解决家庭问题，推动家庭发展，增进家庭和谐，助力每个家庭成员的全面发展。家庭学习共同体具有自发性、非功利性等特点，它不仅仅局限于成年人对未成年人的教育促进，也涵盖了未成年人对成年人的积极影响。在代际学习理念的引领以及现代儿童能力发展的推动下，构建家庭学习共同体成为提升祖父母教育素质的重要途径。为了构建这样的共同体，应创造机会让祖父母在家庭环境中思考、学习和进步。通过丰富多彩的活动，如共同阅读育儿书籍、观看教育类影片、讨论育儿难题、参与育儿课程等，可以有效促进家庭成员间的交流与学习。这些活动不仅有助于形成平等、开放、向学和谐的家庭氛围，更能切实关注到祖父母的生活现状与需求，减少家庭内部的摩擦，增进共识。值得注意的是，家庭学习共同体作为一种自发性的组织，其组织形式、学习内容、方式和质量可能存在较大的不确定性。因此，家庭成员应有意识地寻求专业指导者的帮助，以确保家庭学习的导向和质量。通过定期与专业指导者沟通交流，可以更好地优化家庭学习共同体的建设，为家庭成员的全面发展提供更有力的支持。

（二）学校与祖辈教育素质的提升

随着终身学习理念的发展，教育形态得以重塑，学习场域已突破学校"围墙"，"去学校化""非学校化社会"等思想也得到进一步宣传。传统学校因其效率、专业性、集中性和组织性，在推动终身学习方面发挥着不可或缺的作用，是构建学习型社会、深化终身学习理念的关键一环。在终身学习成为主流趋势的当下，需要摒弃"前半生学习，后半生工作"的过时观念，这一转变同样适用于中老年群体。随着社会的复杂多变，终身学习已成为个体积极适应社会、持续发展的核心动力。在此过程中，学校教育仍然扮演着举足轻重的角色。特别是针对祖父母这一群体，学校更应承担起唤醒其学习自觉性的重任。学校教育的潜力巨大，通过鼓励祖父母参与学校活动、深入研究家庭教育问题、提升教师家庭教育指导能力等方式，可以有效地提升祖父母的教育素质。

1. 促进祖父母参与学校教育

家校合作有助于学校教育的优化发展。祖父母参与学校教育的形式多种多样，涵盖了决策、管理和教学等多个层面。首先，在决策层面，鉴于祖父母在家庭教育中的重要作用，他们在参与学校相关决策时，如家委会或父母代表大会，应被赋予适当的角色。通过积极听取他们的意见和建议，学校可以确保决策更加全面，充分考虑到不同家庭教育参与者的观点，进而达成观念上的共识。其次，在管理和服务上，祖父母一辈具有更多的休闲时光、更多的养育经历等优点。祖父母在力所能及的范围内，能够主动地参加学校的各项管理和服务工作。比如，帮助维持学生上下学的秩序，参与校园环境卫生的保障等，这样就可以让祖父母更加积极地参与到校园的日常活动中来，增进与学校的交流和理解。最后，在教学活动方面，学校应充分利用祖父母的职业背景、劳动生活经验以及对中国传统文化的热爱，通过协助他们参与学校的劳动课、生涯体验课和德育课程等，促进代际学习相关项目的开展。这样不仅可以发挥他们的优势，还能为学生带来更加丰富多彩的学习体验。

2. 积极开展各类家庭教育问题研究与学校实验

在家庭教育领域，科研与教学实践相结合是促进学校科学研究与教师专业成长、提高父母教育素养的一种有效途径。首先，要提高中小学老师的科学研究意识，让他们深刻理解科学研究对教育实践的重要性，鼓励他们用科学的方法解决教育问题。其次，提升教师的科研能力，通过培训加强他们的理论、方法和伦理素养，并促进与家庭教育专家的合作。最后，积极开展学校实验，学校要以开放、创新的态度，配合相关部门和教育科研工作者开展试点工作，推动科学教育理论与实践相结合。

3. 提高学校教师家庭教育指导业务能力

2021 年颁布的《家庭教育促进法》的第四章第三十九条明确规定，中小学及幼儿园应将家庭教育指导服务纳入工作计划，作为教师业务培训的内容。通过恰当的指导，不仅能强化家校之间的合作，还能促进教师的专业成长。家校合作不仅为教师提供了全新的工作场景和丰富的成长资源，还有助于提升家庭教育的整体质量，从而更好地服务于学生和教师的成长。然而，近年来，尽管家庭教育指导在教师专业发展中的重要性日益凸显，但我国在这方面仍未给予足够的重视。教师的角色及其在家庭教育中的影响也未得到充分的关注。不容忽视的是，学校教师在家庭教育指导服务中具备天然的优势。首先，教师经过专业培训能够为父母提供专业、科学的指导服务。其次，教师与父母在促进儿童各方面发展方面具有共同目标和正向引导动机。最后，由于学校教师数量庞大，分布广泛，因此可以成为家庭教育指导服务的坚实力量。因此，提升教师家庭教育指导业务能力至关重要。具体而言，可以通过在教师培训中加强家庭教育指导相关内容，建立教研团队进行经验分享，以及成立退休教师家庭教育指导志愿队伍等方式来挖掘和培养教师的家庭教育指导潜力。

（三）社区与祖辈教育素质的提升

"社区"这个概念在社会学领域有多种定义，但通常被理解为一个地区里共同生活的人们所组成的基层组织。如今，社区已成为人们共同生活的基本单位。从终身学习的视角来看，个体在参与社会学习和生活的过程中，会因为过往经验的差异，而在新环境中不断调整和重塑自己的经验。这是一个动态的适应过程，展现了终身学习在个体成长中的核心作用。在当前的社会背景下，社区作为家庭生活的外在基石，对家庭及其成员的成长与发展具有举足轻重的作用。因此，社区应当积极承担起引导家庭教育的职责，通过改善社区环境、明确家庭教育的指导逻辑，以及设立相关机构，来提升祖父母的教育素养和能力。这样的举措不仅有助于家庭教育的优化，也能推动社区整体的和谐与进步。

1. 优化社区环境

社区环境因其客观性、现实性、具体性、形象性和复杂性等特点，相较于校园，可能给儿童带来更深远的影响。虽然各学校拥有独特的校园文化和景观，但学校内的人员构成和活动形式相对固定，主要聚焦于有组织、有计划的人才培养。然而，社区作为一个相对独立的"小社会"，其影响力极具复杂性。从社会的客观环境来看，一些小区周边存在大量的成年人休闲活动场所，如酒吧、网吧等，会给儿童的身体和心理健康带来隐患。另外，由于社区成员构成的稳定性与流动性共存，他们之间的文化修养与道德素养也不尽相同，同时，社区中一些不健康的理念与行为也会对儿童造成负面的影响。此外，与学校的教学相比，社区教育更接近人们的生活。在不同的教育背景下，不同的教育理念、功能、价值观念、评价标准等因素会造成儿童的认知困惑与矛盾。所以，加快对社群软、硬件环境进行优化是非常必要的。在硬件上，要加强对小区的环境管理，对不适合孩子成长的场所进行严厉的管制，并增加一些能够促进孩子身体和心理发展的文化休闲设备，包括图书馆、书画室和运动场地等。此外，应充分利用社区智慧，结合祖父母的意见，挖掘社区文化，美化环境布置，并实时监控社区成员流动状况，以维护社区的稳定与有序。在软件建设上，应构建便于社区居民随时、随地学习的平台，以提升整体素养。针对祖父母的特点和需求，开展相应的活动。同时，通过组织各类活动，帮助社区居民树立和巩固社会主义核心价值观，并在此基础上形成具有社区特色的价值观，统一居民观念，达成代际学习的和谐目标与共识。

2. 厘清社区家庭教育指导运行逻辑

在目前"家校社"合作办学的大环境下，如何快速建立起一批以祖父母为核心的优质家庭教育服务的社会群体，是一个迫切需要解决的问题。要弄清楚"为什么要教，教什么，怎么教"；为保证我国社区家庭教育辅导工作高质量、高效率地发展，必须解决好由哪些人来负责、由哪些人来监督的问题。在"为什么要教"的问题上，要深刻地认识到"为什么要教"的内涵。对祖父母进行的教育辅导，是为了让他们对过去、现在和将来的家庭教育状况有一个更清晰的认识，对孩子、子女和自己的关系有一个准确的定位，并了解学校、社区和家庭三者的互动。这样的教育服务能够引导祖父母审视自己在家庭教育中的角色和定位，发现存在的问题，并明确改进的方向和未来的发展趋势。关于"教什么"和"怎么教"的问题，需要从课程与教学两个方面进行深入探讨。在课程设计上，应以儿童教育中存在的实际问题和祖父母的具体需求为出发点，制定符合社区特色的家庭教育指导课程。在教学方法上，应灵活多样，注重开放性和互动性，以适应不同祖父母的学习需求和特点。关于"谁来教"和"谁监管"的问题，需要构建一支专业化的教师队伍，并制定科学的教育质量评价体系。教师队伍应由具备家庭教育专业知识和实践经验的人员组成，包括专家、学校教师和社会家庭教育指导机构等。同时，还应积极吸纳热爱家庭教育事业、具有奉献精神的社区志愿者，以丰富教师队伍的多样性并提高活力。在教育质量监管方面，应建立多方参与的评价机制，包括社区相关负责人员、指定学校、社会第三方教育质量评价机构、教育局相关部门以及祖父母自评等，以确保教育指导服务的质量和效果。通过明确这些问题，不仅可以借鉴学校教育的成熟发展视角，还能更好地思考如何针对祖父母这一特殊群体开展有效的社区家庭教育指导服务。这将有助于提升社区家庭教育指导服务的专业性和实效性，为儿童的健康成长创造更加优质的家庭教育环境。

3. 设置与完善家庭教育相关机构

为了推动家庭教育的规范化、有序化、标准化和高效化进程，必须以社区为基石，建立健全的家庭教育机构体系。从横向维度来看，这些机构可以细分为两大类别：社区家庭教育指导机构与社区家庭教育辅导管理机构。社区家庭教育指导机构扮演着至关重要的角色，它们致力于解答祖父母在家庭教育过程中遇到的种种困惑，提供针对性的指导和调解。这些机构的特点在于其公益性和普惠性，它们为广大父母提供了平等、全面的家庭教育支持。为了确保工作的专业性和人力资源的丰富性，这些机构的工作人员由专业人员和非专业人员共同组成，包括家庭教育领域的资深专家、经验丰富的教师以及充满热情的志愿者。此外，机构还采用固定人员和流动人员相结合的工作形式，既保证了服务的稳定性和持续性，又使得服务内容更加丰富多彩。而社区家庭教育辅导管理机构在家庭教育质量管理中也起着重要的作用，包括对家庭教育质量的监督与评价、管理人员的调动以及对学校的后勤支持等。其中，有教育部门相关部门的人员、社区管理人员、学校相关人员，还有来自第三方的教学质量评价组织的志愿人员。他们共同协作，确保社区家庭教育指导工作的顺利进行，推动其向更高质量、更高效率的方向发展。在垂直层面上，可以通过多层次的教育行政管理部门来建立社区家庭教育指导服务管理机构，使之成为一个完善的系统。该机构主要承担家庭教育政策的制订，对家庭教育的日常活动进行监督，对工作人员进行培训和监督。具体而言，可以在教育部门、省教育厅、市区教育局和社区教育管理机构等各个层级中设立家庭教育指导服务管理机构，形成五级管理体系。这样的设置有助于确保家庭教育指导工作的有序执行，为祖父母提供更加全面、专业的支持。

（四）"家校社"协同与祖辈教育素质的提升

"学习型社会"这一理念，最初由美国学者赫钦斯提出，他主张社会应以学习与个人成长为核心目标，通过制度层面的优化，构建一个能保障所有社会成员充分发展的环境。在此社会形态中，个人价值的实现与成长被看作是至关重要的。受到学习型社会理念的启发，众多相关的行动也得以推动，包括终身教育体系的构建、学习型城市的打造、社区教育的蓬勃发展以及义务教育自由化的推进等。从全球范围来看，学习型社会的实现需要社会各界的广泛参与和深入合作。这种合作不仅体现在理论层面的探讨，更在于实践中的携手并进。2022 年 1 月，我国正式实施了《家庭教育促进法》，其中第十九条明确规定了父母及相关监护人在家庭教育中的责任，强调了与学校、社区、婴幼儿照护服务机构等的紧密配合，共同为未成年人的成长提供有力支持。在这一过程中，家庭、学校、社区作为各自独立的实体，在提升祖父母教育素质方面扮演着不可或缺的角色。同时，它们作为一个整体的合力也越来越受到人们的关注。为了实现这一目标，可以通过多种方式加强"家校社"的耦合联动。例如，可以通过教育和宣传活动，加深祖父母对"家校社"协同发展的理解和认识；加快设立和拓展"家校社"组织及其职能，为各方提供更广阔的合作平台；促进"家校社"之间的协同合作，形成教育合力；以及推动代际学习的互动，让不同代与代之间能够相互学习、共同成长。

1. 通过"家校社"协同提升祖父母对教育的认识

深入观察我国"家校社"协同推进的现状，不难发现，尽管有所努力，但在提升祖父母教育素质方面，"家校社"协同的作用仍显得相对薄弱。目前，对于"家校社"协作提升祖父母教育素质的观点并未得到广泛而深入的认同，很多还停留在形式化的宣传和口号层面，缺乏实质性的推进。问题的核心在于，无论是社会大众还是"家校社"各参与主体，对于"家校社"协同促进祖父母教育素质提升的重要性和具体操作方式，都缺乏清晰的认识。"家校社"协同究竟能在多大程度上、以何种方式促进祖父母教育素质的提升，以及应如何优化这一机制，这些问题都尚待明确。因此，首先需要加强"家校社"协同在家庭教育指导服务方面的理论研究。这包括深入剖析"家校社"各自在家庭教育指导中的角色定位、责任范围以及相互之间的协作机制，形成一套系统的理论体系，为实践提供有力指导。其次，需要通过各种渠道和方式，使祖父母对家庭、学校和社会的联系有更深刻的理解。让祖父母清楚地意识到，家庭、学校、社会三者共同构成了提高自己的教学素养的"黄金场域"，祖父母在面对亲子问题时，要主动向三者求助，把家庭、学校和社会看作可以信任的合作伙伴。同时，政府及社会有关机构也要采取措施，建立健全的家庭教育指导服务系统。包括明确服务对象、服务内容、服务方式以及评价准则，要充分了解祖父母对于家庭教育指导服务的迫切需要，同时要通过制定有关的法律法规和政策来确定"家校社"为祖父母服务时的职责范围和详细规定。通过加强理论研究、提升参与主体的认识、构建完善的服务体系以及加强法律政策的支持，可以逐步构建起"家校社"协同的家庭教育指导服务体系，实现"家校社"协同与祖父母教育素质提升之间的良性互动和共同发展。

2. 加快设立"家校社"组织，拓宽其职能

在交叠影响域理论的深入影响下，"家校社"协同的理念日益深入人心，逐渐成为教育领域的重要理念。在我国的一些地区，中小学已经开始积极构建"家校社"组织，旨在为学校注入新的活力，汇聚更多的发展动力。这些"家校社"组织集中在我国的经济发达地区，并由学校主导，致力于整合家庭、学校、社会的力量，共同推动未成年人的全面和谐发展。为了进一步推广"家校社"组织的理念和实践，需要将更多的关注点放在农村和欠发达地区，推动这些地区建立"家校社"联合组织，通过实体组织的运作，促进"家校社"教育的深入发展，并提升各参与主体的教育素质和能力。在操作层面上，需要明确家、校、社三者的关系。虽然这三者各自独立，但并非主导与被主导的关系。相反，它们应当相互协作，共同为未成年人的成长提供有力支持。为了提高"家校社"联合组织的运作效率和可操作性，学校往往成为最合适的主导者。这是因为学校拥有较为完善的软硬件条件，包括设备、场地和专业教育人员等，同时，学校在教育领域具有较大的话语权，更容易得到父母和社区的认同与配合。此外，还需要拓宽"家校社"联合组织的服务范围和职能。目前，这些组织主要关注未成年人的教育问题，但实际上，教育活动的参与主体并不仅限于未成年人。因此，应当将服务对象和内容扩展到所有教育参与主体上，特别是祖父母群体。通过提供答疑解惑等帮助，建立稳固的组织结构和伙伴关系，"家校

社"联合组织可以助力祖父母提升教育素质，更好地参与到孙辈的教育过程中。

3. 将代际学习理念融入"家校社"协同

世卫组织认为，代际学习是促进老年人健康发展的一项重要社会行动。在这一问题上，中外学者都有一个共识，那就是一代代人在终身教育思想的熏陶下，形成了一种有效的交流与经验模式。该模式对于消除代际壁垒、优化代际关系、促进时代知识和技术的传递、促进主动养老具有极其重大的意义。首先，代际学习有助于打破不同世代之间的隔阂。通过相互学习、交流和体验，不同世代的个体能够更深入地理解彼此的生活经历、价值观和行为模式，从而建立起更为紧密的联系和互相信任。这种互动过程有助于消除误解和偏见，增进相互之间的理解和尊重。其次，代际学习能够改善代际关系，促进社会和谐。在共同学习的过程中，不同世代的个体能够共享知识、技能和经验，相互支持和帮助。这种互助合作的精神有助于增强社会凝聚力，构建更加和谐的社会关系。此外，代际学习对于促进时代知识技能的转移具有重要意义。老一辈人的经验和智慧得以传承给年轻一代，而年轻一代的创新思维和技术能力也能"反哺"给老人。这种双向的知识技能转移有助于推动社会的持续进步和发展。最后，代际学习是实现积极老龄化的有效途径。通过参与学习活动，老年人能够保持身心活力，延缓认知衰退，提高生活质量。同时，他们还能够为年轻一代提供宝贵的经验和指导，为社会的繁荣稳定贡献力量。

借助"家校社"协同助力祖父母教育素质提升是这一理念的最佳实践。让祖父母融入家庭、学校和社区的互动中，能够帮助他们与不同世代群体接触，促进互动交流，并在悄然间传递教育知识、观念、方法和能力。在操作层面上，基础教育和高等教育阶段的学校数量已经相当多，一些社区也开展了丰富的教育活动。借助这些已有的教育资源，有利于提升祖父母的教育素质。但是，不能忽略作为"反哺场域"的家庭因素。隔代教育的家庭通常包括多种不同的家庭成员，其中，代际的知识在这种类型的家庭中显得尤其重要。通过儿童团体、年轻父母、祖父母与曾祖父母的深度互动与沟通，可以在很大程度上降低两代人的矛盾，增加彼此的了解，取得一致意见，并将各代各族群之间的珍贵经验与技巧进行高效的传播。然而，在实际操作中，我们往往容易忽视儿童群体对祖父母的正面促进作用。祖父母在隔代教育家庭中占据着举足轻重的地位，他们与儿童的日常相处更为频繁和紧密，因此，应当积极关注并认识到儿童对祖父母的积极影响。这种积极影响体现在多个方面。例如，现代信息技术的应用使得儿童成为祖父母学习新技术、新知识的桥梁。儿童在家庭中使用智能设备、上网浏览信息等行为，无形中为祖父母展示了现代科技的魅力，激发了他们学习新知识的兴趣和动力。此外，儿童积极向上的生活态度也对祖父母产生了积极的影响。他们乐观、开朗的性格，勇于尝试新事物的精神，都在潜移默化中影响着祖父母，使他们更加开放、包容，愿意接受新的教育理念和方式。因此，应当充分利用代际学习理念和"家校社"协同的互动机制，进一步促进祖父母教育素质的提升。通过组织各种形式的代际学习活动，如亲子阅读、家庭游戏、文化体验等，增进家庭成员间的感情交流，促进相互学习，共同成长。

4. 主观能动性与祖辈教育素质提升

家庭、学校和社区因其特有的亲缘关系、地理位置等因素，与父母的文化素养密切相关。但是，我们也要看到，提高祖父母的文化素养，最后获益的还是他们自己。首先，祖父母要主动地改变自己的思想，自觉地抛弃唯经验论、反科学论和不求新不求变的陈旧和不合时宜的思想，要有积极的人生观，如常学常新、活到老学到老、与时俱进。这种改变要求他们积极主动地进行改革，如咨询教育专家，参加相关讲座，学习有关家庭教育的相关政策与政策。其次，祖父母一辈要注重提高自己的科学与人文素质，以适应新时期的要求。通过这种方式，祖父母可以更好地处理亲子关系中的种种难题，也可以为孙子孙女的健康发展提供更为科学合理的指导。再次，祖父母要对各种关系有一个客观的认识和主动的态度。在家族中，要重视与子女及孙子孙女的感情交流，建立亲密和谐的代际亲情。在家庭之外，要积极地与有关机构如学校、社区和教育服务机构等进行协作，使自己的教育质量得到提高。最后是祖父母要把观念改变、知识扩展和情感培养转变为实际的行为。在平时的亲子关系中，祖父母要主动地将知、情、意、行四者有机地结合起来，相互促进，相互补充。通过这种方式，他们既可以更好地完成养育孙辈的责任，又可以为他们自己的发展提供新的动力。

第三章

家庭教育
与儿童性格培养

第 一 节

儿童性格

一、儿童性格的形成

性格作为人格的关键要素，在心理学中有明确的定义，它指的是个体对现实的稳定态度，以及与这种态度相应的、习惯化了的行为方式中表现出来的人格特征。这种特征并非个体与生俱来的，而是在生活的漫长历程中逐渐塑造和演化的。心理学研究表明，儿童期是性格塑造的黄金阶段，各种习惯和行为模式在此阶段开始奠定基石。从婴儿出生开始，一直延续至大约 11 岁，这一期间是性格发展的关键时期。实验表明，婴儿从出生的那一刻起，就开始受到周围环境的熏陶，逐渐形成了特定的态度和习惯性的行为。在生命的最初 3 年里，性格开始萌芽，儿童的自我意识和道德意识开始萌发；随后，在 3 至 5 岁的阶段，性格的初步形态已经显现；而到了 6 至 11 岁，性格、自制力、道德观念以及行为习惯进一步发展，尽管这一时期的性格尚不稳定，容易受到外界环境的影响。

弗洛伊德等心理学家特别强调了童年对性格塑造的重要性，他们认为一个人的性格在七八岁时已经基本定型。然而，我国心理学研究的结果表明，尽管早期经历对性格的形成至关重要，但性格的最终形成实际上是一个漫长且复杂的过程，它可能会延续到青年期甚至成年期。这是一个从量变到质变的过程，性格从不稳定逐渐变得稳定。值得注意的是，尽管性格一旦形成，通常表现出相当的稳定性，但它并非一成不变。在遭遇环境或身体状况的重大变化时，性格也可能发生相应的调整。此外，在儿童性格形成的过程中，学校教育环境发挥着独特且重要的作用。在学校中，儿童通过与教师和同学的互动，逐渐构建了自己的世界观和价值观，这些都对他们的性格塑造产生了深远的影响。课堂教学、班级集体氛围以及教师的榜样作用都是影响学生性格成长的关键因素。同时，同伴关系也是塑造性格不可忽视的要素，通过与同伴的交往，儿童学会了与人相处的技巧，形成了与他人交往的基本品质。总的来说，性格的形成是在儿童生活的物质和精神环境基础上产生的，早期经历对性格形成有关键作用，而环境在整个过程中扮演着重要角色。①

二、儿童性格的特点

一年级新生们对小学生活充满了好奇与新鲜感，但他们仍然在逐渐适应这个新的环境。由于年龄尚小，他们往往难以保持长时间专注，因此在听讲和独立完成作业方面显得较为困难。在人际交往方面，他们渴望与同伴建立友谊，但在礼貌和分享方面仍需进一步引导和教育。对于老师，他们持有深深的信任和尊重，往往把老师的话当作金科玉律。在生活自理方面，他们还需要父母的帮助，尚未完全形成自我照顾的能力。此外，他们的注意力容易分散，情绪波动大，容易感到疲倦，行为上也显得较为不稳定，自我控制能力相对较弱。他们充满了好奇心，活泼好动，喜欢模仿，但往往难以控制自己的情绪。

到了二年级，儿童已经逐渐适应了小学生活，他们的好奇心、活泼性和模仿能力依然旺盛。他们开始了解并遵守学校的规则，更加努力地听讲、完成作业，并尊重师长。在自理能力方面，他们也有了一定的提升，开始能够处理一些简单的生活事务。然而，他们对规则的理解还不够深刻，有时在行为上仍显得不够规范。他们逐渐适应了集体生活，开始具备一定的自我控制能力。在学习和生活中，他们渴望展现自己，希望能够成为老师和同学眼中的好学生，并渴望加入少先队，体验更多的集体荣誉。

进入三年级，儿童的思维方式开始从形象思维向抽象思维转变。虽然他们已经有了一定的抽象思维能力，但在处理问题时仍然更倾向于使用形象思维。他们的模仿能力依然很强，但对是非观念的理解还不够深刻。在道德情感方面，他们开始发展集体主义情感，良好的道德品质也开始初步

---

① 何芳. 小学音乐教育与儿童良好性格培养的研究[D]. 长春：东北师范大学，2005.

形成，但情绪波动大，自我控制能力相对较弱。在学习和生活中，他们能够承担一些需要一定意志力的任务，但意志力尚显薄弱，遇到困难和挫折时容易动摇。此外，他们的评价能力也开始发展，能够提出自己的见解，但在全面评价他人行为方面还有待提高。

四年级的学生正处于从儿童期向少年期的过渡阶段，他们的独立意识逐渐增强，同学之间的关系也开始出现分化。他们对集体荣誉感的培养更为重视，渴望与更多的朋友建立深厚的友谊。然而，他们的情感表现仍然较为情绪化，情绪波动较大。随着活动范围的扩大和与社会接触的增多，他们对问题的认识虽然逐渐深入，但辨别是非的能力仍然较为薄弱，容易受到外界的影响。此外，他们的自我控制能力相对较弱，有时不能自觉遵守校规。

五年级的学生开始步入少年期，他们的身心逐渐从幼稚走向自觉，从依赖走向独立。他们开始关注社会现象，形成自己的独立见解，但由于容易受到外界的影响，他们的决策过程往往显得犹豫不决。在道德情感方面，他们开始涌现出道德感，但往往不会轻易表露。他们对人或事有了一定的道德评价标准，但这些标准还带有一定的主观片面性。他们对学校教育内容开始有所思考和选择，行为习惯也逐渐稳定，但对于新提出的行为要求，他们往往会产生不适应感。此外，他们的求知欲望和能力逐渐增强，对新事物充满了好奇心和探索欲望。

六年级的学生在小学中扮演着大哥哥大姐姐的角色，他们的独立意识和成人感日益增强，不愿意再被老师和父母当作小孩子对待。然而，在处理人际关系和其他实际问题时，他们往往缺乏深思熟虑的能力，情绪容易高涨，有时甚至会超过理智思考的范围。随着与社会接触得更广泛，他们吸收的信息也更多，对社会现象和国内外新闻产生了更浓厚的兴趣。但在选择和处理信息方面，他们的能力尚显不足，缺乏正确的判断和辨别能力。在态度上，他们有时显得骄傲自负，需要更多的谦虚和谨慎。

三、家庭教育与儿童性格的相关性

虽然各个因素都对儿童个性特征的形成具有一定的影响，但是对儿个性特征的影响程度及特点也不尽相同。家庭教育方式与儿童性格的形成有强烈的相关性。从整体上讲，父母的人生旨趣、认识方式、意志品质、态度取向等对儿童性格的形成有着特别重要的作用。在儿童认识方式中，客观、全面等特点也深受这一因素的影响；在态度倾向中，责任感、荣誉感、进取心、利他性和真诚这五个特质更是家庭教育影响下的显著表现。深入分析家庭教育对儿童性格特质的明显影响，可以发现它主要涉及四个主要方面：生活目标和价值观、认知方式、意志品质以及对他人和自我的态度。这四个方面不仅是构成儿童性格核心要素，也反映了家庭教育在性格塑造中的重要作用。因此，为了培养儿童健康、积极的性格特质，需要关注并优化家庭教育，提供更为科学、合理的教育环境和方法，培养儿童形成客观全面的认知方式，塑造自觉、有毅力和果断的意志品质，以及建立对他人和自我的积极态度。

第 二 节

家庭教育中儿童性格培养存在的问题

一、父母以智育为上，忽视儿童性格培养的重要性

　　家庭在孩子性格塑造中的影响是无可替代的，它如同孩子性格的摇篮，给予他们最初的养分。然而，许多父母在家庭教育的过程中，过度强调了智力开发的重要性，而将性格培养这一更为关键的环节置于次要地位。这种对家庭教育功能的认知偏差，无疑阻碍了孩子健康性格的塑造。实际上，家庭教育应当是一场全面而深入的人格培育之旅，它不仅仅关乎知识的灌输和智力的提升，更在于塑造孩子健全、积极向上的性格。但现实情况却是，性格培育在父母的教育理念中并未占据应有的位置。这种现状背后，可能与父母们深受当前教育环境影响的思维方式有关。在"不能输在起跑线上"的社会氛围下，许多父母在教育孩子时，往往带有浓厚的

功利色彩。他们急于看到孩子在学业上的成绩，却忽略了性格塑造这一更为长远和根本的任务。这种"重智力、轻性格"的教育观念，正是功利主义教育思想在家庭教育中的集中体现。比如，有的父母会将孩子送入各种早教机构，期望通过早期教育培养孩子智力，超越同龄儿童。然而，这种行为往往破坏了儿童发展的自然顺序，教育应尊重儿童的生理和心理发展规律。还有一些父母让孩子参加各种培训班，如英语启蒙班、演讲班等，这些培训班火爆的背后是父母对智力教育的过度追求。有些孩子甚至一天要上多个培训班，导致他们没有时间玩耍和游戏，致使其学习压力进一步增加，影响了性格的形成。一些父母忽视了孩子的兴趣和个性，而是一味地强调学习知识和技能，比如背诵古诗词、学习数学等，这都表明了他们过于注重智力开发而忽视了性格的培养。

实际上，教育应该更加注重孩子性格的培养，因为性格的健全是人生的基石。杜威提出了教育无目的论，认为教育的目的就是教育本身，不应该赋予太多外在的目的。因此，家庭教育应更多地滋养儿童生命，而不是过度追求智力目标。①

二、父母教育素质较低，制约儿童性格培养

部分父母的文化水平相对较低，下班后没有坚持进行学习，采用随意而不系统的教育方法。除此之外，许多父母在情绪管理方面存在问题，时常难以自持，导致情绪不自觉地宣泄在孩子身上。同时，部分父母也缺乏对自身言行的警觉，忽视了身教的重要性，未能成为孩子心中的楷模。父母，这面被视作孩子成长过程中的镜子，若其自身存在瑕疵，自然无法映照出美好的画面。他们的道德品质、心理状态以及家庭教育方面的知识储备，都是塑造孩子性格的关键因素。拥有高尚品德、丰富的教育知识及健康的心理素质的父母，更有可能引导孩子形成积极的性格；反之，则可能让孩子在性格上走向歧途，进而影响其一生的轨迹。

父母的思想品德修养，无声无息地影响着儿童的行为举止、性格特点

① 廖柳青. 家庭教育中学前儿童性格培养对策研究[D]. 南昌：南昌大学，2022.

和道德品质。这些品德在日常生活的点滴中得以展现，如同细雨滋润大地，悄然影响着孩子的成长。然而遗憾的是，有些父母并未意识到自身品德对孩子产生的深远影响，也未能充分重视自己的言行举止。他们只是单纯地向孩子提出要求，但自己的行为却与之相悖。父母应规范自己的言行，提升自己的思想品德素养，以潜移默化的力量影响孩子的性格塑造。

父母的个性特质，如兴趣、性格、意志以及情绪管理能力，在家庭教育过程中发挥着至关重要的作用。他们的人际关系及自我调节能力，同样对孩子的性格塑造产生深远影响。然而，部分父母可能存在兴趣匮乏、意志薄弱以及情绪波动大等问题。儿童在成长的过程中，主要是通过观察和模仿父母的行为来学习的，这意味着父母的性格特点会无形中渗透进孩子的内心世界。若父母不能有效管理情绪，甚至将负面情绪倾泻在孩子身上，这无疑会对孩子的性格造成不良影响。这样的孩子可能会变得自卑、粗暴、孤僻、冷漠或是叛逆。更值得关注的是，一些父母并未意识到自身心理素质的欠缺，也没有采取积极的措施进行改进。这种无意识的状态直接影响了他们在家庭教育中的效果，使得孩子的性格塑造过程充满了不确定性和风险。

三、不良的家庭关系及教育方式影响儿童性格培养

（一）不良的家庭关系对儿童性格培养产生的负面影响

家庭关系，包括亲子、夫妻及祖孙间的互动，对孩子的性格塑造有着深远的影响。当父母在孩子面前发生争执时，这种紧张的氛围很可能让孩子感到不安全，甚至怀疑自己的存在是否加剧了父母的矛盾。而至于祖孙关系，虽然它有其独特的价值，但老一辈人过度的溺爱也可能成为孩子性格发展的一个隐患。在此，重点探讨不良的亲子和夫妻关系对孩子性格的潜在危害。当亲子关系紧张或夫妻关系不和谐时，孩子很可能长期处于一种紧张的心理状态中，这对他们的心理健康无疑是一种负面影响。在这种环境下成长的孩子，可能会变得更加胆怯、孤僻和敏感。一项来自日本的调查研究发现，那些在学习和人际关系上都表现出色的学生，往往得益于

良好的家庭教育、个人的勤奋与聪明才智等多种因素。然而，在那些经常逃学、表现出暴力或其他不良行为的学生中，高达95%的学生都来自存在紧张亲子关系和不和谐家庭环境的家庭。这一数据无疑凸显了不良家庭关系对孩子性格和行为的巨大影响。

（二）不良的教育方式对儿童性格形成产生的不良影响

民主教育下的儿童通常表现出情绪稳定、独立、乐观、自信等特点。他们喜欢探究未知的事物，并能主动地去处理问题；他们的个性是宽厚的、坦率的、友善的，并且拥有良好的人际关系，使儿童的人格得以全面发展。但是，独裁式的养育会带来完全不同的效果。在这样的家庭中，儿童会出现独立性差、自主性差、情感波动大、逆反等现象，显示出胆怯或粗鲁、逃避或反抗。溺爱的养育方法会使子女养成骄纵、依赖性强、不自立、易紧张、自私、懒惰和任性等特点。而放纵的养育方式下，孩子可能情绪不稳定，具有攻击性，自控能力差；部分孩子可能因此变得缺乏自信和探索精神，而另一部分则可能更加独立和有创造力。因此，父母在选择家庭教育方法时，应考虑家庭情况和孩子实际情况，选择合适的方法。公开批评孩子会损害他们的自尊心，孩子的自尊心受损会导致缺乏羞耻心，而羞耻心是美德的起点。洛克曾说过："对儿童进行批评时，应当私下进行；对儿童的表扬，则应当公开。"公开表扬可以激发孩子的自豪感和积极性，激励他们努力取得更好的表现。相反，公开批评会使孩子感到羞愧和失望，削弱他们的自信心和动力。因此，父母在批评孩子时应注意场合和语言，以免打击孩子的自我效能感和积极性。

苏霍姆林斯基曾指出，体罚不仅损害了孩子的尊严，还唤醒了孩子内心最阴暗、最卑鄙的情感，导致心灵的腐化。传统观念认为"棍棒底下出孝子""严师出高徒""不打不成器"等，虽然惩罚可能会暂时产生积极影响，但不适当的惩罚会引发难以弥补的负面影响。频繁受到体罚的孩子往往难以感受到家庭的温暖和爱，性格可能变得冷漠、残酷、自卑、暴躁或胆怯。因此，父母在教育孩子时应保持理性，避免暴力行为破坏与孩子的情感联系，否则教育将毫无效果。有些父母可能只是出于教育目的而施加语言暴力，但他们低估了语言暴力对孩子的伤害。语言暴力包括辱骂、侮辱、歧视、嘲笑等方式，这种行为也会给孩子带来心理和精神上的双重伤害。父母在对待孩子时应注意言辞，以文明用语进行表达。儿童虽然年幼，却能敏感地理解父母话语，记住他们所说的话，并将其内化为自己的思想。因此，父母应当像艺术家一样善用语言、用良言温暖孩子的心灵，避免恶语伤人。

塑造儿童的性格，非一日之功，需要家庭教育者长时间的坚持与付出。如果家长能够在教育方面取得共识，那么他们的小孩就会更容易形成好的品质。但事实上，因家庭中不同教育者的成长环境不同，祖父母与父母的教育理念往往不尽相同，有时还会产生矛盾。这些不同的教育准则会对儿童的个性发展造成不利的后果。家庭教育学者乐善耀在他多年的调查中发现，父母不同的养育风格对子女的个性有很大的影响，甚至会造成人格上的分裂。父母之间对抚养孩子的看法存在分歧，给孩子传达了相互矛盾的信息，让孩子感到无所适从。孩子可能会利用这种矛盾来满足自己的需求，例如在父母之间寻找对自己有利的一方。长期下来，孩子可能在不同的人面前展现出不同的性格特征，形成双重人格。此外，父母教育的不一致还可能让孩子形成讨好型人格。孩子可能会将父母的争吵归咎于自己，认为自己需要更努力地表现来讨好父母，从而缺乏自我独立的性格。这种教育方式还可能削弱孩子的自我控制力，增加暴力倾向，加剧孤僻和胆怯，甚至引发心理问题。

第 三 节

家庭教育中儿童性格培养路径

人格养成的黄金时期在 6 岁之前，若此时能够妥善培养孩子的性格，日后的教育将事半功倍。然而，如果错失了这一时期，那么已养成的习惯、倾向和态度将难以改变。一旦进入学校，教师将需要付出巨大努力来纠正这些已经根深蒂固的不良习惯、倾向和态度，这将事倍功半。学前期是儿童性格塑造的关键时期，而家庭则是其性格形成的重要因素。因此，针对学前儿童性格培养中存在的问题，需要深入分析家庭内外的因素，并探寻解决之道。

一、提升父母对学前儿童性格培养重要性的认识

（一）以人为本，尊重儿童

在现实生活中，许多父母仍坚守着传统的"父母至上"的亲子观念，将亲子关系视为一种支配与服从的模式。为了孩子的健康成长，父母有必要转变这种育儿观念，学会尊重孩子，与他们进行平等的沟通。孩子虽小，但也有自己的意愿和主观判断，不应被父母随意剥夺。当孩子犯错时，父母更应该耐心倾听他们的心声，鼓励他们表达自己的内心想法，而不是一味地责备或施加体罚。体罚和过度责备只会让孩子变得胆怯、缺乏主见，甚至可能引发暴力倾向和叛逆行为。父母应当给予孩子机会，让他们为自己的错误承担责任，从中学会自我反思和成长。同时，父母也应提供选择的机会，让孩子学会自己做决定，这既是对他们感受的尊重，也是培养他们自主能力的重要方式。此外，父母还应摒弃过度功利的教育观念，不应过分强调智力培养而忽视性格塑造。孩子的身心健康和良好性格同样重要，甚至可能影响他们的一生。父母不应盲目追求起跑线上的短暂胜利，而应深刻理解"性格决定命运"的道理，依据孩子的身心发展规律进行培养。每个孩子都是独特的，父母应根据他们的个性和特点实施个性化教育，而不是盲目跟风或为了满足虚荣心而损害孩子的自尊心。在这个过程中，父母需要保持理性，审视自己的行为是否真正尊重孩子，是否符合孩子的身心发展规律，是否真的有助于孩子良好性格的养成。只有这样，父母才能成为孩子成长道路上的良师益友，帮助他们塑造出健康、积极的性格。

（二）父母之爱，计其深远

真正地关爱孩子，意味着要为他们的终身发展考虑，培养他们独立生活的能力和健全的人格。然而，有些父母溺爱孩子，为孩子包办一切，认为孩子太小不懂或不需要参与。这种做法往往导致孩子变得依赖性强、懒惰、缺乏责任感和自私。一旦离开父母，孩子可能会感到无所适从，缺乏基本的生活技能。这种看似保护的行为，实际上却可能阻碍孩子的成长。溺爱的现象并不罕见，父母出于过于关心孩子，为他们解决所有问题。这种过度的关怀和照顾剥夺了孩子独立成长的空间，使他们更加依赖父母，失去独立生活的能力，形成依赖性格。因此，父母需要时刻反思自己的教育方式，确保给予孩子的爱是适度的，是能够助力他们独立生活、自主面对世界的。父母的责任是培养孩子良好的性格，使他们具备掌握自己命运的能力，为未来奠定坚实的基础。应该用"父母之爱，计其深远"的理念来指导自己的教育行为，确保父母的爱能够真正帮助孩子成长，而不是成为他们前进道路上的阻碍。

（三）与时俱进，更新观念

随着年龄增长，人们自然而然地融入社会，遵循其生存法则。社会的观念、规范、价值观逐渐被内化，形成了自动的思维和行为模式。父母和孩子处于不同的时代，所吸收的观念、规范、价值观也不尽相同。当父母把自己的观念灌输给孩子，强加给孩子自己的规则时，未必能意识到，他们信奉的可能是已经过时的思想观念。家长需要真正做到与时俱进，不断更新自身的教育理念。父母的进步始于思想的更新。常有人提及：现在的孩子与过去的孩子不同，他们更早地展现出了聪慧，但这也意味着更难以约束。如果父母仍奉行旧有的教育观念，只会让孩子变得胆小、懦弱，甚至叛逆、暴躁。因此，父母需与时俱进，深入了解孩子当下的情况，给予相应的教导，只有这样，才能培养出性格优良、人格健全的下一代。

二、提升父母自身素质

父母的品质和修养对于孩子性格的形成有着深远的影响，因此，重要的是"先正己"。父母应该不断提升自身的素质，提高思想品德水平，增长家庭教育方面的知识，培养良好的心理素质，以期对孩子的性格形成起到积极的引导作用。

（一）提升思想品德水平

斯特娜的自然教育法着重指出，父母的品质在孩子的教育过程中起着至关重要的作用，因为优秀的品格能够潜移默化地影响孩子的性格塑造。作为父母，他们应该努力塑造自己的健全思想、高尚道德、崇高理想以及积极的人生态度和价值观。在日常生活中，父母应遵守社会规范，展现礼貌、诚信和乐于助人的品质。同时，他们需要不断反思和审视自己的言行，确保以最佳的方式向孩子展示道德规范。在孩子面前，父母应避免使用粗鲁的言语、撒谎或说他人坏话，也不应抱怨生活或讨论社会的负面方面。他们的举止应文明优雅，为孩子树立一个良好的榜样。由于小学生对周围事物充满好奇，模仿能力强，求知欲望旺盛，他们很容易受到外界的影响。因此，父母的榜样作用显得尤为关键。父母应以自己健康的思想和高尚的品德，像春雨滋润大地一样，温和而有效地塑造孩子的良好性格。

（二）丰富家庭教育专业知识

家庭教育能力的提升需要丰富父母的专业知识，这就需要父母不断学习家庭教育相关的知识。尽管不是每个父母都需要成为教育学家，但了解一些教育科学知识对于正确开展家庭教育活动、培养孩子的性格至关重要。

学习家庭教育专业知识的方法多种多样。首先，购买心理学、教育学、生理学等方面书籍进行学习，如《儿童性格心理学》《正面管教》等。其次，参加有关家庭教育和学前儿童性格培养的讲座。再次，与有经验的优秀父母交流，借鉴学习其经验和知识。最后，利用其他渠道，如"喜马拉雅"这一音频 APP 中含有丰富的关于儿童性格培养的音频内容。

（三）培养良好的心理素质

在家庭教育中，想要培养出身心健康、人格健全的孩子，父母自身的心理素质至关重要。优秀的父母应具备一系列的心理特质。首先，情绪稳定是不可或缺的。父母需要能够驾驭自己的情绪，避免将负能量传递给孩子，以免对他们的自尊心造成伤害。保持冷静、沉着的情绪状态，有助于为孩子创造一个和谐、健康的成长环境。其次，坚强的意志也是必不可少的。教育孩子是一项长期且充满挑战的任务，需要父母具备坚定的决心、持久的毅力以及面对困难的勇气。这种坚定的意志品质，不仅能帮助父母更好地应对教育过程中的种种挑战，还会对孩子产生积极的影响，促使他们形成坚强的心理素质。此外，良好的观察能力和正确的分析能力同样重要。父母应该关注孩子的言行举止，从中捕捉有用的信息，以便更好地了解孩子的需求和问题。同时，还需要具备准确判断的能力，以便有针对性地开展教育工作。最后，拥有广泛的兴趣和良好的性格也是优秀父母应具备的特质。父母的兴趣和性格会直接影响孩子，因此他们应该注重培养自己的兴趣爱好和性格品质，为孩子树立一个良好的榜样。

三、优化性格培养方式方法

不同的家庭教育方式对孩子个性的形成有直接的影响。当前，国内很多家庭在培养学龄前儿童个性的途径和方式上都有一些弊端，这对于儿童良好个性的养成和心理健康发展都有不利的影响。所以，要想切实地做好儿童的家庭教育工作，父母既要有良好的认知，又要有崇高的人格修养，更要用科学合理的培养方式来支持。

（一）营造良好的家庭氛围

1. 良好的室内生活环境

为孩子营造舒适的室内生活环境，是每位父母应尽的责任。尽管不同家庭的经济状况和生活条件存在差异，导致室内布置的标准不尽相同，但父母们都可以努力创造一个干净整洁、色彩协调、宁静舒适的居住空间，为孩子的成长提供一个温馨的家庭氛围。值得注意的是，有些父母过度追求室内环境的清洁度，对孩子实施了过多的限制，不允许他们自由玩耍，这种做法显然是不合理的，应当避免。在布置孩子的房间时，父母们可以注重色彩的选择和搭配，以营造出一个和谐、宜人的环境。同时，保持房间的整洁和卫生也是非常重要的，但不应过分限制孩子的活动。让他们在安全、舒适的环境中自由玩耍，有利于孩子的身心健康和全面发展。

2. 规律的作息时间和良好的生活习惯

父母应当与孩子共同制定一套相对稳定的日常作息时间表，涵盖用餐、学习、工作、休息和娱乐等各个环节，并确保家庭中的每位成员都能自觉地遵守这一时间表。长期来看，这不仅能够培养孩子的时间管理意识，使他们养成不拖延、迅速行动的良好习惯，还有助于塑造他们自觉遵守集体纪律、维护社会秩序和尊重社会公德的优秀品质，为其未来的成长和发展奠定坚实的基础。此外，家庭中的每位成员都应养成良好的卫生习惯，如定期更换衣物、饭前便后洗手、正确进行垃圾分类、不随地吐痰以及保持居住环境的整洁等。父母应以身作则，通过日常生活中的点滴细节，潜移默化地影响孩子，使他们逐渐养成良好的卫生习惯和优秀的性格特点。

3. 和睦的心理氛围

父母应努力营造家庭中的和谐氛围，确保家庭成员之间和睦相处，彼此关心、信任和理解，并能妥善解决出现的冲突。夫妻关系作为家庭的核心，其和谐与否对孩子的成长至关重要。夫妻间的相互关爱、和谐平等能够创造出轻松温馨的家庭环境，有助于孩子形成乐观稳定的性格。从更长远的角度看，夫妻关系的和谐还能对孩子的人生观和思想品德产生积极影响，促进其形成良好的人格品质。为了孩子的人格能够健全发展，父母应首先致力于经营好夫妻关系。同时，亲子关系同样重要。父母应尊重孩子的个性，避免将自己的意志强加给孩子，而是以平等、尊重的态度对待孩子，使他们愿意将父母视为亲密无间的朋友。这样的亲子关系能够使家庭教育更加有效，也更容易得到孩子的认可和接受。通过妥善处理夫妻关系、亲子关系以及家庭其他成员之间的关系，可以使家庭的心理氛围更加和谐，为孩子的成长和教育创造最佳条件。这样的家庭环境不仅有利于培养孩子的良好性格，还有助于他们在学业上取得优异的表现。因此，父母应时刻关注家庭氛围的营造，为孩子创造一个充满爱与和谐的成长空间。

（二）采用民主的教养方式

1. 爱必须有分寸

父母的爱和关怀在学前儿童性格塑造中起着至关重要的作用。然而，父母的爱应该适可而止，过度也可能带来不良影响。《颜氏家训》中也有类似的说法："父母威严而有慈，则子女畏慎而生孝矣。"这意味着，父母应该在孩子面前保持适度的威严，而不是过分亲昵或轻率。父母的关爱和尊重是至关重要的，但需要以合适的方式，才能真正培养出健康的性格和态度。

那么，父母如何才能正确地表达爱呢？首先，正确看待孩子的缺点和错误。父母应该以客观的态度面对孩子的不足，而不是因为爱而掩盖他们的错误。否则，小问题可能会被放大，小问题可能会变成大错误。父母应引导孩子正确认识到自己的缺点，并加以积极改进。其次，父母应谨慎对待孩子的要求，基于自身的家庭经济状况和社会环境做决定，不应过度满足孩子的物质需求。否则，孩子可能会变得自私和虚荣，忽视他人的感受。最后，父母的教育应该严格但有爱心。父母应该以理性的方式对待孩子，坚持合理的要求，并用温和的语气与他们沟通。综上所述，父母的爱应该是适度的、理性的，从而培养出健康成长的孩子。他们应该以严格但有爱心的态度对待孩子，引导他们健康成长，并避免过度放纵或过度严格的做法。只有这样，才能真正培养出品德良好的人。

2. 坚持正面教育

著名教育家陈鹤琴曾指出："在教育孩子时，父母应该采用积极的启示，而不是消极的命令。"这句话凸显了积极教育的重要性。在进行正面教育时，父母需要注意两个方面。首先，正确评价孩子的言行举止。孩子在成长过程中会犯错，这是正常现象。父母应以积极的态度引导孩子，并对他们的错误进行适当纠正，而不是漠视或认为无关紧要。然而，父母也应避免过度批评或贴负面标签，这会伤害孩子的自尊心。其次，父母应多使用积极语言。如在教育孩子时，用建议性的语言代替严厉的指责。例如，当孩子在浴室玩水时，可以告诉他们水会弄湿衣服，容易感冒，然后建议他们换衣服。同样，当孩子乱扔垃圾时，父母可以告诉他们垃圾应该扔进垃圾桶，然后示范正确的做法。在生活中，父母应该多用"应该""可以"等积极词语，而减少使用"不要""不能"等消极的词语。此外，父母还可以通过讲述名人的故事等方式，不经意地纠正孩子的不良行为。如通过讲述名人的故事，激发孩子的向上心态，塑造其积极向上的品格。最后，父母在使用惩罚和奖励时要谨慎。惩罚和奖励虽是教育孩子的有效手段，但过度使用可能会产生一定的负面影响。因此，父母在使用惩罚和奖励时，应注意适度和合理性，避免对孩子造成不良影响。

3. 父母以身作则

小学生对于抽象概念和道理的理解能力较弱，因此言教的效果有限，而父母文明优雅的言行就是对小学生最好的教育。要想孩子在这个阶段养成良好的性格，父母必须首先具备良好的品质，以身作则，成为孩子的榜样。

一个人的成长与父母的教育密不可分。父母的言行举止会直接影响到孩子的品格塑造，父母的品德是孩子品质发展的重要基石。因此，父母应先行示范良好的品德和行为。父母的言行举止是心灵的声音和形式，是性格的外在表现。他们在日常生活中的一举一动都会对孩子产生深远影响。因此，父母不应忽视日常生活中的琐碎细节，因为这些小事情中渗透着父母的品格和态度，塑造着孩子的性格和行为习惯。

（三）坚持统一的教育原则

塑造孩子的性格是一项长期且艰巨的任务，因此，父母在孩子的教育过程中需要保持持久的耐心和坚定的决心，同时还需要确保彼此之间的一致性。首先，父母之间对孩子的要求应保持统一。比如，父母希望孩子学会坚强，而祖父母却溺爱，这种不一致的教育方式可能会对孩子的性格发展产生负面影响。其次，父母对孩子的教育要求应始终如一。他们应为孩子的成长制定一个明确的长期规划，明确自己希望孩子具备哪些品质。在孩子的成长过程中，父母应始终如一地鼓励或制止某些行为，避免因为心情或情境的变化而随意改变要求。此外，家庭教育应与学校教育保持协调。父母应与老师保持密切联系，了解孩子在学校的表现，配合学校的教育工作，共同帮助孩子养成良好的行为习惯。最后，父母在培养孩子的性格时，还应考虑社会的主流价值观，应避免将孩子培养成一个与社会脱节的人，以免孩子在未来感到孤独、沮丧或对社会产生不满。

第四章

家庭教育
与儿童劳动习惯培养

第一节

儿童劳动习惯与家庭劳动教育概况

一、儿童劳动习惯与家庭劳动教育的相关概念

（一）劳动习惯

劳动，自人类诞生之初便与人类相伴，它是人类社会生存和发展的基石之一。劳动不仅是与个体日常生活紧密相连的、具有明确目标的活动，也是人们改造和创造外部世界、实现自我提升与超越的过程。在劳动的领域中，有一个重要的概念——劳动习惯，它是在习惯的基础上进一步衍生出来的。参考相关文献以及《大中小学劳动教育指导纲要（试行）》，可以将劳动习惯理解为人在日常生活和学习中所展现出的劳动意识、认知、情感、意志和行为的综合体现。这种习惯是人通过不断的劳动实践，逐渐固化并形成的一种行为方式，它在后续的各种活动中自然流露出来，具有相对的自主性。劳动习惯的形成不仅有助于人更好地参与劳动活动，还能够促进其个人成长与发展。

（二）劳动教育

新中国成立以来，劳动教育一直是我国教育体系中的关键组成部分，其发展历程深受我国历史文化背景的影响。在历史长河中，劳动教育曾以多种形式出现，如劳动与技术教育、劳动技术教育等，它们与技术教育、职业教育既有交叉重叠之处，又各具特色。因此，"劳动与技术教育"和"劳动技术教育"等在实质上均可视为"劳动教育"的不同表述方式。对于劳动教育的定义，不同的研究给出了不同的视角。有的研究将其视为德育的重要内容，旨在引导学生热爱劳动和劳动人民，掌握劳动技能，并养成良

好的劳动习惯。而另一些研究则侧重于劳动教育在培养学生正确的劳动观念、积极的劳动态度方面的作用。综合上述观点，本书认为，劳动教育是指在教育阶段实施的一种教育活动，其目的在于培养学生的劳动价值观和提升他们的劳动素养，从而促进学生的全面发展。其中，劳动价值观涵盖了正确的劳动观点、积极的劳动态度以及对劳动和劳动人民的热爱；而劳动素养则包括掌握劳动知识和技能、养成良好的劳动习惯以及具备创造性的劳动能力等多个方面。[①]

（三）家庭劳动教育

家庭劳动教育作为劳动教育的重要一环，独具价值与意义。与学校中的劳动教育相比，家庭劳动教育因其发生在家庭这一特殊环境中而显得尤为独特，其影响力也更为深远。具体而言，家庭劳动教育是指父母或长辈在日常生活中有意识地对子女进行的劳动教育实践活动。通过让子女参与家务劳动，父母不仅传授劳动技能，更在无形中传递了正确的劳动观念和意识，从而帮助子女养成良好的劳动习惯。这样的教育方式，有助于孩子在未来社会中具备独立生存的能力和责任感，成为合格的社会成员。相较于学校劳动教育，家庭劳动教育在儿童成长的道路上发挥着更为基础的作用。它不仅为孩子的全面发展奠定坚实的基础，还在其性格塑造、习惯养成等方面产生积极的影响。因此，家庭劳动教育不容忽视，父母应充分认识到其重要性，并在日常生活中积极实践，为孩子的健康成长创造有利条件。

家庭劳动教育内容涵盖了劳动观念、劳动能力、劳动习惯、劳动品质和劳动精神等方面，旨在促进儿童的全面发展。在家庭环境中开展的劳动教育与其他场所的劳动教育有所不同。首先，家庭劳动教育具有基础性。在家庭中，父母或其他长辈对子女进行的劳动教育会对子女的思想观念和行为方式产生潜移默化的影响。家庭作为儿童成长的首要环境，塑造了他们的思想和行为基础，这种影响会贯穿其生命进程。其次，家庭劳动教育

---

① 董慧. 小学劳动教育家校合作的调查与思考［D］. 赣州：赣南师范大学，2023.

具有连续性。家庭教育不受时间、地点的限制，父母可以在任何时候、任何地点对子女进行观察和教育，随时对其不当行为加以纠正。与学校教育不同，家庭教育是持续不断的，是一种终身教育。最后，家庭劳动教育具有互动性。父母对子女的教育方式和思想观念会潜移默化地影响孩子，而孩子接收到的新观念也会对父母产生影响，是一种双向互动过程。

家庭劳动教育还具有独特优势。首先是先入性优势，家庭是儿童最早接触的环境之一，孩子在日常生活中自然而然地获得劳动教育，这种耳濡目染的学习方式是家庭劳动教育的重要特点。其次是情感优势，家庭是由血缘和亲情凝聚在一起的，父母与子女之间有着深厚的情感纽带，这种情感联系使得父母的教诲更容易被孩子接受和记忆。最后是针对性优势，父母最了解孩子的个性和特点，能够根据子女的需要加以个性化教育。相比之下，学校和社会很难做到这一点，因此家庭劳动教育更具针对性和有效性。[①]

二、劳动教育的本质和内涵

（一）以劳树德

以劳树德体现了尊重劳动的社会主义伦理特色。它突出了德育的先在性、发展性和政策性，从而为建设有中国特色的社会主义事业提供了坚强的思想动力。马克思把劳动作为一种精神动力，是一种人的根本品德。然而，在资本主义社会，劳动的异化导致人们忽视其积极意义，甚至否定其道德价值。因此，应警惕并抵制排斥和鄙视劳动的思想和行为，以及不劳而获的观念，这些与现代社会的道德要求背道而驰。

以劳树德还揭示了道德的成长性。劳动的创造性在物质和精神层面均发挥关键作用，是推动道德主体持续发展的原动力。从劳动角度审视道德，深入分析其成长性，有助于揭示道德的真谛。任何脱离历史发展进程或与现实世界脱节的道德观念，都未能认识到道德的成长性，因而并非真

---

① 谈蓉. 小学生家庭劳动教育现状、问题及优化策略研究[D]. 南昌：江西师范大学，2023.

理性的道德。此外，以劳树德还体现了道德的目的性及其实现途径。劳动作为财富的源泉，深刻反映了幸福的本质和实现路径。通过劳动，人们不仅能够创造物质财富，更能实现精神的富足和幸福感的提升。因此，重视劳动、尊重劳动，不仅是社会主义道德的基本要求，也是实现个人和社会幸福的重要途径。道德的目的是实现幸福，而通过劳动来实现这一目的，既有劳动过程的幸福，也有劳动结果的幸福。因此，无论是劳动的过程还是结果，都应当蕴含着实现幸福的道德宗旨。在实践以劳树德的过程中，劳动的过程与结果同样重要，都应得到足够的重视。

劳动教育在德智体美劳"五育"中扮演着至关重要的角色。习近平总书记在 2018 年全国教育大会讲话中提出的"劳动可以树德"观点，凸显了劳动教育在塑造个人道德和推动社会道德进步中的核心地位。教育的根本任务是立德树人，而劳动是实现这一目标的重要途径。劳动作为人类的本质活动，不仅推动社会进步，也促进道德的形成和发展。各行各业职业道德的形成，正是劳动不断发展的产物，它们共同推动社会向着更加公平与正义的方向发展。青少年作为新时代中国特色社会主义建设的生力军，应热爱劳动，通过劳动培养自立自强的品质，树立为社会服务的良好道德风尚。他们应深入学习社会主义核心价值观，树立正确的劳动价值观和人生观，努力成为新时代的高素质劳动者，为实现中华民族伟大复兴的中国梦贡献青春力量。

（二）以劳增智

如果过分重视课本上的理论，忽略了实际生活中的真实体验，就容易在自我发展的道路上迷失，忽略"知行合一"的重要意义。劳动教育应更多地关注体验性教学，这是培养学生综合能力的必要途径，尤其应重视理论和实际相结合。在新时期，随着劳动形态的不断变化，人们对科技创造力的要求也越来越高，因此，创意劳动在当今社会中的地位越来越重要。大多数年轻人不仅通过阅读来获得更多的经验，也在实践中感悟到真正的学问，从而提高自己创造性的思想和能力，做知识型、技术型、创新型的人才。"劳生智慧"的目的是减少无效劳动，从而达到更高的生产力水平。随着科学技术的迅猛发展，人们对人才的质量和能力提出了更高的需求，这要求人们既要有先进的技能，又要有与时俱进的劳动思想。劳动是智力之源，将理论知识与劳动实际相融合，可以增强创新意识，提高创新能力，促进智力发展。劳动教育是个体的解放与发展，智慧教育是个体的培育与形成，两者互为补充，可以加强教学中的知识应用，提高学生的实践素质，实现学生的综合发展。

（三）以劳强体

体力劳动和脑力劳动的结合体现了人类社会发展的内在需求。在过去，体力劳动被误解为简单的体力消耗，甚至被用作惩罚手段。如今人们在从事职业或志愿工作时，充分发挥自己的智慧和力量，为社会做出贡献，这不仅带来了成就感和幸福感，也提升了人们对生活的满足感。这种体力和智力的结合不仅增强了人体机能，锤炼了毅力，还稳定了人的心态。

体育活动是源于对人类本质特征的深刻理解，是旨在锻炼身体机能和保持心理健康的自发活动。在学校环境中，体育活动更具目的性和系统性，通过舞蹈、体操、体能测试等形式，为学生提供多样化的学习体验。体育活动作为"五育"的关键部分，不仅让学生认识到体育锻炼对身体健康的重要性，还教授他们健康知识和体育技能。通过这些活动，学生培养了锻炼的自觉性，养成了良好的行为习惯，并塑造了自尊、自信的品格，他们敢于面对挑战，积极向上，勇往直前。劳动教育与体育教育相互补充，共同促进个体的全面发展。在实践中，两者相结合，可以激发学生的劳动精神，培养他们勤奋、创新和创造的劳动品质，使他们在劳动实践中找到乐趣。要确保学生能够全身心地投入民族复兴的伟大事业，保持身心健康至关重要。体育为此提供了坚实的基础，既锻炼了学生的身体，也促进了他们的心理健康，培养了他们在面对挫折时的坚韧和团结协作的精神。体育课程不仅锻炼了学生的体魄，更磨炼了他们的意志和毅力，教会他们积极应对生活中的挫折。通过体育与劳动教育的融合，可以培养出既有强健体魄又有高尚劳动精神的新一代青年。

（四）以劳育美

劳动教育的独特魅力正在悄然改变人们的日常审美观念。习近平总书记在 2018 年全国教育大会上强调"劳动可以育美"，这深刻揭示了劳动者在劳动过程中，以自身的审美观念为原则，按照美的法则对劳动对象进行改造和升华。劳动创造美，这不仅意味着劳动者通过双手创造出美的产品，更在于劳动本身所展现的审美活动。在劳动的过程中，劳动者找到了自我价值和存在感，并在实践中塑造了自身的美。劳动与美的紧密关系催生了劳动美学，美的理念贯穿劳动生产的始终，从劳动主体到劳动工具、环境、过程及产品的优化，都是以劳育美的体现。随着时代的进步，艺术美学与日常生活的距离逐渐拉近。美育与劳动教育相辅相成，互相促进。通过德育与审美教育相融合，培养出具有中国特色的劳动美的创作者与审美主体。劳动人民对美的追寻，也是对世界的改造。习近平总书记赞扬劳动之美，开创了歌颂"中国梦·劳动美"的新纪元，展示了广大劳动者所创造的良好的社会风气。①

三、儿童劳动习惯与家庭劳动教育的理论基础

（一）劳动教育思想

1. 马克思的劳动教育思想

马克思关于劳动与教育以及二者之间关系的认识，体现了劳动教育的深刻含义。马克思把劳动看作是一种特殊的人的行为，是人与动物的不同之处，是改造自然和创造社会财富的基础。马克思"以人为本"的观念，是以人的本性为核心的，是人的生存与发展的一种根本形态。但是，在一定程度上，教育又是一种社会发展的动力，它是人类社会发展的一种必然结果，是一种相对独立的发展。马克思深刻地认识到了劳动和教育的密切关系，它可以唤醒人的自我意识，唤起人的情感，提高人的审美能力，从而

---

① 张泰源. 习近平关于劳动教育重要论述研究［D］. 长春：吉林大学，2023.

促使人的产生和发展。马克思从对劳动性质的理解中，对其根本含义作了更深层次的解释。他主张只有通过劳动才能达到二者的结合，而劳动既是教育的价值基础，又是达到教育目标最直接、最有效的方式。人们以自己的劳动来改变自己，以自己的方式来完成自己，又通过自己的生产活动来确证自己的能力，进而推动个人的发展。实践教育具有极其丰富的内容，它既是对人自身的认识，也是对人自身进行检验的一种方式，所以，要把教育和生产联系起来。但是，由于教育可以提高个人的个人素质，促进社会的发展，而单纯的劳动脱离了教育，则会制约个人的综合发展。要使人自由又充分地发展，就必须使教育与劳动相结合，使二者相互交融。马克思通过对劳动教育含义的阐释，对其目标进行了更加清晰的阐释。首先，德育要以人为本。劳动作为人类获取生活资料和满足基本生存需要的纽带，具有重要的理论和现实意义。在马克思看来，人类作为自然存在，为了生存必须劳动。在特定社会条件下，劳动教育能提升劳动者的劳动技能，使其适应社会发展需求，从而确保生存安全。其次，劳动教育旨在促进人的全面自由发展。劳动不仅是生存手段，更是人类自由生命的体现。在特定社会制度下，劳动教育有助于唤醒劳动者的自我意识，追求自由。劳动者通过社会实践认识和掌握事物本质，提高自己的主动性、积极性和创造性，最终实现生产的自由和自觉性，从劳动中体验快乐，重新认识人的本质。关于劳动教育的途径，马克思强调了教育与生产劳动相结合的重要性。这一结合不仅有助于社会和谐，还能提升人的品质。教育为劳动者赋能，促进身心健康和社会关系转变；而生产劳动则为劳动者提供展示体力和智力的平台，成为解放自我的手段。在社会主义制度下，这种结合更具意义，它使劳动不再仅是谋生手段，而成为实现自我价值、追求自由发展的重要途径。

2. 陶行知的劳动教育思想

谈及劳动教育的目标，陶行知的观点深入人心。他强调，劳动教育的目的不仅仅是技能传授，更是培养手脑协调能力，使个体在自立中成长，同时能够深入理解劳动的苦与乐，获取对事物的真实认知。这种自立不仅仅是指物质层面的独立，更是精神层面的独立，劳动者能够独立思考、独立行动。对于社会而言，这样的教育能够培养出坚韧不拔、具有独立思想的个体，他们能够在社会中立足，为社会的进步做出贡献。至于劳动教育的内容，陶行知则提出了三个方面的重点。首先是生活知识技能的教育，他批评了传统教育过于注重书本知识，而忽视了学生实际生活技能的培养。他认为，这些技能不仅关乎学生的日常生活自理能力，更与他们的审美、情感等多方面的发展紧密相连。其次，他强调了农业生产教育的重要性，特别是在当时的中国国情下，普及农业生产知识对于国家的发展至关重要。最后，他提倡社会公益劳动教育，认为教育应当服务于社会，培养学生的社会责任感和公益意识。在劳动教育的实施方法上，陶行知提出了"教学做合一"的理念。他强调，"做"是这一方法的核心，通过实践行动来影响思想，再通过思想指导实践，从而创造出新的价值。这种价值不仅体现在物质的产出上，更体现在个体在知行合一的过程中所取得的成长和进步。同时，他主张教师在"做"的过程中进行"教"，实现教学相长，让学生在实践中学习，教师在指导中进步。最后，在"做"上融入"学"，解决传统教育只注重死读书、读死书的问题。陶行知倡导学生坚持"教学做合一"的方法，创新性地提出了"艺友制"师范教育，鼓励学生结交工艺精通的师傅，成为他们的徒弟，虚心向他们学习，以实际操作获得真正的知识。这一方法有助于激发学生的主体性，促使他们更全面地发展。

（二）家庭教育思想

1. 家庭结构理论中的家庭教育思想

家庭结构是指社会环境中一个家庭成员之间的组织形式。家庭规模、代际水平、家庭环境、家庭类型等是影响家庭结构的重要因素。同时，政策制度的改变、社会的进步以及人们的思想意识的进步，也会对家庭结构产生影响。比如，家庭交往不协调、家庭关系不稳固等，都会对孩子的身体和心理发展造成消极影响。反之，若家庭成员完整，关系和谐，结构稳定，则有利于孩子的成长。

首先，家庭的构成是其发挥作用的依据。中国古代社会，家庭学校担负着传授知识和技能等多种功能的教学任务。家族式的家庭结构，为其文化传承创造了良好的环境。但随着当代家庭规模越来越小，社会对专业知识与技术的需求越来越大，家庭教育的文化传承作用日益弱化。此外，孩子与亲戚如叔、伯、外祖父母的联系越来越少，这也在某种意义上制约着孩子的交际技能。其次，家庭以跨代为基础，以亲子互动为基本条件，两代人之间的亲子关系对其养育模式具有重要的影响。正面的代际关系可以塑造出一种民主、权威的教育风格，反之，负面的代际关系会造成一种独裁和忽视的教育风格。正向养育模式下，父母多采取激励与支援的态度，消极型父母多采取控制与处罚等策略。另外，两代人之间的关系对父母的教养方式有一定的影响。在传统的家庭中，家规、乡约是其主要的教化手段；而在近代，民主、平等的家庭中，父母的榜样作用、自身修养是其主要特征。在家庭教育中，一个好的家庭环境是非常重要的。父母良好的言行举止，在平时的生活中，都能对孩子起到一定的作用，有利于孩子良好的心态与行为。反之，不良的家庭生活条件会使儿童产生一些心理问题，进而影响到他们的交际行为。

中国传统的家庭结构在计划生育和独生子女政策的影响下发生了显著变化，由"金字塔"转变为"倒金字塔"，形成了"四二一"式家庭结构，这种结构包括四个老人、一对夫妻和一个孩子，共同构成核心家庭。这种家庭结构突出了代际关系的重要性，即使不在同一户口下，代际间的联系仍然紧密。独生子女的增加给家庭劳动教育带来了新的挑战，需要家庭和社会共同努力来应对。

2. 萨提亚沟通模式中的家庭教育思想

萨提亚沟通模式，是由美国家庭治疗专家萨提亚所创建的理论体系，它的中心思想是通过改进家人之间的联系和交流，创造一个更加健康和公开的家庭环境。这一模型把交流态度分为"正常"和"不正常"两种，其中"讨好""责备""过度理性"和"打断"都属于不正常的交流行为。讨好类型的人过分抑制自己的情绪，责备类型的人忽略别人的感觉，过度理性的人会让别人丧失理智，而打断式的人会选择逃离现实。一种注重自我、他人与情境平衡的良性交流态度，是萨提亚沟通模式的终极目标。萨提亚沟通模式在家庭教育方面的应用尤为突出。它注重人的本身，以整体视角审视家庭关系，强调家庭教育是父母与孩子共同成长的过程。该模式倡导家庭成员间的高度信任和尊重，鼓励发现和回应内心真实的需求与渴望，既关注孩子的心理需求，又促使父母在教育过程中审视自我，体现了深厚的人文主义精神。在教育行为上，萨提亚沟通模式强调平等性，提倡表里一致的沟通姿态。它要求父母在教育孩子时，应充分认识到其心理需求并尊重其意愿，通过平等对话和理性说服来进行教育。在家庭劳动教育中，该模式有助于父母审视自身的教育行为，避免讨好和指责等不健康的沟通方式，树立更加有效的教育理念。

第 二 节

儿童劳动习惯与家庭劳动教育
存在的问题及原因

一、儿童劳动习惯与家庭劳动教育存在的问题

家庭是孩子接触劳动世界的最初场所，对小学生劳动教育的实施起着举足轻重的作用。优质的家庭劳动教育不仅能帮助孩子建立正确的劳动价值观，还能助其掌握必要的劳动技能与知识，进而培养良好的劳动品质。作为家庭劳动教育的核心推动者，父母的劳动教育观念与行为对孩子的影响至关重要。他们的思想和行为，在很大程度上，决定了家庭劳动教育的最终效果。因此，目前非常必要的是，仔细审视父母在家庭劳动教育方面所存在的问题，并深入探究这些问题的成因。这样做不仅有助于更好地理解家庭劳动教育的现状，也能为优化和提升家庭劳动教育提供有益的参考。

（一）劳动教育认识不到位

1. 学生层面

（1）小学生劳动意识淡薄。

2020 年 3 月，中共中央、国务院印发的《关于全面加强新时代大中小学劳动教育的意见》指出："近年来一些青少年中出现了不珍惜劳动成果、不想劳动、不会劳动的现象，劳动的独特育人价值在一定程度上被忽视，劳动教育正被淡化、弱化。"尤其在中小学生平时的学习与生活中，存在着一种对劳动的轻蔑态度，缺少应有的劳动观念。有些同学不但不懂得如何劳动，而且对自己的劳动任务不重视，甚至不屑一顾。这一现象说明，在我国，人们对劳动的认识还不够深入。提高小学生劳动观念，是开展劳动实践活动、养成良好劳动习惯的先决条件。由于社会科学技术的发展，劳动分工的精细化和家庭观念的改变，目前我国中小学生的劳动意识还比较淡薄。这种淡薄的劳动意识导致他们在劳动中的积极性不高。学生日常的劳动行为主要集中在班级值日，较少参与校内外的劳动实践，缺乏对劳动的正确认识。学校对小学生的劳动过程和成果缺乏评价，很少对其进行正面激励和表扬，也未展示劳动成果，导致学生将学习成绩视为唯一重要的标准，忽视了劳动的重要性。在家庭中，部分父母溺爱孩子，不鼓励孩子参与劳动，只关注学习成绩，影响了孩子良好劳动习惯的养成。

（2）小学生劳动认知匮乏。

让小学生热爱劳动的关键是培养正确的劳动认知。有些学生对劳动的认识并不深刻，因此他们对待劳动的态度不够积极，劳动习惯的培养也受到了阻碍，导致他们的劳动能力有所减弱。在当今社会，尽管有许多激励性的口号，如"劳动最光荣"，但小学生的认识往往只是停留在口号的层面，难以将其转化为具体的行动。而在一些家庭中，劳动被错误地用作一种惩罚手段，使得孩子对劳动产生了负面的情感，这与劳动的真正价值背道而驰，削弱了劳动教育的效果。这一现象部分原因在于父母对劳动教育的理解不够全面。有些父母为了让孩子有更多时间学习，便代替他们完成劳动任务。在学校，一些教师也将劳动作为惩罚犯错学生的手段，让他们承担清洁或繁重的劳动任务。这种不恰当的教育方式不仅不能起到良好的示范作用，还可能在学生心中留下阴影，导致他们对劳动产生错误的认知。

小学生的劳动认知总体处于中等水平。在当前的教育环境下，受到家庭和学校的影响，小学生普遍认为文化成绩是最重要的，未能正确认识到人的全面发展更加重要，因此需要学校和父母加强引导，提升小学生自身的劳动认知水平。许多学生狭隘地将劳动局限于身体活动，存在劳动认知上的局限，未能正确看待体力劳动。

（3）小学生劳动情感淡漠。

通过对小学生劳动情绪的调查表明，大多数小学生都有劳动的荣誉感，并且懂得尊敬劳动者，但是他们的劳动热情还有待提高。劳动课程是一门区别于其他学科的课程，它强调情景化、实践化，对儿童的健康发展有着特别的作用。为此，要从观念上、实践上为学生创造更多的劳动机会，让他们体会到劳动的快乐，进而加强其劳动热情。在学校里，小学生参与劳动实践通常是被动的，只有在学校要求班级值日或室外清扫时，学生才会按要求参与，缺乏主动性。在家中，为了让孩子有更多时间学习，父母包办了孩子的家务劳动，导致孩子缺乏主动性。在对学校教师的访谈中，观察到学生对劳动的态度普遍较为消极，许多学生认为参与劳动是辛苦的，而有些学生参与劳动是出于某些目的，希望获得奖励或者外出玩耍，表现出较低的思想觉悟。如学校举办的捡树叶活动，部分学生表示很高兴因为能够摆脱教室的束缚，与自然接触；而另一部分学生则表达了一些抱怨；只有少数学生认为劳动不仅锻炼了自己，还美化了校园，表示愿意参与下次的活动。通过多方面的调研发现，小学生对参与劳动的情感较淡漠。为培养综合能力较强的新时代学生，教师和父母需要投入更多的时间和精力，丰富学生们的劳动体验和情感，激发其对劳动的热爱，塑造更积极向上的态度。

（4）小学生劳动意志薄弱。

劳动意志是小学生形成劳动习惯的关键内在驱动力，它能激发他们主动投入劳动，并决定他们是否能持续参与劳动实践。缺乏坚定的劳动意志，即便参与劳动，也难以取得良好效果。劳动教育对培养学生的终身劳动意志至关重要。南京师范大学一项的研究显示，小学生参与家务的时间普遍偏短，低年级学生每周平均约 17 分钟，中年级学生约 17.3 分钟，高年级学生约 18 分钟，这反映出他们的劳动体验和劳动意志相对薄弱。调查还发现，小学生在劳动意志方面整体表现一般。在学校中，虽然大部分学生愿意维护班级环境，但通常需教师监督。有教师指出，小学生在参与劳动时即使没有受伤，也很难坚持到底。在劳动过程中，他们往往需要父母或教师的督促，面对挫折时抗压能力不足，劳动的持续性有待加强，劳动意志尚显薄弱。

（5）小学生劳动行为不足。

小学生应具备正确的劳动行为素养，无论环境如何，都应遵循规定和顺序完成力所能及的劳动任务，形成良好习惯。然而，研究发现小学生在劳动观念上存在误区，导致在学校、家庭和社会中的劳动行为表现欠佳。随着家庭结构小型化，溺爱现象增多，孩子力所能及的事情常被父母代劳，加上父母普遍认为小学生应专注于学习，导致劳动习惯难以养成。调查表明，虽然小学生在学校打扫卫生时表现积极，但参与家务劳动时缺乏主动性，显示出劳动情境的影响。此外，有些家长委员会指派父母参与班级劳动，减少了学生劳动机会，成为培养劳动习惯的障碍。整体而言，小学生劳动行为水平一般。为改善此状况，父母、学校和社会应提供更多劳动实践机会，助力学生养成良好劳动习惯。

2. 父母层面

（1）父母对劳动习惯的养成认识不足。

约翰·洛克的名言"家庭教育决定孩子一生的命运"强调了家庭教育在孩子成长过程中的重要性，尤其是家庭中的劳动教育方式和观念，对小学生影响深远。父母作为孩子的首要教育者，有责任通过自身的行为为孩子树立榜样，引导他们形成正确的劳动价值观。正确的劳动观念能够成为孩子成长的基石，而错误的观念则可能导致他们在劳动方面的观念产生偏差。然而，现实情况是，许多父母并没有充分意识到劳动对孩子成长的重要性。他们常常将家务视为自己的责任，而忽略了孩子参与家务劳动的教育意义。在这种观念下，孩子即便参与家务，也往往是出于帮助父母的目的，而非锻炼自身能力。这种错误的认识不仅削弱了孩子参与劳动的积极性，也导致家庭层面的劳动教育严重不足。家庭是孩子成长的摇篮，缺乏劳动教育的家庭环境，会使孩子失去在家中参与劳动的机会，从而难以形成良好的劳动习惯。父母应该认识到，劳动教育不仅是让孩子学会做家务，更是培养他们责任感、独立性和自我管理能力的重要途径。因此，父母需要转变观念，重视劳动教育，通过积极的引导和示范，帮助孩子认识到劳动的价值和意义。同时，也要给予孩子参与劳动的机会，让他们在实践中学习、成长，逐渐形成良好的劳动习惯。这样，才能真正发挥家庭教育在孩子成长中的积极作用，帮助他们树立正确的人生观和价值观。

（2）父母的溺爱。

很多同学在家里过着衣来伸手、饭来张口的生活，父母对他们的娇宠，造成了他们的劳动习惯的缺失。父母常常觉得自己的子女年龄还小，缺乏培养子女劳动习惯的认识，从而导致许多子女在家里无法主动参加劳动。他们不帮父母整理餐具，不清洗自己弄脏的衣物，有时还会沉溺于玩电脑。父母包办一切家务，使子女在家中难以获得有效的劳动教育。这样的家庭教育对儿童的全面发展产生了消极的作用。父母只希望子女学习好，怕他们参加劳动会疲劳，但是过分的纵容和保护只会使子女回避劳动，从而导致对劳动的抵触情绪。这样既没有提高子女的劳动观念，也没有提高子女的劳动实际技能，对子女的健康发展不利。

（3）父母自身劳动观念不正确。

以独生子女为主的家庭结构中，孩子往往成为家庭的焦点，父母将他们视为希望所在，但忽视了对孩子的劳动教育。相较于劳动实践，父母更加注重孩子的学业成绩，期望他们将来从事体面的职业。劳动教育往往被认为是次要的，许多父母认为孩子还太小，不必过早进行劳动。此外，部分父母对体力劳动者的社会地位存在偏见，将体力劳动视为低人一等的职业，并以此作为教育孩子的手段。他们可能会告诉孩子："如果你不努力学习，将来可能会像他们一样在街上做清洁工。"这种教育方法反映了父母的错误观念。尽管激励孩子认真学习这一出发点是好的，但采用贬低体力劳动者的方式来促使孩子学习的做法是不恰当的。这种片面的教育观念不利于正确引导孩子的价值观，反而可能导致他们对劳动的认识产生偏差，从而影响其劳动习惯的养成。

（二）劳动教育目标有偏差

1. 对劳动教育目标的理解需更全面

根据《义务教育劳动课程标准（2022 年版）》的阐释，劳动教育的目标远不止于培养劳动能力，它旨在将劳动观念、劳动能力、劳动习惯和品质以及劳动精神等多维度目标有机整合。然而，当前许多父母在实施儿童劳动教育时，往往过于侧重劳动技能的培养，忽视了劳动教育的其他重要方面。他们误以为只要孩子掌握了某项劳动技能，就完成了劳动教育的任务。这种片面的理解忽略了劳动教育在培育孩子尊重劳动、热爱劳动、具备劳动素养等方面的核心价值。因此，父母应全面理解劳动教育的目标，不仅关注孩子的劳动能力，更要注重培养他们的劳动观念、劳动习惯和劳动精神。

2. 对劳动教育的定位需更准确

当前，一些父母在劳动教育方面存在定位不准确的问题。他们往往将劳动教育的难点归结为资源和条件的不足，因此过度关注如何寻找更好的劳动教育资源。这种外在化的倾向导致他们错误地将劳动教育的手段当作目标本身，从而偏离了劳动教育的初衷。例如，一些父母在选择劳动教育形式时，纠结于让孩子种花草还是饲养小动物，或是去农场采摘水果等，认为只有拥有丰富的资源和环境，才能有效地进行劳动教育。然而，这种纠结实际上是一种舍本逐末的表现。无论是种植花草、饲养小动物还是采摘水果，都只是劳动教育的具体形式，而非其最终目标。劳动教育的核心在于通过实践活动，引导孩子形成正确的劳动观念、养成良好的劳动习惯，并培养高尚的劳动精神。因此，父母应明确劳动教育的定位，避免将手段与目标混淆，而是要根据实际情况选择适合的劳动形式，以实现劳动教育的真正目标。

（三）劳动教育内容不全面

1. 类型简单

在劳动教育的实施过程中，劳动任务类型的单一化是一个显著问题。据调查显示，儿童主要参与的劳动活动往往局限于日常生活中的简单劳动，如整理收纳和清洁卫生等，而较少涉及更具挑战性的劳动如烹饪等。这种任务类型的局限不仅限制了儿童劳动技能的发展，也影响了他们对劳动多样性的认识和体验。在生产性劳动方面，儿童参与的劳动内容同样显得单调，主要集中在动植物的养护上，而对手工业和工业类活动的接触机会较少。这种不均衡的劳动内容安排可能导致儿童对劳动的理解过于片面，缺乏对不同劳动形式的了解和体验。志愿服务等更具社会意义的劳动类型也鲜有涉及。这种劳动内容的单一性不仅限制了儿童社会责任感和公益意识的培养，也影响了他们全面参与社会生活的能力。此外，值得注意的是，有些劳动任务虽然适合儿童参与，但由于父母或长辈的过度担忧或保护，导致儿童无法充分接触和体验这些劳动。例如，一些爷爷奶奶认为孩子太小，不需要提前学习某些劳动技能，或者认为某些操作存在安全隐患，从而限制了儿童劳动教育的范围和深度。

2. 比重失调

一方面，父母在安排劳动教育的内容和类型时，普遍以生活性劳动为主体，对生产性和服务性劳动的涉及相对较少。然而，随着时代的发展，现代服务业等第三产业在国民经济中的占比日益增长，全球范围内第三产业正蓬勃发展。但父母展示给孩子的劳动世界显然不够全面，未能与时俱进，这可能导致儿童对劳动的认知视野受限，无法全面理解劳动形式的多元性。这不仅会误导儿童，还可能阻碍他们与现代化的劳动生活建立有效联系。因此，当前亟待解决的是父母在劳动教育内容类型安排上的失衡问题，以确保儿童能够获得更全面、更贴近时代的劳动教育。另一方面，从时间维度看，许多父母表示难以向孩子传授家庭中的优秀传统劳动文化，因为现代儿童更多接触到的是机械化生产方式。父母们提到，他们年轻时参与的手工劳动，如使用镰刀、锄头等传统工具，如今已逐渐被现代技术所取代。尤其是编织、刺绣等手工文化的传承，在现代家庭中变得更为困难。因此，在安排家庭劳动教育内容时，需要妥善平衡历史性、现实性和未来性的关系，确保劳动教育既能传承优秀传统，又能结合现代实际，并展望未来发展趋势。这样，才能确保儿童在劳动教育中获得更为丰富和全面的体验。

（四）劳动教育途径不完善

1．范围局限

长期以来，家庭内部存在一个普遍的误区，即家庭劳动教育被刻板地限定在家庭范围内进行。父母们往往将劳动教育的场所局限在家庭内部，而很少组织家庭以外的劳动实践活动。这种封闭性的教育方式限制了劳动教育的空间，使得儿童无法与自然亲密接触，感受自然的美丽和劳动的意义。儿童天生热爱探索，如果让他们长时间仅体验家庭内部单调的家务劳动，他们可能会失去对劳动的兴趣和积极性，从而影响劳动教育的实施效果。同时，儿童以具体形象思维为主，开放、互动和多样化的环境更能激发他们的参与热情。因此，需要打破家庭劳动教育途径物理范围的限制，探索更多生动、多样的教育方式。通过拓宽劳动教育的途径，让儿童能够在更广阔的空间内体验劳动的乐趣，激发他们的劳动兴趣和积极性，从而提升劳动教育的效果。

2．协同不力

家庭、学校和社会在劳动教育中应形成协同育人的模式，这对推动劳动教育至关重要。然而，在家庭劳动教育的实际操作中，父母主要依赖日常生活中的言传身教和视频教学，与其他实践主体之间的联动和合作普遍不足。理想的共育状态应是父母与教师围绕儿童的健康发展展开有效沟通，消除分歧，形成统一的教育合力。但现实中，教师与父母之间的沟通存在有效性和持续性的不足。首先，在沟通有效性方面，如果教师和父母在交流时表达不够清晰，会导致沟通效果不佳。即便教师的活动计划良好，若沟通不到位，父母可能只是形式上的参与，无法达到教师的预期目标。特别是教学内容的同步性问题，若教师和父母在劳动教育的内容上不能保持一致，将给儿童的成长带来困扰。例如，学校可能强调爱护公共设施，而家庭可能更注重爱护家中物品，这种不一致性会影响儿童习惯的形成。其次，沟通持续性的问题也不容忽视。教师在培养儿童劳动习惯时，需要与父母保持长期的沟通，但现实中这种沟通往往不连贯。在时间安排上，父母和教师的沟通频率和主动性存在差异，导致沟通难以持续。在内容方面，教师在课堂上强调的劳动习惯，父母在家中可能未进行相应指导，造成教育的不连贯。此外，教师因工作繁忙可能无法及时反馈儿童在劳动习惯方面的表现，这也影响了家校合作的紧密性。例如，教师在园内组织的劳动活动，若未能及时告知父母，将导致父母无法配合，影响活动效果。[①]

劳动教育途径的协同问题不仅体现在家庭与外部实践主体之间的合作不足，更在家庭内部主体间的协作中显露无遗。首先，父母之间的协作存在明显短板。家务活动往往由某一家庭成员单独承担，导致劳动教育的责任过分集中。多数情况下，母亲成为劳动教育的主要承担者，而父亲的参与程度相对较低。这种分工不仅加重了母亲的负担，也削弱了父亲在劳动教育中的影响力。更为严重的是，父母之间的教育理念和方式经常存在分歧，如母亲要求孩子完成某项劳动任务时，父亲可能缺乏配合或直接反对，这种不一致性给孩子带来了困惑，也削弱了劳动教育的效果。其次，父母与子女之间的协作同样存在问题。在意识层面，许多父母对劳动教育的具体实施方法了解不足，对子女在劳动中表现出的不良行为缺乏有效的应对策略。在实际操作中，一些父母自身的家务劳动能力有限，无法为孩子提供有效的示范和指导。这不仅影响了家庭内部的协作氛围，也阻碍了孩子正确劳动观的形成。

---

①　林巧熠. 家园共育视角下幼儿劳动习惯培养的现状及策略研究[D]. 汉中：陕西理工大学，2023.

（五）劳动教育方式有误区

1. 异化为物质奖励

父母常用物质奖励促使孩子参与家务，虽暂时提升了孩子的劳动热情，但这种行为基于外部激励，具有明显的功利性，因而其教育效果难以持久。当劳动教育以获利为目的，孩子可能因追求奖励而学会投机，逐渐变得自私且迷失自我。此外，缺少合作和感恩教育可能会扭曲孩子的劳动价值观，培养出以自我为中心的态度，以及不平等和贪婪的欲望。长期来看，这种教育方法偏离了劳动教育的本意，不利于孩子形成正确的劳动价值观和养成良好的劳动习惯。

2. 僵化为惩罚工具

适当惩罚可以帮助儿童建立自律和遵守规则的意识，但这要求惩罚必须是合理的，以便儿童能正确认识和改正自己的错误，进而形成恰当的行为习惯。不当的惩罚反而会给儿童造成心理负担，失去应有的教育效果。目前，一些家庭错误地将劳动作为对孩子的惩罚，如因为犯错或成绩不佳而让孩子做家务，这种做法会使孩子对劳动产生消极联想，导致他们对劳动的抵触和逃避情绪逐步加重。劳动不仅成了惩罚的手段，还被视为一种羞辱，长期下去会妨碍孩子形成正确的劳动观念。因此，在家庭劳动教育中，父母应避免把劳动定位为一种惩罚，以免损伤孩子对劳动的积极态度。

3. 父母包办代劳

尽管许多父母认同劳动教育的重要性，鼓励孩子参与家务，但孩子实际参与家务的情况并不理想。原因在于孩子面临较大的学业压力，父母倾向于让孩子集中精力学习，往往亲自承担家务以节省孩子时间。其次，父母对孩子家务完成的质量不满意时，可能会中断孩子的劳动，自己代替完成。此外，祖父母出于对孙子女的疼爱，选择代劳。这种代劳行为虽然暂时减轻了孩子的负担，但实际上剥夺了他们通过劳动获得自我价值和生存技能的机会，不利于孩子自理能力和全面发展的培养。父母代劳的做法，虽出于好意，但长期看来会使孩子失去展示自我价值的机会，影响其独立生活能力的形成，阻碍其全面成长。

4. 误认为休闲娱乐

部分父母将劳动教育误解为在紧张学习后的一种放松方式，安排孩子考试后的休息时间去农场采摘水果等活动，将之视作一种"轻松的劳动"。这样的做法实际上将休闲活动与劳动教育混为一谈，导致孩子不能深刻理解劳动的真正价值。例如，通过参与采摘活动，虽然孩子能够体验到劳动的乐趣，但这样的体验无法让他们完全理解作物从播种到成熟的全过程，以及其中所蕴含的劳动价值。相比家务等劳动形式，采摘活动可能更受孩子欢迎，但这种方式究竟能在多大程度上帮助孩子理解劳动的意义，是值得父母进一步深思的问题。只有通过参与完整的劳动过程，孩子才能真正体会到劳动的价值和意义。此外，将劳动教育视同休闲娱乐的做法，反映出一种对劳动本身及其价值的淡漠态度，这种态度与劳动教育的本质背道而驰，也不利于孩子在思想层面对劳动形成正确认识。

（六）劳动教育评价不健全

1. 评价主体单一

家庭中对儿童劳动的评价大多来自父母，祖父母等长辈也有一定参与，但仍有少数父母因工作繁忙而不对孩子的劳动进行评价。家庭劳动教育主要由父母指导，孩子虽然是劳动主体，但其自我评价的机会相对较少，同龄人的评价也鲜有涉及。一些父母认为相比于自己的评价，老师的评价更为关键，这种观念可能限制孩子劳动技能的发展。事实上，多角度的评价更能有效地激发孩子对劳动的热情和兴趣，并全面衡量孩子的劳动表现。在孩子的劳动质量需要提升时，多维度的评价能提供更全面的改进建议；当孩子展现出优秀的劳动表现时，孩子对劳动的自我认可能显著提高其内在动力和兴趣。因此，家庭劳动教育应以孩子为出发点，重视孩子的个人发展，确保劳动的主体和评价的主体均能有效地指向孩子本身。

2. 评价内容偏颇

劳动教育的评价应当紧密围绕其设定的目标，其本质在于衡量教育目标达成的程度。然而，在现实中，部分父母在评价孩子的劳动表现时，侧重于劳动知识或技能的掌握情况，却忽视了劳动观念、劳动习惯和品质等更深层次的方面。这种评价方式不仅片面，而且无法全面反映孩子的劳动素养。劳动教育不应仅仅停留在表面的知识技能层面，而应通过评价促进孩子劳动价值观的培养，使其真正领悟劳动之美，并提升身体素养。因此，劳动评价应当是一个综合性的过程，既要关注孩子的知识技能掌握情况，又要注重其劳动观念、习惯和品质等方面的表现。父母的评价内容对孩子全面的劳动素养培养具有直接的影响。如果父母只关注知识技能的掌握，而忽略了其他方面的评价，那么孩子的劳动素养发展就可能出现偏差。只有综合考虑各方面的评价内容，才能真正推动孩子劳动能力的全面提升。

3. 评价方法简单

在家庭劳动教育中，有效运用评价方法是父母面临的一项关键挑战。当前，不少父母在评价孩子的劳动表现时，过于倚重最终的劳动成果。他们往往认为，只要孩子能取得合格或丰富的劳动成果，就表明其劳动态度认真；反之，若成果不佳，则认定孩子缺乏认真的劳动态度。然而，这种过度依赖结果评价的方式，不仅片面，而且容易误导孩子。事实上，劳动教育的评价不应仅限于劳动成果，更应关注孩子在劳动过程中的行为表现。劳动过程同样是评价的重要维度，它更能体现孩子的劳动态度、习惯和品质。因此，父母在评价孩子的劳动表现时，应综合考虑劳动成果和劳动过程，这样才能更全面、更准确地评估孩子的劳动素养。此外，父母的评价方式对孩子的劳动情感和劳动效能感具有深远的影响。过度强调结果评价，可能会使孩子产生挫败感，影响其劳动积极性；而综合考虑结果评价和过程表现性评价，则能更有效地激发孩子的内在劳动动机，促进其劳动素养的全面发展。

二、造成儿童劳动习惯养成及家庭劳动教育问题的原因

当前，教育领域中劳动教育的问题屡见不鲜，而解决这些问题的关键在于深入剖析其背后的根源。在小学生家庭劳动教育领域，面临着认识、目标、内容、途径、方式和评价等多方面的困境。具体而言，这些问题的根源主要有以下三个方面。

（一）传统劳动教育观念导致的思想滞后

在物资匮乏的时代，家庭劳动教育通常能够取得成功，因为生活贫困，父母普遍认同培养孩子的生存竞争能力是至关重要的。随着生产力和科技的发展，劳动的复杂性不断增加，对脑力劳动的需求也在增长。这就需要父母重新审视家庭劳动教育的价值观，从儿童成长和劳动世界的新变化角度出发。

在传统观念的影响下，许多父母往往过分看重脑力劳动，而对体力劳动持轻视态度，将脑力劳动视为高贵、有价值的活动，而将体力劳动视为低贱、无价值的活动。这种认知偏差不仅影响了父母对劳动教育的态度，也阻碍了孩子对劳动价值的全面认识。虽然马克思的劳动教育思想将人的劳动能力分为体力和脑力两个方面，但他指出，这种分离或单一发展都会制约人的全面发展。然而，现今部分父母的劳动教育方式不仅将体力和脑力分开，还过于片面地发展脑力劳动，未能重视体力劳动的存在，使体力劳动在教育中失去了应有地位，成了"若有若无"的角色。

随着经济的发展和生活水平的提升，现代儿童的生活环境日益优越。然而，许多父母在设定家庭劳动教育的目标时，仍停留在过去物质匮乏的阶段，未能清晰地认识到当今劳动价值的多元化。这种观念上的滞后导致家庭劳动教育内容的安排出现失衡，过度强调生活性劳动，而缺乏生产性和服务性劳动。这不仅限制了儿童的劳动视野，也阻碍了他们全面发展劳

动素养的进程。在理解劳动教育目标方面，现代父母普遍存在着理解不全面的情况。他们往往过于注重培养孩子的劳动技能，却忽视了劳动观念和劳动精神的培养。这种以谋生为主导的教育逻辑，将孩子视为潜在的生产因素，忽略了他们作为独立个体的全面发展需求。然而，马克思的劳动教育思想告诉我们，劳动不仅是满足基本需求的手段，更是激发自由意识、推动人的全面发展的途径。因此，需要重新审视劳动教育的目标，将其从单一的谋生手段转变为实现自我价值、促进人类发展的多元目标。

（二）"四二一"式家庭结构造成的行为错位

20 世纪末以来，伴随着我国工业化、城市化进程的加快，在实行计划生育的同时，人口结构也出现了明显的改变。在这个进程中，家庭的结构与大小呈现向中心化、微型化发展的趋势，尤其以"四二一"为代表的家庭结构比例呈上升趋势。这一转变给家庭教育带来了问题。

一是家庭中劳动的包办问题。在我国的传统社会中，由于生产力低，一般的家庭收入受到限制，而家族中的孩子又很多，每一个孩子能够获得的教育相对较少。随着我国社会生活条件的改善，以及核心家庭所占比重的不断增大，对子女的关注程度也越来越高。现在的家庭有了更多的时间和精力去培养下一代。《全国家庭教育状况调查报告（2018）》显示，父母最关心的是孩子的学业、身心健康以及身体的安全。当代父母越来越重视孩子的学业表现，对孩子的教育给予了更多的关注，经常将原本应该由孩子做的事情揽到自己身上，从而造成了一些家庭事务被父母包揽的现象。随着社会的发展，家庭核心化程度加深，部分父母可能会过度地满足子女的物质需求，而忽视他们的教育。这种放任的态度会限制家庭劳动教育的途径选择，导致家长很少选择劳动为主题的活动来进行教育。

二是劳动教育内容类型简单的问题。传统家庭结构以其繁多的支系和强大的代际关系，承载着丰富的文化传统和价值观。作为中华优秀传统文化的载体之一，家风家训在传统家庭中起着至关重要的作用。随着现代家庭结构的演变，尤其是核心化和规模减小的趋势，传统家庭文化的传承面临着挑战。现代小型家庭的居住模式打破了传统家庭文化的连续性，使得传统的家庭价值观和教育内容受到冲击。在这样的背景下，勤俭节约、敬业奉献等传统的教育内容逐渐淡化，而传统手工技艺的传承也面临前所未有的困境。这些因素共同导致了当代家庭在文化传承方面的能力减弱。与此同时，家庭规模的缩小和结构的简化也给家庭劳动教育带来了诸多挑战。传统的大家庭结构中，家庭成员众多，劳动分工明确，孩子们有更多的机会参与各种家务劳动。然而，在现代小型家庭中，家庭成员数量减少，劳动任务往往集中在一两个成年人身上，孩子参与劳动的机会也相应减少。此外，现代家庭结构的变化还使得家庭的重心下移，孩子成为父母关注的焦点。许多父母出于对子女的关爱和保护，会主动承担起更多的家务责任，以减轻子女的压力。然而，这种过度保护的做法也在一定程度上剥夺了孩子参与劳动的机会，不利于培养他们的劳动习惯和劳动精神。过度关爱往往导致孩子缺乏独立性和自我意识，表现为自理能力差、依赖性强等。特别是在"四二一"家庭结构中，祖辈往往会过度照顾孙辈，导致孩子缺乏独立解决问题的能力。此外，子女数量的减少导致孩子缺乏兄弟姐妹的陪伴，容易以自我为中心，难以培养吃苦耐劳等品质，从而增加了开展复杂劳动任务的难度。

三是协同不力问题。一方面，家庭、学校和社会之间的协作不够紧密。现代生活的快节奏加剧了家庭的经济负担，同时社会普遍追求更高质量的生活，一些父母忙于职场与日常生活，难以抽出时间参与孩子的劳动教育。这种情况下，家庭与学校、社会在劳动教育上的沟通与合作相对缺乏。另一方面，家庭内部在劳动教育上存在角色不协调的问题，通常表现为父母在劳动教育的观念和实践上不一致。在许多家庭中，母亲常常承担大部分家务劳动，而父亲在这方面的参与较少。当母亲分配家务给父亲时，父亲可能因为工作疲惫，对分配给他的任务表现出冷漠和敷衍。由于父母之间沟通不畅，导致协作效果不佳，难以为孩子树立积极的榜样，从而无形中增加了家庭劳动教育的难度。

四是劳动教育评价主体单一和方法简单的问题。在中国传统文化背景下，父母与子女之间的依赖关系较强，子女的独立空间相对有限。随着社会经济的发展和生活水平的普遍提高，这种依附关系有所减弱，但随着独生子女政策的实施和家庭结构的变化，大多数家庭中只有一个子女，依附关系反而在某种程度上得到了加强。在这样的背景下，不仅孩子对父母的依赖加剧，父母对孩子的依赖也同样显著。在家庭劳动教育方面，这种依附关系表现得尤为明显。许多父母出于对孩子的关爱，往往用自认为正确的方式指导孩子，以一种权威的态度要求孩子遵从自己的指令。在这种模式下，孩子很难有拒绝父母要求的权力，只能无条件地听从。当涉及对孩子的劳动成果进行评价时，父母常常不考虑孩子的感受和意见，如果孩子的看法与父母不同，父母可能会中断孩子的发言，甚至使用批评和指责孩子的想法和劳动成果。常见的批评包括"你这样做是错误的""按我说的做就是对的""听我的""不听老人言，吃亏在眼前"等。在这种沟通方式中，父母往往过于注重自己的立场，忽略了孩子作为沟通对象的情感和视角，导致在劳动教育过程中出现一系列问题：评价主体单一，方法简化，沟通效率和教育成效都不理想。不仅阻碍了孩子在劳动教育中的积极参与和自我发展，也影响了亲子间的健康沟通。

五是奖惩式和休闲娱乐式教育方式的问题。父母在家庭劳动教育中扮演着至关重要的角色，其教育理念和行为模式对孩子的劳动态度和习惯具有深刻影响，而父母与孩子之间的沟通则是建立理解和共鸣的关键。然而，在当前的家庭劳动教育实践中，一些父母依赖于惩罚或奖励的方式来促使孩子参与家务劳动，如通过禁止玩耍来惩罚孩子未完成家务，或以物质奖励来激励孩子完成任务。此外，部分父母通过提供孩子喜欢的娱乐活动来增加他们参与家务的频次，这些做法往往让孩子处于一种被动和低自尊的状态。这类外在激励的教育手段可能在短期内有效，但长远来看效果并不持久。同时，这种教育方式还忽视了情感交流和互相尊重的重要性，父母在这一过程中可能过分压抑自身情感，采取了一种不健康的沟通方式。这些方法并不有利于提升家庭劳动教育的实际成效，反而会阻碍孩子劳动的自主性和积极性的提升。

（三）功利主义文化盛行带来的精神困惑

劳动教育的价值扭曲和当前遭遇的难题，不只是由传统劳动观念和家庭结构变化所引发的，在快速发展的社会经济背景下，盛行的功利主义文化也对教育领域，特别是家庭劳动教育方面带来了负面影响。这种教育的功利化趋势并非仅由单一教育参与方的功利性行为所导致，而是在教育系统中多个参与者及社会环境的共同影响下形成的，是一个多因素交织的复杂现象。这种趋势主要表现在教育焦虑的加剧、急于求成的心态以及消费主义思潮的不断冲击，导致家庭劳动教育面临前所未有的挑战。

一是教育焦虑越来越严重。教育焦虑主要体现在父母对孩子学业成就的过度担忧，尤其是对孩子能否进入优秀学校、取得满意成绩、以及未来及就业机会的担心。为确保孩子在教育竞赛中处于有利位置，一些父母不惜一切代价为孩子选择学校，希望"赢在起跑线上"。这导致了对高质量教育资源的盲目追求，同时忽略了孩子的真实需求和个人兴趣，迫使他们接受一种仅满足父母期望的教育。这种做法将孩子的教育限制在了狭窄的学科知识和应试技巧之中，孩子在应试教育的巨大压力下喘不过气来。此外，补习机构往往利用父母的教育焦虑进行市场推广，大肆宣扬其所谓的"科学"和"正确"的教育方法。这些机构通过创造诸如"鸡娃""素鸡"等标签，人为地强调儿童在智力、学习风格和个性等方面的同质化，进一步推广一种扭曲的功利主义教育理念。他们不断强调竞争，制造教育恐慌，从而加剧了父母的焦虑情绪。在这种氛围下，家庭劳动教育往往被父母视为与升学无关、无关紧要的活动，进而被边缘化。传统的体力劳动文化更是遭到忽视，人们更加关注短期的应试目标，而忽视了孩子全面和长远发展的重要性。应试技能的培训被置于心灵成长的价值之上，劳动教育对于个人内在发展的深远意义被严重忽视。功利主义教育的最终结果是培养出了一批批单纯的"工具人"，他们缺乏独立思考和创新的能力，这与社会发展的需求背道而驰。我们需要的不仅是具备应试技能的学生，更是能够独立思考、勇于创新、具备良好劳动素养的全面发展的人才。

二是急功近利心态的加剧。在功利主义文化背景下，人们重视教育投入与产出的最大化，在诸如语文、数学、英语等学科的学习中，学生的考试分数直接反映了其知识掌握程度。然而，劳动教育的价值和成效并非短期内可见，其深层次的影响如培养孩子的责任感、毅力等品德，需要在长时间的教育和实践中逐渐培育，这种渐进过程无法即时反映出成果，难以立刻体现在父母和教育者的评价中。劳动教育对孩子的意义在于磨炼其意志，塑造坚韧不拔的性格，以及在面对任务和挑战时保持积极态度。简言之，持续的劳动教育对孩子的全面发展及未来成就具有不可估量的价值。由于这些教育效果的隐性和长期性，使得父母很难在短时间内直观感受到劳动教育成效，导致在实际操作中，家庭劳动教育可能会被忽视或削弱，对劳动教育长期价值缺乏认识和耐心，最终可能会影响到孩子全面发展的机会。

三是消费社会思潮冲击加剧。信息技术和工业化的不断进步催生了消费主义，在这样的大背景下，一些传统的劳动伦理逐渐淡化，消费文化逐渐膨胀。因此，劳动开始失去其本质，甚至变成满足其他需求的手段，导致劳动价值的模糊。消费主义价值观的盛行，让劳动教育在社会的影响力逐渐减弱，劳动的内在意义和价值也被忽视。现如今，享乐主义和投机取巧等不良风气在社会中蔓延，对年轻一代产生了不良影响。许多小学生的人生理想不再是追求知识、技能或为社会做出贡献，而是成为"网红"，因为他们认为这样可以快速致富，过上奢侈的生活。这种价值观的转变，无疑是对传统劳动精神的背离，也是劳动教育缺失的直接体现。这些现象使得传统的劳动观念和劳动的光荣价值逐渐被淡化，迫使我们重新审视劳动教育的价值和意义。

第 三 节

儿童劳动习惯培养建议

　　儿童劳动习惯和家庭劳动教育存在显著相关性。在儿童劳动习惯养成方面，研究显示儿童的积极性普遍偏低，整体水平有待提升。儿童对待不同的劳动方式有显著的差别，并且由于性别、年龄等方面的原因，儿童的劳动习惯呈现出不同的特征。家庭劳动教育能够在一定程度上影响儿童的劳动习惯。儿童劳动习惯的形成并非单一因素作用的结果，而是受到复杂多样的环境和教育因素的共同影响。社会学习理论中的三元交互论提供了一个解释框架，即环境、行为和人之间的相互作用是塑造个人行为的关键。在这一理论框架下，儿童作为劳动行为习惯的主体，与家庭、学校、社会等环境因素之间存在着密切的交互关系。具体而言，小学教育通过课程设置和教学活动，培养儿童的劳动技能和习惯；社区教育则通过组织各类实践活动，为儿童提供劳动实践的机会；同伴之间的学习则是一种隐性的教育方式，儿童在相互观察和模仿中学习和改进自己的劳动习惯。同时，儿童的劳动习惯也会对环境产生反作用。此外，国家政策对劳动教育的重视程度、社会媒体对劳动价值的导向等因素，也会对儿童的劳动习惯产生深远影响。

一、家庭层面

（一）树立和践行以儿童为劳动主体的理念

　　很多家庭中存在以爱的名义阻止儿童发展劳动习惯的情况，这不仅剥夺了孩子的发展机会，还会损害其积极性和内在动力。过度干涉会导致儿童对劳动产生反感，怀疑自己能力，降低自尊和自信。这种负面的劳动教育现象在我国很常见，根源在于没有树立以儿童为主体的意识，一直以成人为中心，将儿童置于被动地位，剥夺了其劳动权利。因此，家长应相信儿童的能力，给予他们充分的劳动机会去尝试、去学习，让他们在实践中成长。

在培养儿童劳动习惯的过程中，尊重儿童的主体地位显得尤为关键。这并不意味着家长可以完全放手，而是要因材施教，根据儿童的具体情况来制定教育策略。研究发现，不同性别和年龄的儿童在劳动习惯上存在差异，因此，家长在教育过程中需要充分考虑这些因素。首先，家长应该根据儿童的年龄来设定合理的劳动学习目标。对于年龄较小的孩子，可以从简单的家务开始，逐渐培养他们的劳动意识和习惯；而对于年龄稍大的孩子，则可以适当增加劳动的难度和复杂度，以激发他们的挑战精神和创造力。同时，家长还需要根据孩子的性格特点和兴趣爱好来制定个性化的劳动计划，避免一刀切的教育方式。值得注意的是，虽然女孩在劳动习惯和能力方面的发展往往比男孩更为出色，但这并不意味着男孩的劳动能力就一定不如女孩，家长要在教育中树立男女平等的观念，不因性别差异而有所偏颇。家长应该鼓励男孩积极参与劳动，培养他们的责任感和独立性；同时，也要关注女孩在劳动中的体验和感受，确保她们能够在劳动中得到充分的锻炼和成长。此外，家长在劳动教育中要发挥引导、示范和榜样的作用。他们应该积极参与孩子的劳动过程，给予孩子足够的支持和鼓励。通过自身的行动来示范正确的劳动态度和技能，让孩子在模仿中学会劳动。同时，家长还要耐心引导孩子，帮助他们解决在劳动中遇到的问题和困难，促进他们劳动习惯和能力的逐步提升。

（二）树立尊崇劳动的良好家风

家庭是个人成长的重要场所，蕴含着丰富的教育资源。在家庭中，个人的性格和品性得到基础的塑造，因此，劳动文化和价值观在家庭中的根深蒂固是培养良好劳动习惯的关键。良好家风对孩子养成良好习惯而言十分重要，崇尚劳动的家庭环境会对孩子产生积极影响，有助于孩子从小培养起崇尚劳动的良好习惯。

第一，中华民族在长期历史演进中形成的传统美德，孕育了深厚的家风家训，这些家风家训是树立良好家风的重要文化资源。家风作为家族文化和氏族传统的核心，通过长辈的言传身教，在无形中塑造着家族成员的品行和处世哲学。自古以来，家风便以劳动为重要内容，传承着对劳动的尊重和崇尚。从"耕读传家"到"俭以养德"，这些家风家训无不体现着对劳动的深刻理解和珍视。即便是尊贵的皇室，也以勤政爱民为家风，如唐太宗以身作则，勤理政务，教导子孙珍惜劳动成果，关心百姓疾苦。这些家风家训中所蕴含的精神内核，历久弥新，成为不同时代人们共同追求的价值取向。第二，树立尊崇劳动的良好家风，需要父母与子女的共同参与和努力。家长作为家风传承的第一责任人，应自觉承担起引导孩子形成正确劳动观念和行为习惯的重任。在日常生活中，家长应身体力行，以自身的言行示范劳动的价值和意义，教育孩子尊重劳动、热爱劳动。同时，家长还应鼓励孩子参与家务劳动，培养他们的劳动技能和责任感，让孩子在劳动中体验成长的快乐。子女则应以积极的态度接受家长的教导，将劳动作为一种习惯融入日常生活，成为自身品质的一部分。第三，树立崇尚劳动的优良家风不仅需要家庭内部的力量，还需要借助社会和国家的外部支持。社会氛围对家风的形成和发展具有重要影响，因此需要营造一个推崇劳动、尊重劳动的社会环境。政府、社区、学校、媒体等各方应共同努力，通过制定相关政策、开展宣传活动、举办劳动竞赛等方式，弘扬劳动精神，传播劳动价值。同时，还应关注家庭教育在培养劳动习惯方面的作用，通过家校合作、家长培训等方式，提升家长的教育理念和方法，共同促进优良家风的形成和发展。

（三）注重儿童不同类型劳动习惯上的均衡发展

不同类型的劳动在儿童成长中发挥着独特作用，之间互为补充，不可相互取代。儿童如果缺乏劳动经历，就意味着他们的能力发展将会受到限制。家长在培养儿童劳动能力时，必须注重全面发展，避免片面强调某一方面。劳动形式的多样性决定了其价值的多元性，因此，我们需要理性认识到各类劳动对儿童发展的独特贡献。首先，种植和饲养类劳动为儿童提供了接触大自然的机会，有助于他们深刻认识到生命的价值，培养责任感和担当意识。在参与这类劳动时，儿童可以观察动植物的生长过程，了解生命循环的规律，进而培养对自然和生命的敬畏之心。其次，手工类劳动能够促进儿童的手脑协调发展，激发潜能，培养解决问题的能力。通过动手制作物品，儿童可以锻炼手部精细动作，提高动手能力，同时，在解决问题的过程中，他们的思维能力也会得到锻炼和提升。为了充分利用社区和家庭的资源，家长需要合理规划儿童的劳动时间。社区的资源如公共绿地等，可以成为儿童参与劳动的场所。学校布置的手工作业也是一个很好的锻炼机会，家长可以引导孩子认真完成，从中体验劳动的乐趣。此外，家庭生活中也蕴藏着丰富的劳动机会，如打扫卫生、整理物品等，家长可以让孩子参与这些家务劳动，培养他们的劳动习惯。最后，家长要认识到不同劳动形式之间的联系和互补性，促进儿童在多种劳动中全面发展。种植和饲养类劳动可以培养儿童的耐心和责任感，手工类劳动可以锻炼他们的动手能力和思维能力，而家务劳动则可以培养他们的独立性和自理能力。因此，家长应该根据孩子的兴趣和特点，引导他们参与不同类型的劳动，促进全面成长。[①]

（四）拓展多种渠道提升自身劳动教育水平

不同家庭教育背景会对家庭劳动教育水平产生深远影响，这种影响直接关系到孩子的全面发展，同时也间接作用于国家的未来建设。但无论家长的教育背景如何，家庭劳动教育水平的提升都具备巨大的潜力与空间。为了有效地提升家庭劳动教育水平，家长首先需要端正态度，深入理解劳动教育对于孩子个体成长的重要性。劳动习惯的培养不仅是儿童综合劳动能力发展的基石，更是他们未来成为有责任感、有担当的公民所必需的素质。家长应充分认识到自己在儿童劳动教育中的核心角色，积极承担教育责任。此外，家长还需注重儿童劳动教育的过程体验，而非仅仅关注结果。劳动教育的目标不仅是让孩子学会某项技能，更重要的是通过劳动过程培养他们的责任感、团队协作能力和创新精神。因此，家长应鼓励孩子

---

① 李雪雨. 家庭劳动教育与幼儿劳动习惯的关系研究［D］. 武汉：华中师范大学，2022.

参与各种形式的劳动活动，让他们在亲身体验中感受劳动的乐趣和价值。家长应认识到儿童劳动能力的发展是一个长期且持续的过程，它对于个体终身劳动能力的形成具有关键作用。因此，家长需要树立科学的劳动价值观和教育观，将劳动教育贯穿于孩子的成长过程中，确保他们在不同阶段都能得到适当的劳动教育。家长应不断提升自身的劳动教育水平，可以通过参加相关培训、阅读专业书籍、借鉴其他家庭的成功经验等方式实现。家长的学习与成长将直接促进儿童劳动教育水平的提升，实现家庭教育的良性循环。

其次，家长要切实提高自己的劳动能力。第一，家长应以学习者的姿态积极吸取科学的劳动教育的知识和经验，而非仅凭主观判断或依赖过往经验。一些家长认为不必专门学习劳动教育，因为他们自己成长过程中并未接受此类教育，但这种想法不利于儿童的成长。尽管传承的经验有其合理性，但很多经验并不科学。例如，简单粗暴地命令孩子去劳动或者放任不管等方式并不适合儿童的劳动习惯培养，这样的做法不仅效率低下，还会伤害孩子的学习积极性。家长在传承经验的同时，应审慎评估自己的教育方式是否恰当。第二，家长应主动学习劳动教育相关知识和技能。在互联网时代，有丰富的学习资源可供利用，包括专家学者的研究成果、家长分享的育儿经验等。家长可以通过网络平台、学校讲座、社区活动等途径获取相关信息，并学会辨别伪科学和错误的育儿观念。此外，家长还可以通过与教师和其他家长的交流，分享经验和方法，相互学习成长。然而，单一的学习理论是不够的，家长还需在实践中不断运用和调整所学知识。特别是在教育这一具有复杂性和创造性的过程中，家长应根据儿童的反馈和成长情况及时调整，以提升自己的家庭劳动教育能力。

最后，家长在实施劳动教育时，掌握科学有效的方法至关重要。这些方法应基于儿童的个性特点，因势利导，以达到最佳的教育效果。个性化的教育方法能够更有效地激发孩子的兴趣，提升他们的劳动技能，进而培养他们的劳动习惯。其中，故事法是一种非常有效的劳动教育方法。孩子往往对故事充满好奇和兴趣，通过故事的形式来传达劳动的价值和意义，能够激发他们的情感共鸣，加深他们的理解。家长可以选择与劳动相关的故事，让孩子演绎故事情节，从中领悟劳动的重要性，并激发他们愿意参与劳动的内在动力。示范法也是劳动教育中常用的一种方法。家长在劳动中通过自身的示范，让孩子通过模仿学习劳动技能和方法。这种方法的优点在于直观、生动，能够让孩子在实践中学习和掌握劳动技能。家长在示范时，要注意选择适合孩子理解的方式，并引导孩子自主尝试操作，及时纠正他们的错误，确保他们在实践中不断学习和进步。除了故事法和示范法，家长还可以结合其他方法，如游戏法、竞赛法等，使劳动教育更加生动有趣。同时，家长要关注孩子的反馈和表现，及时调整教育方法，确保教育目标的达成。

（五）以身作则发挥示范作用

家庭教育在个体社会化过程中占据着举足轻重的地位，尤其在塑造个人价值观念方面发挥着不可替代的作用。儿童时期，家庭活动构成了孩子生活的主旋律，家长的价值观念、态度和行为习惯，对于正处于模仿阶段、迅速成长的孩子来说，具有深远的影响。家长在日常生活中的言行举止，如勤俭节约、敬业奉献等，都是孩子观察和模仿的对象，这些行为将深刻影响孩子对劳动的认知和态度。首先，家长应以身作则，树立榜样。家庭是孩子成长的摇篮，家长则是孩子最初的老师。家长的价值观念、行为习惯都会在无形中影响孩子。因此，家长应自觉树立正确的劳动观念，通过自身的行为示范，引导孩子形成正确的劳动习惯。同时，家长也要重视家庭教育的重要性，避免过分追求学业成绩而忽视劳动教育。其次，家长应利用动作示范，传授劳动技能。家长拥有丰富的生活经验和技能，这些都可以成为孩子学习的宝贵财富。在日常生活中，家长可以通过亲身示范，教会孩子基本的劳动技能，如整理房间、打扫卫生、烹饪等。同时，家长也要关注孩子的身心发展规律，根据孩子的年龄和兴趣，引导他们掌握不同阶段的劳动能力。此外，家长还要发挥良好劳动精神的引领和感染作用。良好的劳动精神不仅是家庭劳动教育的目标，也是实现这一目标的重要手段。家长应通过自己的勤劳、奉献、创新和奋斗等品质，感染和影响孩子，让他们感受到劳动的价值和意义。最后，家长应示范良好的劳动习惯与品质。孩子在成长过程中，会不断模仿和学习家长的行为。因此，家长应养成勤俭节约、诚实守信、吃苦耐劳等良好品质，这些品质将成为孩子品格形成的基础。同时，家长也要在日常生活中注重培养孩子的劳动习惯，让他们从小就养成爱劳动、会劳动的好习惯。

二、学校层面

（一）家校协作切实提高劳动教育的效能

布朗芬·布伦纳的生态系统理论强调了个体与周围环境系统的相互作用。个体在发展过程中处于各种环境系统之中，这些系统之间相互作用，共同影响着个体发展。儿童的劳动教育受到家庭、学校和其他环境的多重影响，这些影响相互交织，共同塑造着儿童的劳动习惯。家庭教育为学前教育奠定了基础，而小学教育则起着主导作用，社区教育则是补充和扩展。当家庭和学校在劳动教育理念和措施上保持一致时，儿童的劳动习惯和能力得到有效提升。然而，如果两者之间存在不一致，儿童的劳动习惯和能力发展就会受到影响，甚至会被削弱。家长在家庭中的行为对于劳动习惯的强化至关重要。一些情况下，家长可能会破坏了学校培养出的劳动习惯和能力，导致儿童依赖成人，加剧了他们的惰性，不利于其独立自主能力的发展。因此，只有整合社会、学校、家庭和儿童自身的资源，形成一体化的育人模式，才能达到应有的教育效果。

一方面，学校与家长的沟通合作在儿童劳动习惯和能力培养方面起着至关重要的作用。为了确保家校之间的顺畅交流，建立多元化的沟通渠道显得尤为关键。学校应充分利用家长会、定期交流会等面对面的形式，与家长深入讨论孩子的劳动习惯和能力表现，共同寻找解决问题的策略。同时，家长开放日也为家长提供了直观了解孩子在校劳动表现的机会。除了线下交流，线上沟通平台同样不可忽视。微信公众号以及班级群等线上工具，使得家校之间的信息交流更加便捷和及时。学校可以通过这些平台定期发布儿童劳动习惯的表现和进步，分享教育心得和方法，引导家长在日常生活中加强对孩子劳动习惯的培养。家校之间的合作不仅仅是信息的交流，更是教育理念的共享和教育方法的探讨。双方应共同努力，为孩子创造一个有利于劳动习惯养成的家庭和学校环境。学校可以借鉴陈鹤琴的教育思想，鼓励家庭协作，创造开放的教育环境，为孩子提供充足的劳动机会和空间。家长则可以在日常生活中积极引导孩子参与家务劳动，培养孩子的劳动意识和能力。此外，利用环境中的劳动因素进行环境熏陶式的劳动教育也是一个值得尝试的方法。学校可以组织一些劳动实践活动，让学生在实践中体验劳动的乐趣和价值；家长则可以带孩子参观工厂、农田等劳动场所，让孩子了解不同职业的劳动内容和劳动意义。

另一方面，家庭需要积极配合学校的劳动教育工作，并充分利用学校提供的劳动教育资源来支持家庭的劳动教育。首先，家长应及时沟通和协调家校之间的观念差异，主动了解儿童在学校的劳动习惯发展情况，并根据孩子的具体情况调整家庭的劳动教育计划，以提高教育效果。同时，家长还应积极参与学校组织的劳动教育活动，如班级职业介绍、儿童劳动成就展示、亲子劳动比赛等。家庭的主动配合对于儿童劳动习惯的发展至关重要，家庭和学校应共同合作，建立一个有效的劳动教育体系。其次，家庭可以利用学校的人力资源，及时向专业的儿童教师请教家庭劳动教育中遇到的困惑和问题，定期参加学校举办的劳动教育讲座，并向优秀家长学习经验。家庭和学校之间的同频共振和协同合作是儿童劳动习惯发展的重要基础和保障。[①]

（二）加强校园劳动文化建设

丰富多彩的校园文化和良好的校园氛围对劳动教育有着潜移默化的影响，这种影响润物无声，具有隐形的育人功能，使得崇尚劳动、热爱劳动、尊重劳动的文化氛围无处不在、无时不有。首先，在实践劳动中，与学生共同感知和体悟劳动对他们的直接影响至关重要。特别是在吸引学生参与校园文化活动方面，效果尤为显著。例如，可以利用"五一"劳动节这一契机，举办劳动技能展示和成果评比活动，鼓励学生积极参与，通过实

---

① 谢仁娜依·沙力克. 小学劳动教育家校共育的策略研究［D］. 重庆：西南大学，2020.

际操作体验劳动的魅力和价值，增强对劳动的认同感和热爱。同时，邀请劳动典范、工匠大师等人物来校举办讲座，分享他们的劳动经验和技艺，让学生感受到劳动的伟大和崇高，进而形成对劳动精神的深刻认识。此外，还可以依托植树节、学雷锋纪念日等节日，开展丰富多彩的活动，表彰身边的劳动典型，营造崇尚劳动、尊重劳动的浓厚氛围。其次，将劳动元素融入校园文化建设之中是塑造劳动教育环境的关键。校园文化是学校精神风貌的集中体现，通过有意识、有计划的构建，可以将尊重、热爱和崇尚劳动的理念融入其中。具体来说，可以将劳动元素融入校训、校风和学校精神中，使之成为学校的核心价值观之一。同时，在校园建筑和环境设计中融入劳动元素，如设立劳动文化长廊展示劳动成果等，让学生在日常生活中感受到劳动的重要性。最后，利用新媒体新技术增强崇尚劳动的优秀观念的传播力度和广度是提升劳动教育效果的重要途径。新媒体具有传播速度快、覆盖范围广、互动性强等特点，是传播劳动精神的重要载体。可以建设具有吸引力的新媒体平台，通过视频、音频、图文等多种形式展示劳动成果和劳动精神，吸引学生的关注和参与。同时，还可以利用新媒体平台开展线上活动，如线上劳动技能比赛、劳动经验分享等，让学生在互动中感受到劳动的乐趣和价值。

（三）以教师为桥梁加强对家庭劳动教育的指引

父母作为孩子生命中的首位导师，家庭作为孩子启蒙的摇篮，其重要性不言而喻。家长，在孩子的成长过程中，不仅扮演着教育者的角色，更是孩子行为举止的楷模。孩子天生具备模仿的本能，特别是在 3 至 6 岁的关键时期，他们如同海绵般吸收着周围的一切。因此，家长的言行举止对孩子的成长轨迹产生着深远的影响。学校应根据父母的需要，开展关于家庭劳动教育的辅导与支援，以便更好地指导父母参与家庭教育。其中包含但不仅局限于对儿童劳动习惯的养成，家庭劳动的合理分工，以及家庭劳动的趣味性等方面的教育。另外，学校也能给父母提供有关的学习材料和参考材料，帮助父母在每天的生活中对儿童进行更加准确有效的指导。例如，在开展家庭合作教育时，首先要让父母清楚自己的角色和责任。家长既是儿童学习的主体，也是儿童学习的模范，其一言一行都会对儿童产生深远的影响。另外，父母也是课堂教学的督导与沟通者，要时刻注意儿童的学习情况，并与校方进行有效的沟通，一起提高儿童的综合素质。可以采取多种方式进行劳动教育，在开展亲子运动、头脑风暴等常规活动的同时，也可以结合教育思想，进行具有启发性的游戏。此外，家长还可以通过讲述与习惯相关的故事、唱诵相关的儿歌等方式，帮助儿童更好地理解习惯的重要性。这样，习惯就会在儿童的心中留下深刻的印记，他们也会更乐意向家长展示自己所学到的成果。小学应加大对家庭教育的宣传力度，引导家长摒弃"船到桥头自然直"的错误观念，认识到教育不仅仅是学校的责任，家庭在其中也扮演着至关重要的角色。教师应重视家庭的作用，积极与家长沟通合作，共同为孩子的成长营造良好的教育环境。在这个过程中，教师应成为连接家庭与学校的桥梁和纽带，承担起主要负责人的角色。他们应深入了解每个孩子的家庭情况，为家长提供个性化的教育建议，同时，也要将学校的教育理念和方法传达给家长，促进家校之间的有效沟通和合作。①

（四）增设专门的劳动教育课程

设立专门的劳动教育课程是促进学校劳动教育的重要手段，这要求在遵守学生身心成长规律的前提下，综合规划课程时间和安排，明确不同学习阶段的劳动教育课程形式、关键内容及学习目标。

第一，要明确劳动教育对于培养学生综合素质的重要性。劳动教育不仅关乎学生的技能培养，更在于塑造他们的人生观、价值观，提升他们的实践能力和社会责任感。因此，在量上保证专门的劳动教育课程开齐、开足，显得尤为关键。回顾我国劳动教育的发展历程，可以看到政府部门在探索将劳动教育融入现有教育体系方面所付出的努力。特别是针对不同学习阶段的学生，设计专门的劳动教育课程，是这一探索过程中的重要举措。通过出台相关政策文件，我国已经初步构建了一个覆盖不同学习阶段

---

① 贾茸茸. 小学劳动教育中家校合作现状及对策研究[D]. 银川：宁夏大学，2023.

学生的劳动教育体系。这一体系的构建，意味着劳动教育不再是一个可有可无的附加项，而是成为学生教育的重要组成部分。具体的课程内容、课时安排等，都有了明确的指导和规定。这样一来，学校在实施劳动教育时，就能够有章可循，确保劳动教育课程的全面开设和充足课时。同时，各省根据《全面加强新时代大中小学劳动教育的意见》的指导原则结合本地实际情况，相继推出了更为细化的实施方针，但当前在劳动教育的具体实践中仍面临诸多挑战。地区之间、学校之间在劳动教育课程的实施情况上存在较大差异。教育资源较丰富的地区能更好地贯彻素质教育，而资源匮乏的贫困地区则面临更大的实施难题，劳动教育课程往往被边缘化。为解决这一问题，建议建立城乡、校际以及不同城市之间的帮扶机制，利用现代信息技术手段促进劳动教育资源的共享和平衡分配。此外，保障劳动教育课程的充分开设不仅需要内部监督机制的加强，还依赖于外部监督的介入。随着学生年级的提高，劳动课程受到挤占的现象日益严重。这种趋势反映出升学压力下劳动教育的重要性被低估，同时也暴露出外部监督力量的不足。因此，确保劳动教育课程的有效实施不仅需要学校内部的严格监控，还需要政府部门、家长、学生以及社会专家的共同参与和监督。构建健全的监督体系，并汇聚多元化的监督力量，是劳动教育课程得以有效实施的重要保障。教育部门和相关政府机构需清晰界定各自职责，并拓宽监督途径，同时积极倡导家长参与劳动教育的监督工作。以四川省为例，2021 年 3 月 22 日，四川省教育厅等部门对四川省义务教育课程设置方案进行了修订，将劳动教育课程正式纳入教育体系之中。此举还得到人力资源社会保障部门的积极配合，确保劳动教育课全面开设，为劳动教育的全面推进和教育资源的均衡分配提供了坚实的政策支撑和实践指导。通过这一系列举措，不仅能够确保劳动教育课程的实施质量，还能进一步推动劳动教育在全社会范围内的普及和深化。

第二，在质量上，要保障专门增设的各级劳动教育课程开好。国家重视对劳动教育课程的高质量开展，这不仅反映了国家对教育质量的基准要求，同时也在于确保全体公民接受一致的基本素质教育。劳动教育课程的核心价值在于培养和弘扬劳动精神与模范精神，通过专题教育形式，将这些精神内涵融入劳动教育之中是极为重要的。在开设劳动教育课程时，应深入探讨劳动模范的榜样力量，以事实、实例和逻辑来触动学生的情感与理性。此外，劳动教育课程应当全面涵盖劳动方式、劳动安全及劳动法规等核心内容，并根据国家政策要求，针对各教育阶段的特点，量身定制教学内容，使学生掌握与未来职业发展息息相关的劳动科学知识。同时，开发具有地方特色及学校特色的劳动教育课程至关重要，这需要学校有效应对开发独特课程资源所面临的挑战，防止劳动教育内容在学校间出现过度相似和形式单一的问题。在开发地方和校本劳动教育课程时，关键在于如何创造性地利用现有资源，遵循因地制宜的原则，确保资源配置的针对性和有效性。

三、社会层面

（一）为劳动教育提供社会物质支持

劳动教育的成功实施需要社会物质支持，如提供实践场所和实习岗位。政府应鼓励企业参与，并设立标准，确保质量。

第一，政府应积极发挥引导作用，协调企事业单位、工厂、农场等为学生提供劳动实践场所，确保能满足学生多样化的劳动实践需求。劳动教育强调实践中的学习与劳动中的育人，这离不开实践平台和活动的支持，而这恰恰需要社会的广泛参与。企事业单位和工厂、农场等拥有成熟的生产环境和丰富的实习机会，能够让学生在真实的工作环境中锻炼专业技能，提升劳动技能水平。特别是高新技术企业的参与，更能让学生接触到最前沿的劳动实践方式和形式。因此，政府部门应牵头协调，鼓励更多企事业单位承担社会责任，共建和完善教学实验场所及实习基地，为学生提供更广阔的实践平台和实习机会。同时，还需建立健全劳动教育资源共享机制，充分利用各类教育资源，推动资源共享和开放。

第二，在统筹现有资源的基础上，政府相关部门应主动担当，结合实际情况建设劳动教育基地。对于城镇地区，可以依托公共场所，如公园、社区服务中心等，打造服务型劳动教育基地。以广州市海珠区为例，其劳动教育实践基地位于风景秀美的海珠湿地，由教育局与湿地公园等多方共同建设，为学生提供了丰富的劳动体验，如湿地观察、农耕技能学习等，使学生能深入感受自然与农耕文化的魅力。在农村地区，劳动教育基地的建设更应因地制宜，充分利用田间林地、草场等自然资源。这样既可以成为学生的实习基地，又可以通过学校、社会等方面的指导，为学生开展劳动教育提供实际的材料保障。国家教育部等多个部门一直在为农村中小学开展劳动实践活动提供具体的指引和优惠措施，从而有力地促进了我国农村劳动教育的发展。自 2003 年国土资源部印发《关于加强农村学校劳动实践场所建设的意见》以来，经过二十多年的艰苦工作，我国农村小学的劳动实践场地的建设已经收到了明显的效果，它对提高学生的劳动技能、创新精神和劳动理念起到了重要的支持作用。

（二）为劳动教育提供社会文化支持

第一，发挥媒体的舆论宣传作用对于弘扬劳动精神、推广劳动教育至关重要。媒体作为信息传播的重要载体，应积极担负起舆论引导的责任，通过精心策划并推出系列宣传活动，传递劳动的价值和意义，激发社会大众对劳动的热爱和尊重。主流媒体在舆论宣传中发挥着核心作用，它们应掌握信息传递的主导权，通过深入报道和解读劳动的典型事迹和先进人物，逐步将主流价值观和意识形态传递给广大群众。例如，中央广播电视总台推出的《感动中国》和《大国工匠》等节目，不仅展示了劳动者的风采和贡献，更传递了劳动创造美好生活的理念，对大众的思想观念、道德意识和个人行为产生了深远影响。在互联网时代，媒体的作用更加凸显。主流媒体应充分利用互联网的便捷性和广泛性，加强与网民的互动与交流，形成满足大众心理需求的互动与思想交流环境。通过线上线下的互动活动，引导网民积极参与劳动话题的讨论，分享劳动心得和体会，让劳动精神在更广泛的范围内传播和内化。同时，媒体还应关注社会热点和舆论动向，及时发声，澄清误解，引导社会舆论朝着积极、健康的方向发展。对于劳动教育中出现的问题和挑战，媒体应客观报道，深入分析，提出建设性意见和建议，为劳动教育的深入推进提供舆论支持。

第二，文艺作品在社会主义先进文化的建设中扮演着至关重要的角色，特别是在实施劳动教育、营造劳动教育社会氛围等方面具有深远的意义。文艺作品作为传递情感和价值观的重要媒介，其展现的价值观、树立的榜样以及对生活方式的描绘，对青少年的成长和世界观的形成具有不可估量的影响。然而，我们不得不正视当前文艺作品中存在的一些问题。一些文艺作品为了追求商业利益，忽视了文化内涵的挖掘，甚至传播了扭曲的价值观。这些作品不仅无法为青少年提供正确的价值导向，反而可能对他们的健康成长构成阻碍。因此，文艺工作者必须肩负起社会责任，以高度的文化自觉和创作热情，创作出内容优质、思想深刻的文艺作品。为了实施劳动教育、培育劳动教育的社会氛围，文艺工作者应当注重作品的内涵和质量。他们应该通过生动的艺术形象和富有感染力的故事情节，积极弘扬劳动光荣、创造伟大的主题，让青少年深刻感受到劳动的价值和意义。同时，文艺作品还应坚决反对不劳而获、贪图享乐、崇尚暴富等错误观念，引导青少年树立正确的价值观和人生观。此外，文艺界还应不断提升创作能力，创造更多形式多样、内容丰富的文艺作品。这不仅可以满足不同受众的需求，还可以让劳动教育的理念更加深入人心。例如，可以通过电影、电视剧、戏剧、音乐、舞蹈等多种艺术形式，展现劳动者的风采和劳动成果，让劳动教育的内涵更加生动具体。

（三）为劳动教育提供社会制度支持

第一，健全资金保障机制对于劳动教育的顺利开展至关重要。劳动实践场所的建设和运营，离不开资金的稳定投入。针对当前劳动教育资金主要依赖政府财政补助，且存在地区间投入差异的问题，需要采取一系列措施来完善资金保障机制。首先，地方政府应充分发挥主导作用，统筹利用中央补助资金和本地财政自有资金，设立劳动教育专项经费。这笔经费应专项用于支持学校的劳动教育活动，包括劳动技术实践教室和实训基地的建设、设备的购置和更新、师资队伍的培训以及劳动教育相关研究的支持等。同时，政府还应加强对学校劳动教育设施的标准化建设，确保设施的质量和安全性，为劳动教育的开展提供有力保障。其次，政府应积极探索多元化的资金来源渠道。可以引导并鼓励地方企业、社会组织和个人对劳动教育的支持，通过捐赠、赞助等方式为劳动教育事业提供资金支持。为了激发企业和社会各界的积极性，政府可以制定相应的政策优惠和激励机制，如为参与劳动教育的企业提供税收减免、荣誉证书等，让企业在支持教育的同时也能获得一定的回报。

第二，健全人才机制以优化学校师资队伍是确保劳动教育深入实施和取得实效的关键举措。教师是劳动教育的核心力量，他们的专业水平和教学热情直接关系到劳动教育的质量和成果。首先，要确保劳动课程教师在评聘考核、专业发展等方面与其他专业教师享有同等待遇。这不仅是对教师劳动价值的尊重，也是激发教师工作积极性和创造性的重要手段。在评聘考核中，应充分考虑劳动课程的特点和难度，制定合理的评价标准，确保劳动课程教师能够得到公正的评价和待遇。同时，要关注劳动课程教师的专业发展，为他们提供必要的培训和进修机会，帮助他们不断提升教学水平和专业素养。其次，建立劳动课程教师特聘制度，吸引具有丰富劳动经验和精湛技能的社会专业人士参与劳动教育。这些人士可以是劳动模范、工匠大师等，他们可以通过开设讲座、指导实践等方式，将自己的经验和技能传授给学生，帮助学生更好地理解和掌握劳动技能。这不仅可以丰富劳动教育的内容和形式，还可以提高学生对劳动教育的兴趣和参与度。最后，建立中小学和职业院校与普通高等学校之间的人才共享机制。这种机制可以促进不同学段之间的教师交流和合作，实现教育资源的优化配置。普通高等学校可以为中小学和职业院校提供劳动教育专业师资支持和培训服务，帮助他们提高劳动教育的专业水平和教学质量。

第三，健全劳动素养评价制度也是确保劳动教育深入实施和取得实效的重要环节。劳动素养的培养涵盖了精神观念和实践能力两个层面，因此评价制度需要全面、科学、客观地反映学生的劳动素养水平。首先，建立多维度评价体系是健全劳动素养评价制度的基础。除了传统的课堂表现和考试成绩，还应将学生的日常劳动表现、参与劳动活动的积极性、创新能力和团队协作等方面纳入评价范畴。这样的多维度评价体系能够更全面地反映学生的劳动素养状况，有助于发现学生的优势和不足，为他们提供更有针对性的指导和帮助。其次，针对不同学习阶段学生的特点，制定差异化的评价标准。不同学习阶段的学生在身心发展、认知水平和实践能力等方面存在差异，因此劳动教育的内容和目标也应有所不同。在制定评价标准时，应充分考虑各学习阶段学生的实际情况，确保评价标准的针对性和有效性。

第四，在健全外部监督机制方面，我国已经进行了一系列积极探索。例如，教育部发布的《大中小学劳动教育指导纲要（试行）》从完善教育督导体系、落实主体责任、核查基本内容、处理督导结果等方面加强了对学校劳动教育实施情况的监督。相关政府部门也加大了对学校的监督和指导力度，并公开督导结果，以促进舆论的监督作用。然而，健全外部监督机制还需要进一步努力。一方面，需要完善相关法律法规和政策文件，为外部监督提供有力的法律保障和政策支持。另一方面，需要加强监督机构的建设和人员培训，提高监督工作的专业性和有效性。同时还需要加强与社会各界的沟通和合作，形成全社会共同关注和支持劳动教育的良好氛围。

第五章

家庭教育与学校教育
协同发展的概念

第 一 节

家庭教育与学校教育协同发展的
具体内涵

家庭与学校构成了家校合作的核心参与者。作为社会的基本单元，家庭建立在婚姻、血缘或领养关系之上，家庭的教育角色是其根本的内在职能之一，不仅负责向社会输送生物学意义上的个体，更重要的是培养能够正常参与社会的个体。历史长河中，家庭教育通常被认为是一种私密领域内的行为，其以一种隐性、渐进的方式对孩子进行教育和塑造。而学校代表着一种有计划、有组织的教育形式，通过系统化的教育活动来培养学生。学校在为社会培养能够做出贡献、积极参与社会生活的人才方面起着关键作用。

当家庭和学校共同参与教育时，两者之间建立了一种紧密且互补的联系，它们不仅相互作用，还共同协作。孩子的全面发展，包括身心健康，依赖于家庭教育与学校教育的紧密合作。因此，可将家校合作作以下定义：在平等独立的基础上，家庭和学校以学生的全面发展为共同目标，结合各自优势，通过合理的分工与科学的协调，进行高效、有价值且成果显著的教育活动。

在家校合作的语境中，参与各方，无论是家庭还是学校，均享有平等的地位，不存在任何形式的隶属或主从关系。从社会学的角度来看，合作本质上是依赖关系中的个体或团体采取的协同行动。这种合作必须建立在平等对话和相互协商的基础之上，因为只有在平等的环境中，各方才能实现观念的真正融合。有效的家校合作关系必须确保各方地位平等，这体现在对各自人格、权利的尊重以及共同承担的责任上。

家校合作的重点是实现家庭和学校之间的资源共享和优势互补，形成家校协同发展的整体效应。家校合作不是一种新颖的教学形式，它是以多种形式相结合实现家长和学校的互通，实现资源的分享和集成，把学校教育和家庭教育有机地融合起来，促进学生的综合发展。总之，家长对学校教育的介入和对学校对家庭教育的引导，实质上是家校间的资源交互和融合。

家校合作的核心目标在于充分发挥教育合作力量，促进学生的全面发展。任何脱离这一目标的合作都难以称得上是真正意义上的合作。教育活动作为社会培养人才的关键途径，家校合作在其中扮演着不可或缺的角色。通过双方的协同努力，家校合作致力于将孩子塑造成为具备全面、多元和丰富特质的个体。这种合作需要家庭与学校共同树立全局观念，设定长远的战略目标，确保合作始终围绕育人的初衷展开。有的时候，有些行为表面上看起来没有对孩子的整体发展起到很大的作用，但是其实对孩子的教育却是潜移默化的。例如，通过开展家长公开课活动，使父母更好地认识和理解学校的办学思想。这些活动虽非直接针对学生发展，却无疑属于家校合作的范畴，共同为孩子的成长营造更好的环境。

第 二 节

家庭教育与学校教育协同发展的时代特征

一、合作目标：育人为本与立德树人

教育旨在培养个体的全面发展，包括人性、德性和理性等方面。在2018年9月10日的全国教育大会上，习近平总书记明确了"培养德智体美劳全面发展的社会主义建设者和接班人"的新时代教育目标，这为家校合作育人赋予了鲜明的时代特征。教育的核心在于立德树人，家校合作作为教育活动的重要组成部分，也应致力于培养具备综合素养和全面发展的社会人才。然而，现实中，部分家长和学校过于关注学业成绩，导致补习班盛行，这与教育的初衷和家校合作的真正价值相悖。

传统的教育模式往往过度强调知识传授和考试成绩，忽视了学生的全面发展。家校合作应更加关注学生的全面成长，而非仅仅局限于学业成绩。应试教育的影响使家庭和学校容易忽视学生的品德、个性以及身心健康，造成了一些问题，如意志薄弱、依赖性强、缺乏社会责任感等。因此，家校合作应坚守育人立场，将学生视为教育主体，尊重其个性，培养其学习兴趣和探索精神。家校合作应树立大教育观，坚持正确的育人导向，不仅关注知识学习，更要注重学生的道德品行和心理健康，其目标是共同培养社会主义新时代的全面发展人才。

二、合作内容：学校指导与家长参与

家长和学校的合作目的在于提升孩子的综合素质，所以他们必须密切合作，一起努力提升教学水准，充实教学内涵，提高教学水平。家长对学校的教学、管理等活动的介入，是为了提高学校的总体成效。此外，学校亦主动协助家长进行家庭教育辅导，针对不同的父母特征及教育需要，协助父母提高教学水平。父母的参与不仅仅局限在对学生进行常规教育，例如接送孩子、检查作业等方面，还应该延伸到其他层次的教育管理中去，家长会议、家长公开日和家长会是家长深入参与的主要方式，内容包括学生道德建设、学校文化建设、课程开发和劳动教育等。同时，也要鼓励有专长的父母，参加课堂教学及课后辅导，以充实教学资源，提高教学品质。

三、合作方式：线上与线下交互进行

伴随着互联网的迅猛发展，新媒体的出现为家庭和学校之间的协作提供了空前的契机。家长会、开放日、家访等往往受到时间、资金等因素的限制，使得家长参与程度较低，信息传递效率较低。钉钉、腾讯会议、微信公众号、企业微信等互联网平台，为家长与学校交流开辟了一条崭新的道路。一方面，通过对各类互联网平台的灵活运用，可以开展家庭与学校在线协作，实现家长与老师的跨区域、即时的沟通。通过直播讲座、视频会议等方式将家庭教育相关信息传达给老师和家长，不仅可以缓解家长在线上参加的困难，还可以拓宽协作的覆盖面，鼓励家长参加活动。但是，网上家校合作虽然便利，但并不能取代传统意义上的线下协作。譬如，由学校举办的家长公开日，可以让父母对校园的教育有一个直接的认识，对学生在学校的学习情况有一个更直接的认识。为此，家庭与学校之间应该做到线上与线下相融合，并利用其自身的特点来推动孩子的健康发展，以最大的限度发挥家校合作的作用。

四、合作过程：平等对话与共同行动

家校合作，其本质是人与人之间的协同努力。在这一过程中，无论是家庭还是学校，都是平等的合作主体，各自独立，没有上下级之分。随着孩子的成长，家庭和学校的影响力可能会有所变化，但合作的基础始终不变。尽管现在教师与家长的合作日益频繁，但两者之间的矛盾和冲突也时有发生。其中一个核心问题在于双方缺乏有效的沟通，有时教师可能未能充分尊重家长，而家长也可能对教师持有疑虑。真正的合作必须建立在彼此信任与尊重的基础之上。通过平等的对话和共同的行动，双方都能从中获得成长，这样的合作才能持久并朝着共同的目标前进。

平等对话，首要的是确保家校双方的地位平等。家庭与学校之间并非简单的主体与客体的关系，而是一种相互作用的主体间关系。在这种关系中，双方都是自由的、自主的，能够真实地表达自己的意愿和需求。家校合作作为一种自愿的行为，其发生与否、合作的内容和形式，都受到合作主体的自身条件和意愿的影响。任何一方都不应被强迫参与或牺牲自己的利益。教育的责任重大，家校合作的目标就是在明确各自责任的基础上，共同承担起教育的重任，为学生的全面发展而努力。家长选择与学校合作，是为了孩子的教育利益；而学校需要家长的配合，则是为了培养合格的社会公民。尽管双方的目的有所不同，但都是以学生为中心。家校合作的过程，是一个不断自我反思、调整的过程，也是一个建立共同行动方案和目标的过程。如果双方的合作行为存在分歧或不同步，合作的效果就可

能大打折扣。因此，家校双方需要树立一个长远的、具有战略意义的合作愿景，共同努力，为学生的成长和发展创造更好的条件。[①]

第三节

家庭教育与学校教育协同发展的意义

一、家校合作有利于推动教育改革

科技进步和信息时代的浪潮，推动了全球化的加速，加强了不同国家和民族间的交流，但也带来了不同文明间的碰撞。人类社会正经历着深刻的变革，这样的社会变革对教育的影响尤为显著，为学校教育带来了发展机遇，也带来了诸多挑战。青少年作为国家和家庭的未来，其教育问题自然成为焦点，引起了家庭、政府和学术界的广泛关注。全球化背景下，各国纷纷从不同层面对社会发展与教育关系展开研究，为教育的改革与发展提供了多元的视角。在教育与家庭关系方面，著名教育家苏霍姆林斯基曾强调家庭与学校共同参与教育的重要性，指出只有双方的紧密结合，才能培养出全面发展的人才。因此，提升教育质量，必须重视家庭在教育中的作用，特别是加强学校与家庭之间的联系。英国教育家将家庭与学校的合作形式分为三种，从低度参与到高度参与，再到正式组织性的参与。然而，目前我国家校合作的形式主要停留在低度参与阶段，需要向更高程度和更正式、更有组织性的参与迈进。传统的家校合作方式，如家长会、家长公开课等，虽然有助于家长和教师全面了解情况，但往往家长只能被动接受信息，缺乏表达意见的机会。这导致家校合作在发现问题、解决问题以及发挥学生潜力方面存在不足。

自 20 世纪 80 年代以来，我国一直在进行教育体制改革，其中课程改

---

① 胡倩倩. 家校合作的现实审思与关系重构［D］. 桂林：广西师范大学，2022.

革是基础教育改革的重要组成部分。新课程改革使中国教育进入了一个全新的阶段，为学校的进步与发展提供了新机遇。然而，家校合作在教育改革中仍面临挑战，尤其是家长对新课程改革的陌生和不理解。为了取得良好的教育效果，促进学生全面发展，学校需要积极将家长纳入教育资源，探索新的家校合作模式。因此，在当前教育背景下，我们应结合新的教育政策，改进传统的家校合作方式，根据每位学生的特点和成长背景，提供科学、合适的教育环境，打造新型家校合作模式，共同为学生的健康成长和学业进步贡献力量。

二、家校合作为学生健康发展提供有力保障

家庭与学校在孩子成长的道路上都扮演着至关重要的角色。随着时代的进步，家长越发重视素质教育，而学校也越发认识到家庭教育的重要性。两者都旨在培养孩子成为全面而优秀的个体。家庭教育作为孩子成长的基石，与学校提供的教育资源相辅相成，共同为孩子的成长助力。在当下，家庭与学校不再是孤立的个体，而是相互依存、共同前行的伙伴。家庭教育需要学校教育的指导，而学校教育也离不开家庭教育的支持。特别是在小学阶段，这是孩子心理发展、习惯养成和价值观形成的关键时期，家庭与学校的合作更是不可或缺。然而，随着科技的发展，网络信息的涌入也给孩子们带来了诸多影响，其中不乏一些负面影响。为了引导孩子正确看待这些信息，形成健康的价值观，家庭与学校需要携手合作，共同为孩子营造一个健康的成长环境。教育改革的深入让更多人认识到，教育是一个系统工程，需要家庭、学校、社会等多方面的共同努力。通过家校合作，可以帮助孩子形成正确的生活方式、培养良好的道德品质和科学文化素养，为他们未来的可持续发展奠定坚实的基础。为了实现这一目标，学校和教师应当积极与家长沟通，通过家长会、家长委员会等渠道，向家长普及教育知识，推动家庭教育与学校教育的同步发展。只有这样，才能真正实现家庭与学校的紧密合作，共同为孩子的健康成长和全面发展贡献力量。①

————————————

① 李佳欣. "双减"背景下小学家校合作模式探究［D］. 哈尔滨：哈尔滨师范大学，2023.

三、家校合作可以更好地适应现代家庭变迁

时代的车轮滚滚向前，家庭的面貌也在不断变化，这种变迁不仅影响着每一个家庭，更深远地塑造着学校教育的面貌。首先，可以观察到许多家庭形态上的变革，如晚婚、离婚、再婚、同居、不生育以及人口老龄化等全球趋势，它们正在悄然改变着学校教育的格局。

首先，据国家统计局公布的第七次全国人口普查数据显示，中国家庭规模正在逐渐缩小，平均家庭规模已降至 2.62 人。同时，独居老人的比例持续上升，单亲家庭、双收入无子女家庭以及跨代家庭的数量也在急剧增加。此外，随着流动人口的不断增多，流动家庭和留守家庭的数量也呈现出明显的增长趋势。这些新型家庭特征的出现，无疑给教育带来了前所未有的挑战和压力。其次，家庭的功能也在发生着变化。传统的家庭角色和职责正在被重新定义，这对学校教育提出了更高的要求。家庭的功能包括情感支持、保护与照顾、教育与社会化、生理关怀、经济支持、娱乐等方面。随着少子化趋势的加剧，一些父母过度保护孩子，总是试图解决孩子面临的一切困难，他们被称为"直升机父母"。此外，随着教育水平的提高，很多家庭将孩子的教育交给了外部教育机构，使得孩子从小就接受更长时间的学校教育。最后，家庭结构发生了变化。根据《中国家庭发展报告 2015》，由一对夫妇和一个孩子构成的核心家庭所占百分比为 64.3%。在以独生子女为主的家庭，老人的权力日渐弱化，传统的尊重、责任和义务的概念被平等、自由和民主所代替。当代的家庭已经相对于传统的家庭有了很大的改变，而这种改变也在潜移默化地对学校的发展趋势产生着深远的影响。其中一个明显的改变就是父母在孩子的教育上花费了更多的金钱。尤其是在独生子女的家庭中，父母更是把教育看作是孩子一生中最重要的一项投入。父母期望通过增加对孩子的教育投资，给孩子一个良好的学习条件，使他们在残酷的就业市场上处于有利地位。另外，很多大都市的父母都受过良好的教育，他们的思想比较超前，自身素质也在不断提高。父母除了通过多种方式来充实自身的学识、提高自身的教学技能外，也在校园内积极地参加教学活动，并与学校及教师密切配合，一起促进孩子的发展。家庭教育书籍的流行，也反映出父母对教育的关注与投资。

第六章

小学阶段家庭教育与学校教育
协同发展面临的困境与原因

第 一 节

小学阶段家庭教育与学校教育
协同发展面临的困境

一、家校双方合作意识薄弱

（一）双方对合作缺乏了解

　　大部分教师和家长对小学家校合作的重要性有了深刻的认识，他们意识到合作是促进学生全面发展的关键，这为家校合作的顺利进行打下了坚实的基础。然而，要制定出真正有效的家校合作策略，还需对家校合作的现状进行深入的调查与分析。根据调查和访谈结果，大部分教师和家长对家校合作活动有所了解，并能积极参与其中，共同为学生的成长营造良好的教育环境。在实践中，教师和家长都倾向于采用多种方式开展家校合作，以期达到更好的教育效果。但值得注意的是，仍有一部分教师和家长对家校合作的实质和内涵理解得不够深入。尤其是在小学低年级阶段，有些家长仅将家校合作看作是参加家长会等形式化的活动，而未能真正领会合作的深层意义。此外，一些新入职的教师对家校合作的组织形式和方式也缺乏清晰的认识，认为只要举办家长委员会或家长学校等活动就足够了，没有充分意识到教师在家校合作中的重要作用。这种对家校合作实质和内涵认知的不足，导致家长和学校之间难以形成真正的合作共识，从而阻碍了家校合作的深入发展。因此，需要进一步加强家校之间的沟通和交流，提高双方对家校合作的理解和认识，确保家校合作能够真正发挥其在促进学生全面发展中的重要作用。

（二）双方合作角色模糊

受传统教育观念的影响，家长往往过分尊崇学校教育，将教师视为权威，自己则扮演从属和服从的角色。通过调查发现，低年级的家长，尤其是新生家长，普遍认为满足教师要求就是家校合作的全部。而中年级的家长则常感觉自己在家校合作中处于被动地位，将提供学校活动服务视为合作的主要任务，如参与运动会场地布置和器材提供等。这种对家校合作角色的误解，使得家长局限于服务者的角色，忽视了他们也可以成为班级事务的组织者和决策者。与此同时，部分教师也存在对家校合作角色定位不清的问题。一些经验丰富的教师受传统观念束缚，将家长视为学习者，认为家长在教育方面的发言权有限，应接受教师的指导。另外，有些教师则将家长视为监督者，因为家长的关注使他们感到教学和管理受到制约。长期以来，学校教育的主导地位导致家校合作中家长缺乏主动性，家校合作往往流于形式，效果不佳，偏离了真正的合作目标。因此，需要重新审视家校合作中的角色定位，明确双方的权责边界，促进真正意义上的家校合作，共同为学生的成长创造更好的环境。

二、家校双方合作内容匮乏

（一）合作目标比较片面

教育的核心使命是塑造德才兼备的人，也就是解决培养何种人才、如何培养、为谁培养的问题。家校合作中，双方虽然沟通内容广泛，但对某些关键问题的关注程度仍显不足。教师普遍更关注学生的全面发展，而家长群体中，只有少数意识到家校合作的真正目的在于孩子的全面发展。多数家长仍然主要关注孩子的学习成绩和在校表现，对其他方面的重视程度较低，这可能对孩子的全面发展和人格形成造成不利影响。一些家长不自觉地偏重于孩子的学业，而对于其他重要领域如思想道德、行为习惯等，虽然也给予关注，但往往忽视了孩子的身体健康、心理辅导、劳动教育等方面，这些同样是孩子全面、和谐发展的关键要素。许多家长将学习成绩视为教育的核心目标，一旦学业成绩好，对其他方面的关注就相对减少。然而，必须明确，教育的目标是为党育人、为国育才。家庭、学校、社会应该携手合作，使学生的身心得到充分的发展。家庭与学校之间的关系因其关注程度的不同而受到限制。要以人的整体发展为导向，包括课程学习、道德修养、心理健康、思想道德、人格发展和劳动习惯等方面。同时，学校、家庭甚至整个社会都应该重视生命与安全的教育。若家长未能明确家校合作的目的，就会导致教育观念和目标的不一致，影响学生的持续发展。学生在学校养成的良好习惯可能因家庭环境的差异而无法得到巩固，家校之间的一致性受损，孩子的教育出现分歧。因此，加强家校合作，明确共同的教育目标，对于孩子的全面发展至关重要。

（二）合作内容缺乏深度

对家校合作和学校管理现状调查分析发现，通常学校在三种情况下会主动与家长联系。第一种是涉及孩子的安全问题，如生病发烧或受伤，学校会第一时间联系家长。第二种是在社会交往中，孩子可能出现行为问题，如碰撞他人、拿走他人物品，或言语伤人等，这些道德行为和社交习惯上的问题学校也会与家长沟通。第三种是学业方面，当孩子在正常的课堂学习中遇到困难，如听讲分心、作业未完成，以及出现其他与学习相关的问题时，学校一般会及时联系家长。

观察发现，教师和家长之间的沟通合作往往局限于孩子出现问题时，这种模式带有消极情绪，缺乏连贯性和计划性，仅停留在解决短期问题的层面。这种模式内容单一，效果不持久，无法充分服务于学生的全面发展，其教育力量有限。为了改变这一现状，一些学校正努力探索积极的合作方式，以消除日常合作中的消极思维。例如，学校会在特定时期发布关于学生的报告，强调正面沟通的重要性，让学生和家长感受到沟通不仅限于问题处理，也包括分享好消息。教师也会关注孩子在特定活动中的表现，积极寻找他们的发展优势。当孩子取得显著进步或积极转变时，教师会主动与家长沟通。然而，这种积极意义的沟通合作往往受限于教师的工作负担，许多教师因忙于处理当前问题而无法持续推进。因此，虽然学校和教师有意愿改变合作模式，但在实际操作中仍面临诸多挑战。为了促进家校之间的有效合作，需要进一步探索和创新合作模式，确保沟通合作具有连贯性和计划性，能够真正服务于学生的全面发展。同时，教师也需要在繁忙的工作中合理安排时间，确保与家长进行有意义的沟通，共同为学生的成长和发展贡献力量。

（三）社会合力相对不足

要使家庭教育取得实效，需要学校与家庭的密切合作，而全社会的大力支持是提高其成效的关键。从《家庭教育促进法》中可以看出，要发挥整个社会的合力，共同推进家庭教育工作。教育是一个庞大而又复杂的系统工程，仅仅依靠一个学校或者一个家庭的力量很难完全解决儿童在成长过程中所面临的种种问题。因此，家校之间的联合是远远不够的，还需要整合社会的教育资源，形成多方合作的格局，相互支持，共同推动教育的发展。然而，目前的合作现状显示，除了某些程序性要求外，社会组织直接参与学校管理和学生管理的程度相对较低，社会参与度有待提升。大多数家长往往认为学校是最直接且容易接触的教育场所，而对于社会参与则感到相对抽象和迷茫，不清楚如何有效参与，并期待有实际的机构或资源平台来提供支持和协作。社会是一个庞大的体系，教育作为其中的一个子系统，必须与其他系统相互合作，才能确保顺利运转。因此，不能将教育局限于学校或家庭的范畴，而是需要积极在学校之外寻找并拓展更广阔的教育空间，实现教育的全面发展。

三、家校合作形式单一

（一）双方合作层级较低

目前小学常见的家校合作方式包括电话沟通、家长会、网络交流、面谈或家访等。然而，这些方式往往显得较为单一，主要局限于教师和家长之间的一对一交流，缺乏具体、系统的方法来指导后续的教育工作。在信息化时代，教师与家长的联系主要通过家长群来发布信息和通知，虽然这种方式看似便捷高效，但也存在一些问题。教师在群里发布作业和需要家长配合的工作，但往往难以整合所有家长的反馈。有些教师可能将发送通知视为主要任务，而未能深入了解家长在学生学习过程中的困难和需求，也无法及时获取学生学习效果的反馈。这种情况导致家校之间的有效沟通不足，难以形成真正的互动与合作，进而影响了教师的教学效果。根据国内外家校合作理论研究的观点，当前小学的家校合作主要停留在形式化的低层次阶段，缺乏实质性的信息交流，这对于真正的合作与交流是不利的。

（二）整体合作规划缺失

当前小学家校合作面临诸多挑战。其中，一个突出的问题是合作活动缺乏系统性规划，显得较为随意和盲目。在交流层面，我们发现只有少数教师每学期能与家长进行五次以上、时长超过三十分钟的深入沟通，而部分教师和家长之间的交流几乎为零。教师与家长的交流往往是被动的，多发生在学生成绩或行为出现问题时，缺乏定期的、有计划的沟通机制。此外，学校组织的合作活动往往缺乏明确的目标导向，导致一些教育讲座形式大于内容，未能提供针对不同学习阶段的实质性指导。同时，这些活动在收集家长反馈方面也存在不足，无法及时回应家长的关切问题和建议，从而影响了家校合作的深度和效果。尽管一些学校领导试图通过创新家校合作形式来推动改革，如推出班班万事通、百师访百家、亲子共成长、家长大课堂等新模式，以期促进学生、家长和教师之间的协同发展。然而，由于学校资源的限制，这些创新性的合作模式尚未得到有效实施，仍停留在概念层面，未能转化为实际的教育力量。

四、家校双方合作失界

长久以来，学校教育因其明确的目标、专业性、组织性和科学系统性而被广泛认为是社会实践活动的重要组成部分。相较之下，家庭教育则更侧重于生活化的教育形式。这种传统观念导致家庭教育在家校合作中常被边缘化，未能充分发挥其应有的关键作用。然而，随着"互联网+教育"模式的深入发展，教育主体、资源和空间得到了极大的拓展。这一变革不仅丰富了家庭教育和学校教育的内涵，也不可避免地增加了家校合作边界的模糊性。这种模糊性使得家校合作面临"失界"的困境，具体表现在以下几个方面。

（一）学校教育向家庭教育的"越界"

家庭是儿童第一次接受教育的场所，对个人的发展起着关键的作用。但是，在很长一段时间里，人们一直把家庭教育看作一种私有的行为，它的作用模式具有很强的习惯性和不可控性，它不受时间、空间的限制，它根植于家人之间的交往。相对于学校的教学而言，家庭教育由于其生活特征，常常被误认为为单纯的物质养育，从而造成了非专业、非标准的教育形态。这就造成了学界对于家庭教育问题的重视不够，对家庭教育的基本价值与性质的认识还比较模糊。在现代教育体制下，教育是以培养和选择人才为中心的，这也使得它对家庭教育的压力越来越大。这种挤压不仅体现在教育资源的分配上，更体现在教育理念和方法的渗透上。家庭教育的空间被逐渐侵蚀，其自主性和独立性受到挑战，出现了学校化的趋势。这种趋势在家庭教育的多个方面都有所体现。在教育目标上，升学导向成为家庭教育的核心原则，家长往往过分关注孩子的学业成绩，而忽视了其全面发展。在教育内容上，家庭教育逐渐承担起学校教育的知识传授功能，家庭成为学校的延伸，孩子的课外活动也被学习任务所占据。在教育主体上，家长逐渐沦为教师的助手，承担起原本属于教师的职责，如批改作业、监督学习任务等。这种角色转变不仅增加了家长的负担，也模糊了家校合作的边界。必须认识到，家长虽然有责任指导和监督孩子完成学校的学习任务，但这并不意味着他们需要承担教师的全部职责。批改作业等本应属于教师的职责，不应成为家庭教育的重点。这种边界的模糊不仅不利于家庭教育的健康发展，也影响了学校教育的效果。因此，需要重新审视家校合作的边界问题，明确各自的角色和职责，以促进家庭教育和学校教育的协同发展。

（二）家庭教育对学校教育的"干预"

学校长久以来被视为传递文化知识的核心阵地。然而，过度强调科学主义导向使得学校教育在人文、精神、理想、人格、个性等关键方面的培养上显得力不从心。鉴于此，学校教育正经历着深刻的反思与改革，致力于培养全面发展的个体，并尊重每个人的独特个性。同时，学校也努力拓展课后服务，丰富教育内容，以适应时代的需求。不过，这种改革在某种程度上让学校教育的职能定位变得模糊，承担了过多的教育责任。与此同时，随着家长教育水平的提升，他们越来越关注孩子的学习与发展，对参与学校教育事务的期望也在持续增强。但问题在于，当家长的"参与"与"干预"之间的界限变得模糊时，家校合作的初衷也随之变得难以捉摸。

（三）家庭教育和学校教育的"不对等"

家校合作对于降低教育风险、提升教育成效具有重要意义。然而，当前家庭教育与学校教育在合作过程中存在着边界模糊、不对等的问题。首先，在家校合作的目标设定上，虽然双方都声称以促进学生的全面发展为目标，但实际上，学校往往受到高考"指挥棒"的影响，更侧重于提升学生的学业成绩。这导致学校倾向于为成绩优秀的学生提供更多支持，而对于成绩不佳的学生则可能有所忽视。与此同时，家长普遍不会放弃对子女的教育投入，会积极寻找其他途径支持孩子的成长。然而，由于当前教育体制缺乏多元发展机会，使得成绩不佳的学生的家长在与学校合作时感到困惑和无助。其次，在家校合作的内容上，家长的参与仍然局限于辅助学校工作，如检查作业、参与家长会等。他们未能全面参与学校的教学和管理工作，这使得家校合作的深度和广度受到限制。再者，家校合作的方式也相对单一，主要依赖于家长会、电话联系和家访等传统形式。这些方式虽然方便，但缺乏创新和实质性的效果，未能充分发挥家校合作的潜力。最后，在合作的组织方面，学校往往掌握着主导权，负责安排家长委员会、家长会等活动。这种单向的组织方式可能导致家校合作流于形式，未能真正实现双向沟通和共同协作的目标。[①]

五、家校合作管理机制失效

（一）合作机制不规范

尽管我国近年来高度重视家校合作，并出台了一系列法律与政策进行引导，但在实际执行中，部分学校开展的家校合作活动仍显得不够规范化和系统化。特别是在农村小学，由于缺少规范，缺少制度上的制约与监管，使得家校合作缺少深度的反思与探讨。目前，在实施过程中，家长与学生之间存在着很大的盲目性。尽管有部分学校在领导的指导下进行了一系列的家长—学生互动，但是存在着深度不够、形式单一、效果不佳等问题。此外，一些学校名义上设立了家长委员会、家长学校等组织，但事实上，它们仅仅是用来完成一些宣传任务的工具，只是走个过场，没有充分地发挥家庭和学校的协作功能。在合作机制不完善的情况下，在学校这一层次无法得到上级机关的切实引导和公众的监管，缺少对教师的绩效评估，在父母这一层次很难发挥其参与管理和评估的权利。这就导致了小学的家校合作变成了一种"软任务"，没有任何约束力，各学校按照各自的需求自行去执行，计划、过程、效果均不尽如人意，没有充分反映出家校合作的内涵与价值。

（二）合作地位不平等

从理论层面来看，家校合作应当是一种双向、平等的交流活动，学校教育与家庭教育相互支持、相互服务。然而，尽管一些学校已经认识到家校合作的重要性，但在实际操作中，学校往往占据主导地位，单向灌输信息，而家长则处于被动地位，只能配合学校的工作。这种不平等的合作地位导致家校之间的互动缺乏深度和效果。例如，在常见的家长会中，学校领导和老师通常是主讲人，他们在台上宣讲教育政策和学生情况，而家长

---

① 滕洋. 试论家庭教育与学校教育的合作边界[J]. 当代教育科学，2022(02)：17-24.

则只能作为听众，缺乏表达意见和需求的机会。这种单向沟通模式使得家校合作逐渐演变为一种上下级的指导关系，抑制了家长参与合作的积极性。

六、家校合作主体素养不足

（一）教师层面

1. 教师指导能力受限

家校合作和家庭教育指导已经成为当今教师所必备的素质之一，因此如何加强教师队伍的培训，提升他们的专业水平已成为当务之急。与城市家长相比，农村学校的家长在家庭教育方面通常更缺乏相关能力，并且很少有提升自身教育水平的机会。因此，对农村学校教师在家校合作和家庭教育指导方面的要求更为迫切。

农村学校倾向于选拔年轻、充满活力且富有上进心的教师担任班主任等关键职务。然而，这些年轻教师虽然对教育充满热情，但普遍缺乏相关知识和经验。他们在大学阶段或初入职场时，往往没有接受过全面而系统的家校合作培训，导致对家庭教育的理论和实践了解不足，指导能力有限。所以，面对父母在教学上所遇到的问题，有些老师觉得自己无法胜任，往往要依靠学校的教学经历来引导父母。这就使得父母的家庭教育变相沦为了一种学校教育的扩展，没有形成独立的、有针对性的教育途径。

2. 科任教师意识缺失

在农村小学，教师往往承担着家长和学生之间的协作和家庭辅导的责任，而教师却被局限在了自己的工作岗位上。一方面，许多农村老师没有充分意识到自己身为教育工作者应尽的责任，常常把家校关系当作学校德育处或班级管理部门的一项特殊工作。另一方面，农村小学的教师资源比较紧张，部分老师身兼数职，工作忙碌，更加注重所教授科目的成绩。这种情况下，科任教师对于家校合作往往持漠不关心的态度，缺乏育人意识，也造成了教育资源的浪费。面对学校组织的家校合作活动，家长往往只是形式上的参与,真正的交流多由班主任承担。这不仅增加了班主任的负担,也使得家校合作的内容逐渐变得单一。①

(二)家长层面

1. 家长的职责意识有待提高

家校共育中,尽管问题多样复杂,但沟通教育理念并达成共识是关键所在,家校观念的一致性是至关重要的。通过对家校合作的现状进行分析,发现父母与老师在观念上都认同家校合作的重要意义,并且大部分父母都意识到了自己的家庭责任。但是在学校和家庭的日常协作和交流中,家长并没有很好地贯彻落实,这就造成了在态度和行为上的差异。从一定意义上讲,学校教育也是家庭教育的继续、提升和发展。有些家长忽略了教学的责任,把所有的责任都放在了学校身上。其实,没有好的家庭教育,也谈不上高质量的教育。为此,要提高父母的素质,使其对自己的教育职责有更深的了解,从而使家庭和学校能够共同努力,一起做好教育工作。

2. 家长的角色定位不够准确

家长在参与家校合作时,往往存在自我定位不准确的问题,这主要由两方面原因导致。一方面,他们对家校合作中家庭教育的理念存在误解和片面理解,对自身教育义务不够清晰;另一方面,家长在家校合作活动中普遍缺乏参与感和归属感,更多时候处于被动地位,因此更倾向于将自己视为监督者、志愿者或普通参与者。从教师角度来看,尽管大多数教师能正确理解家庭和学校的关系,但仍有部分教师对此缺乏了解。当面对家长缺乏正确教育方法的情况时,教师的职业优势可能使他们在合作中占据强势地位,频繁要求家长承担责任。这种不对等的合作关系阻碍了教师和家长之间的平等交流。因此,无论是家长还是教师,都需要通过科学的教育指导来深化对家校合作的理解。特别是家长群体,他们对提升家庭教育的

---

① 陈佳丹. 上海农村学校家校合作的影响因素及优化策略研究[D]. 上海：华东师范大学,2022.

需求非常迫切，需要在教育观念层面进行深入的交流，并获得实际方法的指导。这样，家校双方才能建立更为和谐、有效的合作关系，共同促进学生的全面发展。

第 二 节

影响小学阶段家庭教育与学校教育协同发展的因素

一、学校因素

（一）学校沟通引导的及时性

自孩子步入学校起，学校与家庭间便形成了一种伙伴关系，共同致力于孩子的全面成长。学校承担着为家长提供便捷沟通渠道的责任，这是保障家长及时获取重要信息的关键。因此，学校在日常工作中是否积极构建这些渠道，是否保持与家长间的持续沟通和信息同步，以及信息更新的及时性，都显得尤为重要。在义务教育阶段，特别是小学阶段，由于孩子独立决策能力有限，其意见往往映射出家长的需求和关切。因此，孩子的成长和学习生活需要家校之间的密切沟通与协作，而非让家长在感到一无所知时才去寻求教师的帮助，那时可能已错过最佳时机。

学校在教育过程中，应当及时指引家庭教育的重点方向，包括向家长传达学期或学年的教育规划，并定期给予中期反馈。学校若能提前告知家长近期的教育目标，将极大地促进家校间的配合。例如，学校可以阐明下学期的目标及每月的具体任务，这种明确的引导与沟通对于家校合作至关重要。家长在工作中通常都有自己的规划，若能将此方法应用于家庭教育中，并与学校协调配合，安排好合作节奏，那么家校合作的效果将更为显著。学校引导家庭教育，并非增加家长负担，而是为了更好地发挥教育的整体效应。

（二）学校对家校沟通环境的重视度

家校间是否能形成高效且良好的沟通，在很大程度上取决于双方所处的生态环境。这一良好的生态环境涵盖了两大方面：一方面，家庭与学校需渐进地构筑起一种正向的工作关系，确保家校间的每一次互动都充满积极氛围；另一方面，这种积极的工作关系应当贯穿于所有家庭与学校的活动之中，成为推动双方合作与交流的稳固基石。

建立积极的家校工作关系是至关重要的，应把它放在任务的首要位置。在此基础上，家校双方还需共同构建一种共享的理解。即便双方关系融洽，若对某一事项持有不同观点，也可能导致行动受阻。因此，在关系良好的前提下，针对具体问题，双方应努力达成相互认可或至少理解的状态。学校的各项举措都可能成为讨论的焦点，因此家长的认可与理解尤为关键。在友好氛围与稳定心态的支撑下，双方可共同商议，并结合各自优势及事务性质进行深入分析，这无疑是更为合理的做法。此外，学校应积极、主动地与家长展开互动，通过持续的过程性交流，明确家校间的责任分工，进而协同行动，这种沟通方式往往能够取得更为理想的效果。

（三）学校提供针对性的支持

目前，上海市的多数学校在家庭教育指导方面已有所行动，开设了一系列相关课程或活动，以满足上级对家庭教育工作的要求。学校在推进这一工作时，采取了多种中观和微观层面的措施，如家长开放日、家长委员会、主题活动日和家长会等，旨在加强与家长的沟通。然而，值得注意的是，这些活动中较少关注家长的学习成效，往往呈现单向输出的情况，使得家长可能未能获得理想的指导效果。在进行家校合作和家庭教育指导工作时，学校应明确立场，即与家庭共同致力于孩子的培育。为实现家校协同教育的目标，学校需深入了解学生和家长的实际需求，提供有针对性和实质性的支持。只有当家长感受到所学内容的有用性时，他们才会产生进一步学习的动力。过去，农村学校普遍缺乏专业的家庭教育指导师和教师培训，常采取请专家来校授课的方式。但这种形式往往缺乏系统性和连贯性，家长学完后难以将知识应用于实际，导致积极性下降。因此，家校合作应更加关注家长和学生的个性化需求。只有当家长感受到学校开展的活动和指导工作符合他们的需求时，他们才会更有动力参与。为此，学校应深入开展研究，了解学生的特点和家长的需求，以便更有针对性地开展工作。

（四）教师的专业素养

家校协同与家庭教育指导，已成为新时代教师不可或缺的素养。对于农村教师而言，提升其在家庭教育方面的指导能力尤为迫切。过往的人才培养中，师范生们往往缺乏关于家校合作及家庭教育指导的系统理论指导。农村学校对教师的专业要求相对宽松，导致许多年轻教师在上岗后，缺乏系统完整的家校合作培训，只能依靠自我摸索和经验积累。然而，当面对家长提出的专业教育问题时，这些经验往往显得捉襟见肘，教师难以提供精准有效的帮助。考虑到农村家长的教育能力普遍较低，他们更需要学校和教师的专业指导，这无疑加大了对教师专业素养的期望。因此，如何激发家长的教育意识，形成教育合力，建立切实有效的家校合作，成为教师面临的重要任务。为此，强化学校师资队伍建设，切实提升教师的职业素养，成为当前的迫切需求。踏入教育行业后，教师应持续增强自身的专业修养。面对问题，不应仅仅满足于表面的解决，而应深入剖析其本质，从专业角度提出解决方案。例如，面对家长的建议，教师需要思考这些建议是否与专业理念相符，是否存在更优的替代方案。这种专业的态度和精神，不仅有助于问题的有效解决，更能赢得家长对教师专业的尊重。教师的专业素养对家校合作的内容、方式和质量有着深远的影响。因此，学校应加大对教师的培训力度，同时，教育行政部门也应提供更多支持，共同促进教师的专业发展，为家校合作奠定坚实的基础。

（五）教师的态度和行为

家校合作需充满生机与活力，这离不开合作主体间的紧密协作。在家校之间，要想达成一种真正意义上的协作，除了家长的主动配合外，更要有一份真挚的情感。在开展教学工作时，父母与学校要从监督与被监督、从上下级的疏离感转变为同伴与朋友的关系。只有在对等的情况下，才能够进行友好的沟通，达到合力的目的。除了家长自身的因素外，教师的态度与行为对家长的参与感和效能感也起到了至关重要的作用。教师应尊重每一位家长，积极调动他们的参与热情，与他们保持频繁的沟通与交流。在交流过程中，老师要真实地向父母提出问题，并和父母一起讨论解决问题的办法，以取得父母的支持。只有在平等和谐的气氛下，双方的整体素养和交流效果才会得到切实的提高。老师如能从家长的立场出发，以家长为中心，关心孩子的发展，家长一定会感觉到老师的真诚和善意。教师的真诚是家校沟通的良好开端，它能有效激发家长积极参与合作的意愿，促使家庭教育方式发生积极的转变。

（六）学校对于家长参与管理的监督和考评机制

相较于他国教育体系，我国尤为注重学校和教育机构的标准化管理，旨在保障全国各地、各校教育活动的规范性和一致性。当前，我国教育体系展现出鲜明的同一性和标准性特征，强调内部规范，倾向于排除外部因素的干扰。这种管理模式使得学校教育表现出一种闭环性，较难对家长充分开放，进而削弱了家长与学校的参与感。在促进家长参与学校管理方面，我国教育体制尚存一些不足。目前，缺乏明确的监督机制、评价体系和激励机制来激发家长参与学校管理的积极性。因此，在多数学校中，家长的参与程度参差不齐，难以形成稳定的参与模式。学校通常只是例行接受督学的检查，而评价标准往往缺乏具体细则，对家长参与管理的过程和结果缺乏深入评估，从而影响了家长参与管理的有效性和深度。

二、家庭因素

（一）家长的文化程度

家长结构正在经历多元变化。随着人口流入，原本单一的家庭逐渐转变为多层次、多水平的复合群体。除本地家庭，因购房或务工而迁入的外来人员也加入其中。家长素质直接影响着他们对学校教育的态度和支持程度，因此，学校需要适应这种多元化，制定灵活的合作策略，以满足不同家庭的需求。

家长的文化水平对家校合作的实施具有显著影响。通常具备较高文化水平的家长更倾向于展现积极的合作态度。他们不仅能够主动吸纳和更新教育理念，还能及时发现问题并向教师提供反馈，从而促进家校间的顺畅沟通。这些家长更乐于参与学校的各类教育活动，积极配合学校工作，甚至可能深度参与学校的教育管理，成为推动家校合作的重要力量。然而，文化水平较低的家长在教育问题上的表达往往受限，对家校合作的重要性认识不足，甚至可能表现出消极态度，这在一定程度上阻碍了合作的顺利进行。这种情况下，家长难以有效融入学校的教育管理，对学校和教师产生更强的依赖性。尽管有些文化水平较低的家长支持学校教育，但由于缺乏主动性，他们的诉求常常处于被动状态，这在一定程度上削弱了家校合作的效果。

（二）家庭的经济状况

经济基础对上层建筑起着决定性的影响，但由于经济发展水平的不平衡，居民的收入也呈现出显著的极化。这一差异性不但会对子女的教育投资产生直接的影响，如物质生活、学习环境、健康和医疗费用等，还会对家长的教学观念和教学实践产生深刻的影响。居民收入不平衡问题不是独立存在的，还会使社会上的教育资源分布更加不平衡，从而导致了社会上的不公平，其后果是十分严重的。贫困家庭在接受教育方面存在着许多局限性。一方面他们很难对儿童的学习环境进行改进和优化，对儿童的人格发展给予足够的重视。另一方面，因资金紧张，他们也不可能在子女的学习上下太多的工夫，常常放任子女自己去发展。另外，经济收入较低也会造成学生的自卑感，影响他们参加课堂学习的热情。相比之下，经济条件较好的家庭在子女教育投入上相对从容，他们不仅能够提供更好的物质条件和学习环境，还能更加灵活地进行个性化培养。这种优势在家校合作中表现得尤为明显，使得这些家庭在孩子的教育过程中拥有更多的选择和可能性。

（三）家长的教育能力

随着社会的发展，孩子面临的教育问题也在不断变化，如手机和游戏成瘾等新问题，这些问题无法简单地用传统的方式解决。因此，家长需要意识到家庭教育的重要性，并积极学习和更新教育知识。只有通过系统学习，才能更好地适应社会变革和孩子成长的需求，使家庭教育更加科学和有效。家长应该与孩子的成长同步，不能仅仅依靠过去的经验来解决当前教育难题，而是要不断通过科学系统的学习和反思来完善自己。父母和其他监护人需要树立正确的观念，改变对学习的消极态度，自觉地学习与家庭教育相关的知识。积极主动地学习，提高自己的认知水平，增强家庭教育能力，改善教育方式，寻找科学有效的方法解决教育中的问题，履行现代家长的责任，提升家庭教育指导能力。

（四）家庭的陪伴质量

共同的生活是孩子成长中不可或缺的部分，父母双方在其中都扮演着重要的角色，最好没有任何一方的缺席。无论家长从事何种职业，总会有与孩子相处的时间，而这段时间应当被赋予家庭教育的意义。家长需要成为孩子成长道路上的专家，提供高质量的陪伴，这就要求他们擅长与孩子进行沟通，解答他们成长过程中的疑惑。提前规划孩子的时间，实际上是确保家长有足够的时间陪伴孩子，从而加深亲子关系。当建立起亲子之间的信任关系后，父母对孩子的影响力才能真正发挥出来。教师在家庭教育中也扮演着重要的角色，他们不仅是向家长传授教育方法和理念的指导者，更是唤醒家长作为父亲或母亲角色认知的引路人。随着家长参与感的增强，他们不仅掌握了更多的教育方法，还增加了与老师的交流互动。这种互动使得家长在家校合作活动中的积极性和参与度明显提升，进而带来更好的教育效果。因此，共同的生活、家长的高质量陪伴以及与教师的紧密合作，共同构成了孩子健康成长的重要支撑。

（五）家长对学校专业性的信任度

家长非专业教育者，多数家长未接受过系统的教育培训。而教师作为了解教育规律的专业人员，其专业素养普遍较高。因此，家校合作时，家长应尊重教师的专业知识与教育规律。双方应形成合力，共同解决孩子的问题。缺乏共识与良好的合作氛围，往往会使简单问题复杂化。家校合作的核心在于信任与尊重，旨在促进孩子的健康成长。家长若将学校视为对立方，怀疑教师对待孩子的态度，只会给孩子带来困扰，使其无所适从。家长在处理孩子在学校遇到的问题时，应保持理性，避免情绪化，对教师的工作与职业保持敬畏之心；同时，教师应不断提升专业水平，双方共同努力，为孩子创造更好的成长环境。

（六）家长的理性诉求

面对来自不同学生和家长的多元化需求，学校管理正面临着日益增大的压力。值得注意的是，一些教师或家长在教育问题上存在将个人观念泛化的倾向。他们往往将自己对教育的理解强加于人，忽视了教育的多样性和个体差异。家长在关注孩子时，往往从个体出发，进而关注局部，最后才是整体。他们更注重孩子的成长、思想和个性化发展，这在一定程度上反映了家长的教育观。然而，有些家长在教育过程中可能过于功利，期望短期内达到某些目标，这在一定程度上限制了孩子的长远发展。此外，当家长与老师之间出现所谓的冲突时，很多时候是因为他们过于依赖自己的生活经验或受教育经历，特别是那些曾经成功的经历，将其作为普遍适用的标准。然而，每个孩子都是独特的，他们的成长环境和需求各不相同，因此不能简单地将个人经验推广至所有人。这种差异性的忽视往往会导致家校之间发生误解和冲突，不利于孩子的健康成长。

三、社会因素

(一)社会对教育成效的评判标准

长期以来，我们依赖一些通用标准来评判孩子、学校和教师的表现，这在某种程度上限制了家校合作的内容，阻碍了学生的全面发展。在他们的教育观中，读书的目的往往只是为了改善生活，而忽视孩子在其他方面的发展，这反映了传统教育观念的局限性。对于家长而言，了解并尊重孩子的身心发展规律及个体差异是家庭教育的基石。每个孩子都是独一无二的，他们的成长有其固有的规律，家长需深刻认识到这两点。正如哲学家黑格尔所言"熟知非真知"，许多家长对自己孩子的了解尚浅，常以其他孩子的标准为参照，这不仅无益，还可能阻碍孩子的成长。在多元化的社会环境中，除了学业成绩，家长和学校更应关注孩子的心理健康、思想道德和个性发展等多方面。事实上，孩子健全的人格、良好的社会适应能力及积极的价值观在其终身发展中起着至关重要的作用。家庭、学校和社会应成为孩子寻找自我、发现自我的美好场所，帮助他们成长为最优秀的自己。应从综合素质的角度全面评价孩子，而非仅局限于学业成绩，因为只有当孩子在各个方面都表现出色时，他们才能走向属于自己的辉煌未来。

(二)网络舆论的引导

在当今信息时代，教育是社会的热议话题。任何轻微的变化都可能将学校置于新闻报道的风口浪尖，凸显了社会对教育的高度关注和紧张程度。然而，互联网的快速传播特性对家校合作而言，既带来了机遇也带来了挑战。一方面，互联网为父母和老师搭建了一个方便的交流平台，实现了信息资源的分享，促进了学校和家庭的密切协作。另一方面，难免会出现负面的、带有夸张色彩的新闻。这会导致父母对学校的错误认识，影响到父母对学校及老师的印象与信任，也会影响到学校的正常工作，影响家校合作的深化。

第七章

小学阶段家庭教育与学校教育
协同发展的路径探索

第 一 节

树立正确的家校合作观念

一、更新教育观念，增强合作意识

从学校管理者的视角来看，他们是学校运营的核心指挥者，需负责全局的统筹、规划、组织及协调工作，他们的思维模式和观念导向对学校的整体发展具有深远影响。因此，学校管理者需要摒弃陈旧的教育观念，消除对家长专业能力的疑虑，以及改变对家长参与管理可能威胁教师权威的错误认知。相反，他们应把家长视为家校合作中不可或缺的重要力量，在制定相关合作计划时，应积极听取家长的意见和建议。同时，尊重家长的职业背景、个人经验和育儿方式，认识到家长的多元化观点能为学校带来新的教学启示，有助于优化教育环境。学校管理者应鼓励和接纳家长参与学校决策，充分发挥他们的优势和作用。从教师的层面来看，有些教师可能对家长参与学校合作持怀疑态度，认为家长素质参差不齐，合作意义有限，或者担心合作会增加工作负担。然而，这种看法是片面的。教师应积极调整心态，深入了解新课程改革背景下的家校共育理念，与家长建立平等友好的合作关系。同时，教师也应主动学习家校合作的相关知识，弥补观念上的不足，并主动邀请家长参与学校管理和决策过程。家长的参与不仅有助于教师更全面地了解学生的日常生活，促进家庭教育与学校教育的有效衔接，还能为学校提供宝贵的建设性意见，从而提升教学质量和办学水平。对于家长而言，尽管过去很多家长视学校为绝对的教育权威，但现在的理论和实践都表明，孩子的健康成长需要家庭与学校的共同协作。因此，家长应摒弃传统的错误教育观念，增强参与学校教育的意识。家长应了解自己的权利和义务，通过家长委员会等家校合作组织，积极参与学校的管理和决策过程，行使知情权、参与权和监督权。家长应基于代表广大家长的利益，发表建设性意见，帮助学校完善相关决策，共同为孩子的成长创造更好的教育环境。

二、营造平等和谐的合作氛围，构建伙伴型合作关系

学校、教师和家长在构建和谐的家校合作关系中都扮演着不可或缺的角色。当前，家长和教师往往对各自在家校合作中的具体权利和角色认知不足，仅将日常的家长会和微信交流视为家校合作的全部。因此，学校应肩负起责任，加大宣传力度，深入解读家校合作的政策导向，明确教师和家长各自的职责与家校合作的目标及实施方式。通过树立家校共同促进学生发展的教育理念，努力引导家长和教师形成正确的合作观念。同时，学校应积极借鉴国外先进的家校合作模式，结合本校特色，探索适合本校的家校合作路径。在理论指导下，学校应构建平等、和谐的伙伴型家校合作模式，让家长以合作伙伴的身份深度参与学校管理和决策过程。教师应调整心态，以信任为基础与家长建立合作关系。在日常的沟通交流中，教师应营造平等、尊重的氛围，耐心听取家长的意见和建议，并虚心接受家长的批评指正。对于教育能力较弱的家长，教师应积极鼓励和引导，帮助他们更好地参与学校教育。家长作为家校合作的重要一方，也应转变态度，明确自己的角色定位。家长应主动了解学校的合作计划和组织形式，积极向教师表达自己的看法和建议，协同促进孩子的成长。同时，家长应行使自己的权利，为学校的发展提出建设性的意见和建议，但应避免提出无理要求，干扰学校的正常管理秩序。通过学校、教师和家长的共同努力，可以构建一个更加和谐、有效的家校合作关系，共同为孩子的健康成长创造更好的教育环境。

第 二 节

丰富家校合作内容

目前家校共育存在合作内容过于单一的问题。家校合作过度关注学生成绩，而忽视了学生的道德品质、心理健康和行为素养等非智力方面的发展。重视智力而轻视道德的情况相当普遍，这在小学阶段尤为突出。事实上，小学阶段最重要的不是单纯培养学生的智力，而是要综合考虑各方面的发展。过分关注智力而忽视其他方面会导致学生发展得不均衡。因此，学校应从多个角度开展家校合作，以促进学生的全面发展。

学校应当高度重视思想道德教育的培养。学校具备丰富的思想道德体系课程资源，应当充分利用这些资源，为学生开展深入的思想道德教育，引导他们形成正确的道德观念。同时，家庭中的家长榜样对孩子的道德观念发展也起着至关重要的作用。因此，学校的道德课程应与家庭教育紧密结合，共同为学生的德育成长奠定坚实基础。此外，学校还需特别关注体育教育的重要性。通过合理安排体育课程，确保学生每天至少有一个小时的体育锻炼时间，以提升他们的体质水平。体育锻炼不仅有助于学生的全面发展，还能培养他们勇敢、刚毅和坚强的品质。鉴于学校体育课程时间的限制，家长和教师需密切沟通，根据学生的兴趣和特长，安排适当的课外体育活动，以丰富他们的锻炼内容。同时，学校应充分重视美育教育。通过营造良好的美育氛围，如举办画展、组织学生亲近自然、开设美术和音乐课程等，培养学生的审美意识，让他们学会欣赏美、感受美、创造美。最后，学校还应关注劳动教育的实施。响应国家号召，学校应积极开展劳动教育，帮助学生树立爱劳动、善于劳动的观念。为此，学校可以开设劳动课程，让学生在实践中提升动手能力和劳动技能。劳动技能的培养需要融入日常学习生活，因此，家校之间的紧密合作显得尤为重要。家长在家中应鼓励孩子参与家务劳动，与学校共同推动孩子的劳动教育。①

第 三 节

创新家校合作方式

一、优化传统的合作形式

家长会用于家校合作之中，具有显著直接性，能够及时满足学校与家庭沟通和交流的需求，因其效率较为理想，在实际家校合作时较为常用。家长会的作用发挥效果往往对家长委员会有所依赖，而家长委员会的选举容易受到教师主观意志影响，造成选举结果不够公平与公正。长此以往，家长委员会呈现出流于形式的趋势，难以发挥应有作用，同时也会造成家长不能切实地参与到家校合作之中。由于家长缺乏真正的参与感，必然增加了家长对家长会的抵触情绪。为了使家长会发挥应有的作用，教师需要坚守平等沟通、实事求是原则，确保家长更顺利和高效地获取与学生相关的信息，同时家长会主题也能得到深化，让家长更深入参与其中，去讨论、去提出自己的建议。很多家长抱着敷衍态度参与家长会，为了应对这一问题，可以采取以下方式：首先要确保家长会与学生情况汇报紧密结合。家长普遍关心孩子在学校的表现，特别是他们的闪光点。因此，教师可以在会前精心准备展示素材，如作业、作品和荣誉等，制作成精美的PPT，让家长更直观地了解孩子的优点，从而增强他们的参与热情。其次要营造良好的交流氛围。班主任作为家长会的主持者，要从全局掌控家长会氛围，不能只是一味单方面发言，还要引导家长发言，并且提供时间和空间让家长之间交流和分享教育经验。班主任要做好事前安排，比如积极与优秀学生家长进行沟通，让他们在家长会上更顺利、更有效地分享自己

---

① 欧夏颖.《家庭教育促进法》视域下小学家校合作创新方略：赣州市经开区 X 小学教育实验[D]. 赣州：赣南师范大学，2023.

的教育方法。再次要邀请专家、学者参与到家长会中。家长毕竟不是专业的教育学者，其教育方式方法、教育知识等或多或少存在一些误区，此时如果能有教育领域的专家学者进行纠正和指导，更有利于家长调偏纠错，使得自身教育方法更加完善。在指导过程中，设置答疑环节是重要做法，具体实行时，家长提出自身疑问和困惑，专家学者及时为家长提供更专业的指导和建议。家长会形式并不固定，教师或学校可以灵活调整和创新，比如参观型家长会便是创新之举。这一方式能摆脱传统家长会固定于某一空间的弊端，让家长更自由地参观学校中的各种设施、环境等。这样一来，家长的心绪会更加放松，进而为营造家长会良好交流沟通氛围打下基础。通过分类讨论和典型案例的分享，家长和教师可以共同寻求最佳解决方案。

家访能更好地了解家长和学生对教育的期望，从而优化教师的教学方法，提升教育质量，促进师生健康成长。为充分发挥家访的效用，建议实施"六结合立体化家访模式"。首先，全面覆盖与重点帮扶相结合。教师应确保对所有学生进行家访，同时针对特殊群体和行为有偏差的学生，增加家访频次，以实现精准关怀和帮助。其次，线上与线下家访相结合。面对疫情等特殊情况，线上家访成为必要补充，通过微信、电话等方式与家长保持便捷沟通。再次，日常与假期家访相结合。无论是日常教学期间还是假期，家访都是家校沟通的重要桥梁，以确保学校教育与家庭教育的连贯性。此外，上门家访与来校座谈相结合。学校要设立家长接待室，为家长提供方便的沟通渠道，增强家校之间的紧密合作。同时，单独沟通与家长会交流相结合。根据问题的性质，选择最合适的沟通方式，无论是单独的深入交流还是家长会的集体讨论，都能有效地增进家校之间的理解与合作。最后，强化家长委员会的职责与参与。学校应给予家长委员会更多的参与机会，不仅限于简单的任务执行，更应让他们参与到学校管理和教育监督中来，共同为学校的发展贡献力量。

二、开创新型合作形式

为了提高家校合作的效率，除了优化现有的合作模式，还需要不断创新合作方式，使家长真正成为家校合作的核心推动者。鉴于现代家长普遍工作繁忙，难以长时间参与传统家长会，学校应积极利用信息网络平台，打造新型线上合作模式。具体而言，学校应加大对官方网站的投入，不断完善和更新内容，及时发布各类活动信息和执行方案。同时，可以设立家长交流论坛，为家长们提供一个分享孩子成长问题、交流教育经验的平台，共同解决孩子成长和教育中的难题。除此之外，学校还可以创建在线家长学校，为家长提供丰富的教育资源和实用技巧，帮助他们更新家庭教育理念，与学校教育实践形成良好互补。在线下合作方面，也可以进行新的探索。例如，成立家长志愿者团体，为家长提供参与学校活动、服务学生的机会。这样不仅能增强家长对学校的认同感和归属感，还能让他们更深入地了解孩子在校的学习和生活情况，为家校合作贡献更多力量。同时，定期举办家长开放日活动也是很有必要的。通过这类活动，家长们可以亲自走进学校，感受学校的文化氛围，了解学校的办学理念和实际情况，从而更加信任和支持学校，与学校共同引导孩子健康成长。[1]

第 四 节

厘清家校合作边界

一、家校的合作边界的内涵

在生活中，每个领域都有其独特的目标、功能和需求，并且在其产生、运作和发展过程中被尊重和保持。这些特点是各个领域独有的，其他领域不应越界干涉。然而，这并不意味着各领域之间应完全隔离，相反，彼此之间的交流与合作必不可少。在交流与合作的进程中，各领域需维持自身的规则作为基石，这些规则的界限是由各领域内部自行确立的。边界

---

①　徐春莉. 城市小学家校合作的问题及对策研究［D］. 济南：山东师范大学，2023.

不仅定义了事物的范围，还是连接不同事物之间的桥梁。正因为有了边界，每个事物才能拥有其独特的特性，否则它们将变得模糊不清。家校合作涵盖了两个不同的领域：家庭与学校。尽管这两者都是孩子教育的核心场所，但它们各自承载着不同的教育方向、责任及效果。因此，家校合作时，必须清晰地界定家庭与学校之间的主体与责任边界，避免相互替代或出现越界行为。明确家校合作的边界对于构建双方和谐关系、最大化教育价值，以及促进儿童、教师和家长的全面发展都具有深远意义。这种边界并非物理或地理意义上的界限，而是一种抽象的概念，它描绘了家校双方合作的权责、内容和方法，为合作提供了明确的指导和规范。通过设定这样的边界，家校合作更加有序，减少了盲目性和随意性。同时，边界的设定有助于更深入地理解家庭教育和学校教育的价值，使双方更加重视彼此的合作。当合作边界明确后，家校之间便能清晰地划分各自的职责和活动范围，避免责任模糊和越界行为的发生。因此，确立家校合作的边界对于实现教学任务的分工、职责划分和内容合作至关重要，它确保了双方能够高效、有序地共同推动孩子的全面发展。

二、家校合作边界的确立

家校合作边界问题一直是备受关注但长期未能解决的难题。合作边界不仅是家校合作不可或缺且富有成效的标志与保障，更是家校双方理念与实践的明确区分，确保了它们在教育体系中的独特地位与合理性。边界为家校合作设定了明确的目标、内容和方式，为实际操作提供了具体而有力的指导。因此，探索并维系家校合作边界的有效策略显得尤为关键。边界的维系意味着保护整个系统免受外部不利因素的干扰。为了有效维持家校合作的边界，可以从以下两个方面着手。

（一）认知上：明确家校双方的教育权利与职责

家庭和学校在教育方面各有责任，但在实际情况中，经常出现责任混淆不清的现象，造成有些家长指责学校没有承担责任，也有学校对家长不作为提出意见。为了明确界定家校双方的教育责任和权利，需要从两个方面入手。一方面是明确谁来界定权利，另一方面是明确界定内容。首先，学校是育人之所，是为广大人民服务，为国家培养人才，因此在教育方面必然具有显著专业性，具体到家校合作中，学校应该主动去引导家庭。学校教育开展要紧紧围绕党和国家发展需求，并且严格遵循相应政策规定去完善课堂教学和实践活动，切实落实自身教书育人的使命。其次，学校要想获得良好育人效果，离不开行之有效的管理手段，因此对教育对象进行管理也应成为学校诸多权力中的一部分，但是管理模式不同于企业，不能以功利化指标去引导和约束，而是要将教育内涵融入其中。在家校合作方面，学校管理也能发挥相应作用，比如可组织针对家长的教育训练，或者举办教育培训班，让家长通过学习和培训了解和认识更科学的教育理念和方法。家庭教育也能在此助力下更上一个台阶，使得儿童在成长过程中获得更好引导，比如家长基于社会规范去经营家庭生活，可让儿童逐步深入认知社会规范，这有利于儿童人格的发展。很多家长认为只要抚养儿童便尽到了家长职责，其实这远远不够，家长还要在儿童教育上投入更多精力，以积极态度去承担起家庭教育的主体责任。立德树人不仅是学校教育的目标，也应该融入家庭教育之中，引导儿童在内心深处逐渐搭建品德桥梁，为树立正确价值观打好基础。在新的家校合作研究中，学校管理并不局限于学校管理者行使管理权力，家长也能参与其中，比如家长可参与学校重大事项决策，通过建言献策使最终决策更加科学。学校相关信息也应该向家长披露，同时向家长提供参观学校、进入教室听课等机会，这样能进一步拉近家校距离，让家长获得为提升教育质量做贡献的渠道。这样做不仅确保了家校合作的可行性和可能性，还有助于双方更好地发挥各自的优势，共同促进儿童的全面发展。

（二）机制上：构建"学校—家庭教育共同体"

明确家校之间的合作边界是构建"学校—家庭教育共同体"的关键所在。在构建这一共同体的过程中，家校双方要通力合作，并且升华双方的关系。比如双方要同心，表现为双方对家校合作有着共同认知，能够以一致的理念去开展相关工作。想要达到这样的层次需要做好以下工作：首先是营造平等氛围，使得家校双方以平等的姿态去交流沟通，尤其是学校要摒弃高高在上的态度，能够与家长更深入合作。其次是挖掘双方合作意向，目的是深入了解双方意愿，尽可能寻找共同之处。这样一来，家校合作会呈现出自觉联合特征，而非被动或被迫的行为。其次是同行关系，即家校双方在合作理念一致的基础上，实现行为上的协同与配合。这包括两方面内容，一方面，家校双方需要不断更新教育理念，积极回应时代的挑战和要求，在学生的作业管理、手机管理、读物管理、睡眠管理以及体质管理等方面形成合力。同时，应充分利用信息化时代的优势，培养家校合作的互联网思维，提升合作效率。另一方面，家校双方应丰富合作内容，在相互尊重的基础上，开放各自的资源和场域等，实现优势互补，创新合作方式。例如，学校可以借助网络平台开设家校合作专栏，共同开发家校共育课程；还可以开展"相约星期六"家长参观学校活动，以多种形式促进家校合作及相关人员的参与。最后是目标统一，即家校双方都应致力于孩子的全面发展和健康成长，避免短视和功利化的教育倾向。这些努力有助于促进学校和家庭之间更加紧密的合作，构建一个有利于学生全面发展的"学校—家庭教育共同体"。

第 五 节

提升相关主体合作能力

一、提升教师家校合作胜任力

小学教师在家校合作方面的能力提升是一项系统性工程，受到国家政策的支持、教师职前培训、学校环境创设，以及社会对家校合作的支持等多方面因素的影响。然而，更为关键的是教师自身的意识和行为。通过自省，教师能够理解并认同家校合作的重要性，从而内化于心、外化于行，通过学习和实践不断提升自身的合作能力。因此，针对教师家校合作能力的提升，可以从教师自省和外部环境支持两方面提出对策建议。首先，教师应通过自省，不断提高对家校合作的认识，意识到其重要性，并积极参与相关培训，以提升自身的合作技能。其次，学校和社会应提供良好的环境和支持，包括完善的政策措施、丰富的资源支持以及有效的沟通平台，以便教师能够更好地与家长进行合作，并不断改进和提升合作效果。教师自省和外部环境支持双管齐下，可以有效提升小学教师在家校合作方面的胜任力，促进教育事业的发展。

（一）教师自省，知行合一促发展

教师也需要成长，相较于一般人来说，教师所背负的教书育人职责能在潜移默化中驱动他们更主动、更自觉地提升自身。从家校合作层面分析，小学阶段的家校合作更为重要，因为此阶段的学生对家庭有着更强的依赖，这要求小学教师在家校合作中做得更好。家校合作胜任力指的是教师推动家校合作时的能力。要想提高这一能力，需要教师投入更多精力去磨炼，比如学习更多知识，在面对合作困境时能够迎难而上，并且始终保持旺盛热情。

1. 以理解促自觉，以认同促内化

教师对于家校合作的态度和对家长及自身角色的认知，是驱动家校合作实践并决定其效果的关键底层逻辑。然而，在家校合作的角色认知和态度方面，部分教师仍受传统思维影响，将自身定位为合作的主导者，而将家长视为辅助角色。这种观念在乡村和城乡接合部尤为明显，一些教师可能因留守儿童家长的教育水平有限而对其参与持消极态度。这种认知偏差削弱了家长参与家校合作的积极性。为改善这一状况，需要重新审视家校合作中的角色定位，并纠正认知偏差。深入了解并尊重家长的需求和期望，鼓励他们积极参与家校合作和学校管理。教师应换位思考，与家长形成共同目标，视其为平等的合作伙伴，而非边缘参与者。特别要培养教师利用家长资源的意识和能力，如邀请不同职业的家长来校授课，整合家长资源参与学校管理和教育教学工作。在班级管理和课程教学中，教师应积极与家长互动，将家长转变为教育结构要素，使其成为家校合作的主力军

和第一责任人。这样的转变不仅能提升家校合作的效果，还能促进学生的健康成长。

2. 以学习促进步，以钻研促成效

学习一直以来都是人类探索的重要话题，在终身学习的时代，构建一个全民学习、终身学习的社会已成为现代社会发展的必然趋势。对于教师而言，终身学习的重要性不言而喻。它不仅是教师补充知识、提升技能的关键途径，更是推动其专业成长和教育事业发展的核心动力。自主学习作为提升教师能力的内在驱动力，让教师能够在不断进取中实现自我超越。因此，小学教师应扮演主动学习者的角色，以自觉性驱使自己投入终身学习的洪流之中。他们可以通过阅读各类书籍、借助网络平台等途径，深入学习家校沟通的技巧与方法；积极参加各类培训活动，借鉴成功案例的经验；在实践中不断总结反思，结合个人经验优化家校合作的策略。只有这样，教师才能不断提升家校合作的能力，为学生的健康成长贡献更多力量。例如，D 小学的初任教师张老师认为："作为年轻教师，我们的社会经验尚浅，而家长来自各行各业，拥有不同的性格和阅历。与家长的交流和沟通为我们提供了了解社会的宝贵机会，对于丰富我们的知识和生活经验具有重要意义。"因此，初任教师应抓住各种学习机会，向老教师和富有生活经验的家长学习，将他们视为榜样，不断汲取养分，提升家校合作的能力。实践是成功的关键，行动胜于言辞。教师的实践知识必须通过实践经验来获得。面对教育环境的复杂情况，只有在实践中不断将理论知识深入运用，而后基于运用结果去反思实践，教师才能具备更出众的教学实践能力，为达到更高教学水平打下基础。具体到提高教师家校合作胜任力方面，所需要进行的实践锻炼应融入日常生活中，因为日常生活丰富多样，能让教师遇到各种各样的情况，进而锻炼灵活应对能力。在实际调查中发现，那些在家校合作方面获得成功的教师往往具备许多特质，比如遇到困难时不是消极应对，而是反思自身，从自己身上找问题和不足，然后再去针对性解决。C 小学的杨老师便做到了这一点。在对他进行访谈后发现，他从刚入职时便对家校合作十分重视，经常采取多种方式与家长进行沟通，其间也遇到家长不配合、产生抵触情绪等情况，但他没有气馁，而是调整沟通方式继续"攻坚"，这使得他积累了更多家校合作经验。杨老师还提到，阅读、写作和实践经验的反思总结是他成功开展家校合作的关键。教师应将学习与实践紧密结合，在学习的同时不断反思和总结，以提升自己的家校合作能力。只有这样，教师才能在行动中推动家校合作的深入发展，为学生的健康成长创造更好的条件。

（二）外部支持，创设环境促提升

1. 变革职前教师教育培养

教师教育是确保教师专业成长和专业化进程的关键支撑。职前师范教育与职后教师培训是这一体系中的两大核心环节，它们的紧密衔接对于实现教师专业发展的一体化至关重要。这种一体化不仅有助于推动教师的终身学习，还能为其职业发展奠定坚实基础。在当前家校合作日益凸显其重要性的教育背景下，教师具备开展家校合作的能力和素养已变得不可或缺。因此，需要高度重视教师教育的连贯性和系统性，确保教师在不同教育阶段都能获得必要的支持和指导，从而更好地发挥家校合作在育人方面的积极作用。教师的能力和素养的形成与发展需要经过长期的积累、训练和实践。因此，在不同阶段重视教师家校合作胜任力的提升和素养的培育至关重要，从职前教育阶段就要着手。师范院校应该在教师职前培养阶段为教师奠定家校合作的基础，这样可以帮助新手教师适应和熟悉家校合作工作，并且自信地应对挑战，解决沟通难题。职前教师教育应该将家校合作的相关理论与实践经验相结合，以帮助初任教师更快地提升家校合作能力，促进其专业发展。因此，将家校合作纳入高校职前教师教育培养范畴至关重要，包括设立专业课程、提供实习机会、开展家校合作相关研究等。这样有助于建立一个长期连续的教师专业发展体系，加强不同阶段之间的衔接和互促，为教师的家校合作能力和素养的提升提供坚实的基础。

（1）开设相关专业，培养专业人员。

优质的教师队伍是优质教育的核心支撑。师范院校应坚守"师范为本"的原则，将教师培养作为核心任务。教育部门针对师范院校出台了诸多政策，用于大力推动教师培养工作，在这些政策支持下，师范院校调整了育师计划，并且还在实习实践上下了很大工夫。时代在发展，教育事业也在不断革新，而教师作为育人者，也必须紧跟时代去成长和发展。这要求师范院校保持开放态度，不断剖析教育发展趋势，进而在教师培养中更加有的放矢，比如随着家庭教育重要性的与日俱增，师范院校应开设家庭教育学科专业，并投入人力物力进一步研究。这样一来，所培养出的学生即便未来不从事教师职业，也能成为专业的家庭教育者，能为全社会家庭教育水平提升作出贡献。

（2）聚焦培养方案，完善课程建设。

从目前来看，我国很多师范学校存在过于重视理论知识传授的问题，比如学生所能接触的课程中，主要是学科专业课程和教育教学课程，而这些课程鲜有实践环节与其对接。除此之外，家校合作的相关知识也是九牛一毛。这种现象与时代发展是脱节的，因为从实际情况看，社会对家庭教育的重视程度不断增强，同时也对家校合作更加关注。如果师范院校不能基于实际需求调整课程内容，则难以培养出在家校沟通和家校合作方面的人才，不仅对家庭教育水平产生不利影响，也会使得学校教育遇到诸多困难。因此师范院校应该积极调整课程内容，将家校合作融入其中，并且作为重要考核对象。有些学校只是零散融入相关内容，让学生简单接触和学习这些知识，到头来难以形成家校合作能力，只能在进入教师岗位后再去积累和磨炼。这必然会降低家校合作效率，让一代或者几代儿童不能从家校合作中受益。有的师范院校为了丰富课程内容，专门邀请家校合作领域的专家学者前来指导，同时也会与拥有丰富家校合作经验的中小学教师建立联系，使得家校合作课程内容不仅理论扎实，还有实践经验与理论知识的紧密结合。有的师范院校专门设立了"家长—社区课程"，并邀请社区成员前来参与，目的是吸取社区成员的丰富生活经验，而后转化为指导学生家校合作实践的重要内容。随着信息时代到来，很多师范院校开设了线上课程，进一步推动家校合作课程广泛传播，并且依托线上平台，无论是教师还是家长都能便捷获取学习资源和机会。

（3）优化实习实践，提供合作机会。

学习间接经验时，个人直接经验的积累至关重要，因为直接经验在学习中具有无可替代的独特意义。职前师范生在提升家校合作能力时，夯实相关理论知识是第一步，接着还要与家长建立联系，通过交流沟通逐渐掌握家校合作的相关技能和技巧，同时也能深化自身对家校合作的理解。实践锻炼不能拘泥于单一形式，而是应尝试新的形式，比如让职前师范生担任班主任职务，亲身参与到班级管理中，并以班主任身份去开展家访工作、召开家长会等。这一过程中，师范生能获得更多实践经验，但仅仅如此尚不足够，师范学校的教师还应该督促他们做好反思总结，了解自身在哪些方面存在短板和不足，尤其是在遇到具体问题时更要去分析最适合的处理方式，这样一来，师范生处理问题的能力便能得到增强。

（4）加大研究力度，强化理论指引。

当前，家校合作尚未形成系统的学科知识体系，研究较为分散，缺乏理论连贯性和知识框架的支撑。为此，深化家校合作的研究显得尤为迫切，旨在通过研究推动实践，为家校合作的有效开展提供坚实的理论基础。高校作为科研的重要阵地，也是家校合作实践研究的重要场所。从实际情况看，很多高校在研究家校合作时缺乏足够的实证素材，使得虽然研究结果理论性较好，但实践指导价值却不尽如人意。针对这种情况，高校尤其是师范院校应该积极走出校门，从多种渠道获取家校合作实证素材，然后依托自身科研优势推动家校合作研究项目更加系统化和专业化。家校合作必然离不开教师，教师要担负起与家长交流沟通的职责，显然这是学校教育与家庭教育直接产生关联的重要渠道。对于教师来说，一方面要深入认识家校合作的重要性，另一方面要积极去研究和实践，并基于实际经验对研究成果进行创造性应用或调整，推动家校合作向更深层次进发。

2. 创设积极开放的学校环境

环境的作用不容小觑，教师想要顺利开展教育教学活动，离不开良好学校环境的支持，同时家校合作也对学校环境有要求，因此学校在营造学校环境时应充分考虑各类需求，使得学校环境更加优秀。从家校合作层面来看，学校要积极支持教师开展家校合作工作，并投入相关资源去塑造学校环境，让教师和家长在良好的物质和精神环境中实现有效顺畅的沟通交流。这些做法应通过制度来确保贯彻实施。营造学校环境不能一蹴而就，需要逐步发现、克服不足之处，比如有的学校没有向教师提供足够的培训机会，造成学校环境缺少了成长奋进元素，如果学校能就此改变，教师专业能力包括家校合作能力都能显著提升；有的学校对家校合作成果缺乏考核，造成教师在家校合作中得过且过，如果学校积极完善加强合作考核体系，则能激励教师更认真开展家校合作工作。

（1）健全培训机制，以培训促成长。

小学教师在家校合作方面常面临学校支持不足，尤其是专业培训方面支持不够的挑战。非班主任教师往往更难获得相关培训机会，这限制了他们的专业成长。因此学校必须转变思维理念，将通过培训来提升教师能力作为重要项目，而对于家校合作能力培养，学校应该以专题培训的模式去更有力地强化教师的能力，让教师能更好地开展家校合作工作。目前，小学教师参与家校合作培训的机会有限，且多数培训聚焦于班主任管理，非班主任教师往往被边缘化。这导致培训覆盖面不足，无法满足广大教师的需求。因此，学校应建立全方位的家校合作教师培训机制，确保所有教师都能受益。可考虑分阶段、分批次进行培训，以适应教师的工作节奏。同时，学校可编制或引入家校合作手册，为教师提供实践指导。不同教师在家校合作能力上存在差异，这受个体特征、学校制度和经验背景等多重因素影响。当前培训缺乏针对性，效果不尽如人意。因此，需针对不同特征的教师群体，提供个性化的培训和研修方案。

首先，对于初任教师，应特别关注他们在家校合作方面的能力发展，提供更多实践机会和必要支持，帮助他们快速适应并成长。其次，转变非班主任教师对家校沟通的认知态度。目前，家校合作往往被视为班主任教师的责任，导致许多非班主任教师缺乏积极性和主动参与的态度。有些非班主任教师甚至错误地认为家校合作工作应该由班主任承担，因此对此持消极态度，认为这不是自己的责任。有班主任经验的教师在家校合作方面表现得更为积极，拥有丰富的实践经验和有效的沟通技巧，而非班主任教师的合作意愿较低，缺乏积极性和主人翁意识。要解决非班主任教师在家校合作方面的认知偏差，需要积极培养他们的主动参与意识与能力。为此要强化班主任与学科教师之间的交流，建立起紧密的合作机制。班主任应定期向学科教师反馈班上学生和家长的情况，帮助学科教师更全面地了解学生家庭背景，从而更好地与家长沟通。同时，还应该鼓励学科教师积极参与家校交流活动，如家长会和家访等，以增进与家长之间的了解。此外，利用现代通信工具如微信、QQ等建立家长交流群，为学科教师提供更多与家长互动的机会，这也是促进家校合作的有效途径。再次，班主任教师在家校合作中发挥着举足轻重的作用。他们与学生及家长沟通频繁，内容广泛。因此，如何更有效地发挥班主任在家校沟通中的核心作用，促进家校合作的顺利进行，是需要深入思考的问题。当前，对于班主任在家校合作中的具体职责，并没有明确规定。因此，建立班主任家校沟通合作效果的具体评价标准和参考依据显得尤为重要。这不仅有助于班主任更好地总结反思当前的家校合作效果，也为后续工作的调整、修正和实施提供了有力支持。最后是以农村地区特点为基础，推动农村教师家校合作能力的培养。目前，农村老师和农村父母很难进行交流和协作。交流出现频次不足、效果不佳的情况，使许多乡村教师失去信心，逐渐减少与家长的沟通。此外，许多教师对自己在乡村的职业认同感较低，缺乏对乡村教育事业发展的信心，认为乡村教育前景有限，使其失去对乡村教育的热情，从而产生了职业倦怠。为解决这一问题，需采取有效措施加强乡村教师的沟通技能培训，提升其职业认同感，激发对乡村教育的热情，促进家校合作的顺畅进行。

教师在乡村教育中的成功，不仅取决于专业技能，更需要特定的情感与态度。对乡村教育的热爱、自信，以及克服家校合作困难、管理情绪的能力，是教师在家校合作中不可或缺的品质。农村老师要增强对农村教学工作的激情和自信，增强家校合作的信心，抛弃被动的心态，积极主动地开展工作。可以采用送教到家、家访等方式，配合交流技能，促进父母对家庭教育的关注，一起为农村儿童的发展做出自己的一份努力。此外，还可以利用乡村独特的文化活动，如节庆、赶集等，为家校合作提供更多机会。本地教师要善于利用当地文化优势，加强与家长的情感沟通。重要的是，理解并体谅家长的处境，与他们建立情感共鸣，并共同设立孩子的成长目标，通过有效的沟通与指导，达到事半功倍的效果。

（2）加强成员交流，以合作促进步。

首先，为强化校内合作，应构建师徒结对制度。通过实施家校合作"青蓝结对"机制，可有效利用校内教师资源。经验丰富的教师将担任指导角色，帮助其他教师，特别是新入职的教师，更好地开展家校合作工作。这样的机制旨在发挥示范和"传帮带"的作用，推动新教师家校合作能力的不断提升。然而，目前"青蓝结对"机制主要聚焦于教学技能的指导，在家校沟通方面尚未得到充分利用。因此，应进一步优化这一机制，使其在家校合作方面发挥更大的作用。老教师在长期教学实践中积累了丰富经验，擅长解决家校冲突与矛盾。通过家校合作研讨，让这些经验丰富的老教师分享经验，讲述与家长沟通的问题与解决方式，这种经验分享对提升新教师的家校合作能力，尤其是沟通技巧与问题解决能力，具有重要意义。新教师在听取老教师的分享后，再次遇到类似情境时能够游刃有余，避免手忙脚乱、不知所措。

其次，加强高校之间的沟通与协作，促进教育教学与科研成果的分享。当前，各个中小学对家校合作的探讨还停留在各自独立的阶段，各个学校之间缺少有效的交流。一些学校在长期的实践中，已经形成了不少有效的、可供参考的家校合作的活动和实践方式。而另一些学校则在家校合作方面成效不佳。因此，建立优质学校与薄弱学校之间的结对帮扶机制显得尤为重要。薄弱学校应主动向优质学校学习，汲取其在家校合作方面的成功经验；同时，优质学校也应积极向外推广其家校合作模式，实现资源的共享与互利。通过这样的交流合作，可以推动各学校在家校合作方面的共同进步与发展。通过对已有成果的家校合作的实施方式进行推广，既能加深教师对家校合作的认识，又能把这种认识从纯粹的体验的累积上升到对问题、知识和能力的深入归纳和升华，从而最终形成一套可在学校、区域乃至全国范围推广的家校合作的实施方式。这对于优化区域、城乡和学校之间的教学资源分配具有重要意义。

（3）完善考核评价，以制度为指引。

目前，我国的教育管理体制还不够健全，家长和学校之间的协作机制很难得到很好的实施，特别是评估指标的引导功能没有得到很好的发挥。

这使得一些老师对家庭和学校之间的关系存在着一种否定的看法，进而影响到他们的工作能力的提高。为此，对中小学师资评估体系进行改革，尤其是把家校协同发展的内容列入评估内容，已成为当务之急。根据学校的具体情况，建立一套较为科学的教师家校合作的测评指标，对其在家校合作中的实践、知识水平、技能掌握和认识态度等进行综合评价。并把评估的结果用作评估农校合作工作效果的一个主要指标，以此来调动老师们的工作热情，促进他们在家庭学校合作方面的专业化发展，从根本上提高学校家庭和学校之间的协作能力。

3. 构建动态良好的社会生态

（1）调动家长参与，争取家长支持。

家校合作是一项需要双向互动与密切配合的过程。唯有家庭教育与学校教育和谐融合，步调一致，家校合作才能取得更好的效果。然而，现实中部分家长家庭教育观念有误、学校与家庭之间教育理念不统一、信息沟通不畅等问题，都阻碍了教师与家长之间的有效交流。因此，各中小学要通过建立家长学校、活动中心等方式，将亲子关系等知识传达给父母，让他们能够更好地了解为人父母的责任，尤其是教育方面的责任。学校应安排一些家庭教育方面的专业人士或杰出的父母，前来活动中心进行交流，将他们的成功经验和科学教学经验向其他家长传达。同时，制订教学计划，保证每个班都有一定时段开展"父母与孩子沟通""父母与教师沟通"活动，并注重营造良好的沟通氛围。另外，地方妇女联合会也要在社区层次上开展父母教育工作，调动父母对家庭和学校教育的积极性，提高父母的家庭教育知识水平和素质，促进家庭辅导工作制度的健全，让父母真正地成为家校合作的参与者、坚定的支持者和忠诚的追随者。

（2）整合社会资源，构建良好生态。

在家校合作的良好环境下，学校与家庭的协作水平不断提高，最大限度地改善了学校的社会文化环境，营造出良好学习氛围，并使得家庭、学校和社会在多个层次上形成有效合作，构建满足不同需求和不同层次的教育生态，进而营造更好氛围，使学生的创造力和主动性得到更大程度的发挥。在此过程中，社区的角色尤为重要。要充分利用自身的优势，加强与妇女联合会等群团组织的联系，开展各种形式的组织和活动，把各种资源结合起来；通过对家长进行科学有效的家庭教育辅导，使其形成良好的家庭教育观念。湖北省妇女联合会开展的关爱留守困境儿童的"彩虹行动"就是一次很好的尝试，通过建立样板站、志愿者队伍等形式，为父母、孩子们开展各种形式多样的活动。同时，要积极开展家庭教师教育，加强家庭成员之间的互动，加强对留守儿童、流动儿童以及随迁儿童等群体的关注，提高父母的参与程度，从而推动家庭和学校之间的良性互动。社区作为家庭与学校之间的桥梁，应发挥纽带作用，推动双方的紧密合作。此外，社会团体与学校之间的长期稳定联系也至关重要，这样，老师就可以更方便地利用社会资源。提倡社会团体介入家校合作，促成校企共建，实现教学资源的共享，实现家庭教育和学校的协同发展，为老师与父母建立良好的家庭—学校关系，营造良好的社会环境。例如，上海多阅公益发起的"苗苗阅读"项目，便是一个以阅读为纽带，提升农民工子女阅读兴趣的成功案例。[①]

二、家长在家校合作中的参与技巧

（一）与教师建立双向互动交流关系

互动交流是人际关系中最为基础和重要的环节。通过交流，人们能够传递信息、表达情感，增进相互理解并达成共识，这也是合作共事的基石。因此，家长和教师之间的交流应该是双向的，而不是单方面的传递信息。在交流中，家长也应该避免无关的话题，因为教师的时间宝贵，不仅要面对其他家长，还有自己的事务要处理。因此，家长在和教师沟通之前，应明确自己希望从教师那里了解到什么，以及希望教师了解什么。

首先，家长需要充分利用各种机会。如果没有时间参加学校固定的交流活动，可以在活动结束后向教师主动了解活动情况，并利用自己的空闲时间通过电话、信息或网络与教师交流。尽量早地了解学校固定家校合作

---

① 郭雅卿. 小学教师家校合作胜任力现状及提升对策研究[D]. 武汉：华中师范大学，2023.

活动的时间安排，并调整自己的工作安排，及时参与相关活动。

其次，家长在互动交流中应有效地听与说。在家长与教师的交流中，重要的是要倾听，也要表达。倾听意味着倾听教师观点，不要急着为自己或孩子解释，先听完教师的意见，全面了解情况后，理解教师立场，明确自己需要向教师传达的信息。有些家长过于偏袒自己的孩子，只接受教师的表扬，一旦听到孩子的缺点或不良表现，就会找各种理由为孩子辩解，导致教师和家长之间的教育观念不合、交流不畅，最终影响了家校沟通效果。然而，家长也不应盲从教师的意见。一些家长因为感觉自己处于弱势，或者对教育不够了解，会对教师过分依赖，表示"一切都听老师的"，这会让教师觉得缺乏合作意愿，交流困难。家长应该明白，与教师的交流不是单方面提出问题让教师独自解决，而是要共同商讨，从而寻找适合孩子的教育方案。

最后，家长也应向教师介绍家庭背景、孩子的性格特点、家庭对孩子的期望以及孩子在家中的学习情况等信息，并咨询学校的规章制度、教学计划、对学生的基本要求，教师对学生和家长的期望，孩子在学校的学习和行为表现等方面的信息。只有双方充分交换信息，才能奠定良好的合作基础。

（二）与教师的教育理念发生分歧时，做到择善而行

家长和教师有着不同的社会背景和社会资源。并且随着社会的发展，教育理念也在不断演变，家长和教师之间的教育理念出现分歧是难以避免的。然而，无论发生何种变化，其目标始终是相同的：促进孩子的成长。在家长和教师的教育理念产生分歧时，双方需要相互包容、理解，并明确彼此都是出于对孩子发展的关心。双方需要充分利用自己的知识、经验、智慧和情商，保持原则的同时也要具备灵活变通的能力，在分歧中选择合适的行动方案。

首先，求大同存小异。大同指的是共同目标：希望孩子得到良好的培养，为他们的未来发展奠定基础。在这个共同目标的指引下，家长和教师可能在具体的教育理念和方法上存在一些差异，但只要大方向相同，就不

必过于在意个别差异。家长和教师的社会角色、责任不同，家庭教育和学校教育的目标也各有侧重，两者本就是有异同之处的。

其次，尊重教师，信任他们的专业度。教育是一门科学，立德树人是一项专业工作。教师是专业的教育工作者，家长应该相信教育的科学性和教师的专业性。要做到这一点，就需要不断地感激和理解教师的辛勤付出，基于对孩子的了解和期待，与教师就教育理念、方法展开沟通和探讨，共同完善孩子的教育理念与方式。

最后，互相接纳和包容。师生家长之间的相遇是一种缘分，应该彼此包容和理解。每个人都有自己的长处和短处，观点和看法也会有所不同。因此，要意识到在教育理念和方法上可能存在差异和分歧，但只要保持开放和包容的态度，就能够化解分歧，将其转化为共识，实现更好的家校合作。

（三）像教师一样把孩子当成学生来教育

霍普金斯大学的爱泼斯坦教授提出了两个关键概念：家庭般的学校和学校般的家庭。家庭般的学校强调教师应该把学生视为自己的孩子，教师应该怀有一颗父母般的心，不仅认真对待教学，还要像对待自己孩子一样关爱学生。这种爱生如子的态度是家庭般的学校对教师的期望。相反，学校般的家庭则要求家长具备一颗教师的心，像教师对待学生一样对待自己的孩子。家长若拥有教师心态，把孩子视为学生，就会像教师那样审视自己的言行是否对孩子成长有益，是否有可能抵消学校和教师的教育努力。家长在接过教师的接力棒后，将教育延伸到家庭，不仅可以提升自身的教育意识，还能更深入地了解学校的教育工作，这种心态将对家校合作产生积极的影响。

（四）参与学校决策，学习正确提建议的方法

家长参与学校决策可以推动学校政策的完善，维护家长和学生权益。家长的参与能够让家庭和学校形成合力，营造更加和谐、健康的家校合作氛围，进而有助于孩子在学业中取得成功。在家长参与学校决策时，正确提出建议的方法至关重要。家长需要注意，提建议的目的不是为了抱怨和

发泄情绪，而是希望学校或老师了解家长的看法，从家长角度出发优化某些决策。

首先，家长应该站在全局角度考虑。他们提出的建议应该着眼于整个群体的利益，而不是仅仅考虑自己的孩子。举例来说，家长可以指出某个决策可能对其他学生带来的不利影响，尤其是代表着特定群体的学生。维护大多数人的利益是至关重要的，这样的建议更容易被学校采纳。

其次，家长应该保持谦虚的态度，不应该采取独断的、自以为是的态度，这样做容易引起他人反感。相反，他们应该设身处地地理解决策者的立场和设想的合理性，但同时强调情况的变化可能需要调整。在提出建议时，语气应该委婉中肯，使用协商措辞，如"是否可以""是否应该""假如我没有弄错的话"，以便让决策者有余地加以思考。保持谦虚的态度不仅是对决策者的尊重，也为自己留下了退路，以防万一自己理解错误。

最后，家长需要把握合适的时机。他们的建议如果能够解决问题，必然会受到重视，但提出建议时也不可过于急躁，需要选择合适的时机和方式。有些问题不适合在公共场合提出，最好在私下里沟通。在家长会上大声抱怨可能会被误解为与学校对立，即使问题可能是正确的，也可能引起反驳。①

第 六 节

协同社会相关力量

一、以政府为主导推动家校合作

政府应全面贯彻中央、国务院的工作部署，深化"家校社"三位一体的育人机制建设。首先要做的就是颁布有关家校合作的有关法律和法规，并制定国家级别的家校合作发展计划，对家校合作发展进行宏观规划。在此

---

① 林颖. 小学阶段家校合作的个案研究［D］. 淮北：淮北师范大学，2023.

基础上，政府要加强对家庭教育的指导和支持，并推动其在家庭教育领域中的广泛应用，尤其要培养民间的、独立的家庭教育组织，为家庭和学校的关系改善注入更多生机。各级教育管理部门是国家政策的实施者，对家校合作具有领导和管理职责，因此要在协调工作上投入更多，使得领导和管理落到实处。由于我国目前农村的家校合作工作还处于起步阶段，因此，必须引起国家的高度重视，并制定相应的扶持政策，以促进我国农村家校合作的迅速发展。为确保农村小学家校合作的顺利推进，政府应将其纳入国家和地方教育发展规划，并在教育行政编制、财政预算、培训机制及政府评估等方面给予充分保障。只有全方位、多角度地考虑和实施相关措施，才能有效促进农村小学家校合作的发展，逐步提升对其重视程度，并引导社会各界共同参与其治理与建设。

二、以政策为支撑促进家校合作

2023 年，教育部等十三部门联合发布的《健全学校家庭社会协同育人机制的意见》明确提出了"'十四五'时期末，政府对学校家庭社会协同育人工作的统筹领导更加有力，制度体系基本建立健全"的目标。要实现这一目标，提升家庭教育质量成为首要任务。江西省教育科学研究所所长吴重涵强调，教育不公平的源头往往在于家庭，随后才波及学校。因此，教育政策应更加注重家庭建设的支持和家庭教育质量的提升，而不仅仅是侧重于学校层面。《家庭教育促进法》的出台，不仅凸显了家庭教育在儿童成长中的重要作用，也为学校提供了明确的行动指南，有助于家校合作的顺利开展。学校应根据《健全学校家庭社会协同育人机制的意见》构建一系列制度，如家访、学校开放日等，以加强学校与家庭的联系，提升家长和学生的满意度。此外，《家庭教育促进法》还明确要求教育行政部门和妇女联合会共同构建覆盖城乡的家庭教育指导服务体系。因此，家校合作政策制度应充分考虑到家庭的需求，特别关注农村家庭的特殊情况，努力缩小城乡家庭差距，促进均衡发展。鉴于农村在乡村振兴中的重要地位，政策制度还应关注农村家长教育理念的转变，以提升农民的整体素质。在家校合作过程中，学校应积极发挥集体智慧，提升合作质量，促进学生全面发展，逐步实现优质教育的目标。[①]

三、以公益队伍为辅助完善家校合作

为了更好地落实家校合作，不仅需要父母、老师，还需要专业人才、社会工作人员的参与。目前，我国的家庭教育工作面临着组建一批专门从事家庭教育工作的专门人才以及发展一批社会工作者的问题。《家庭教育促进法》鼓励社会工作者、志愿者参与家庭教育指导服务工作。要做到这一点，需要各级政府给予一定的帮助，并做好相应的团队建设工作。在专家这一块，要发挥好关工委等机构内退休的老专家、老教师和老干部的作用。对于从事家庭教育这项社会公益事业的人员，无论专业与否，都应设置一定的准入门槛。当前，国家和尚未制定完善的家庭教育指导师准入标准，因此地方政府可以制定相关准入规定和评估方法，以激励从业人员。为从事家庭教育的人员颁发荣誉证书或资质证书，不仅能增强他们在家庭教育公益事业中的积极性，还能提升家庭教育指导服务的专业水平。通过这样的举措，可以进一步推动家庭教育的有效实施和"家校社"协同育人的深入发展。

---

① 其力木格. 农村牧区小学家校合作质量提升策略研究[D]. 通辽：内蒙古民族大学，2023.

第八章

特殊类型的家庭教育

第 一 节

单亲家庭的家庭教育

一、单亲家庭概念

英国学者费纳对单亲家庭给出了如下定义：单亲家庭是指只有一个父亲或母亲单独抚养其子女，且子女未成年、正在接受全日制教育的家庭结构。在中国，长期以来，与单亲家庭相关的形容多为"不完整家庭""残缺家庭"等，这些词汇反映出大众对于特别家庭形态——单亲家庭的直观感觉。《中国大百科全书》社会学一册把单亲家庭划分为不完全的家庭，即由于一方离婚、死亡、离家或分居等情况，造成了家庭的不完整性。特别值得注意的是，离婚式单亲家庭已成为我国单亲家庭的主要形式，这主要归因于近年来人们婚姻观念的转变以及传统婚姻稳定性的挑战。离婚式单亲家庭是一种由一方经合法途径离婚后，一方与未满 18 岁但尚无独立生活能力的孩子一起生活的一种家庭。离婚所引起的社会问题比以往任何时候都要复杂，由此产生的教育问题也更加凸显。

二、单亲家庭特征

（一）单亲家庭的基本特征

1. 就业竞争和经济收益上处于弱势

与完整家庭相比，单亲家庭仅有一方父母的经济来源，因此往往难以获得足够的家庭收入。据统计数据显示，单亲家庭中的家长就业率相对较低，而其中单亲母亲的就业率相对更低。此外，单亲家庭的年均收入明显低于完整家庭，生活条件和生活质量也较之有所下降。近年来，尽管单身父母的就业率有所提升，但由于性别不平等以及日益不稳定的就业环境等外部因素的影响，单亲家庭仍然面临较高的贫困风险。单亲家庭的子女在较为弱势的社会环境中成长，因此他们在选择和发展方面可能会受到限制。

2. 家庭成员容易产生身体和心理问题

经济资源匮乏不仅给单亲家庭带来了沉重的经济压力，也对家庭成员的身心健康造成了一定的负面影响。单亲家长不仅需要工作赚钱，还需要照顾孩子，这使得他们无法有足够的时间去社交或学习新的社会技能。时间和经济上的不足限制了他们的社交活动，剥夺了他们一定程度的社会生活权利。由于经济条件的限制，单亲家长的社交空间逐渐缩小，往往会感到孤独。此外，由于家庭结构的不完整，单亲家庭的家庭功能也会受到影响。缺乏另一方父母的存在，容易导致对孩子的关爱不足或者溺爱等现象。

3. 家庭成员融入社会的程度较低

媒体对单亲家庭和单亲家庭学生的报道通常倾向于负面的案例，加深了公众对单亲家庭和单亲家庭学生的负面印象，导致更多的误解和偏见产生。然而，事实上，媒体的判断和评价往往缺乏实证数据支撑，更多基于经验和价值观，存在着片面性和歧视性。因此，不能简单地以个别案例代表整个单亲家庭或单亲家庭学生群体。将单亲学生面临的问题归因于单亲家庭的不完整家庭结构是不正确的，这种认知会对单亲学生的成长产生不利影响。[①]

（二）单亲家庭小学生的基本特征

1. 心理表现特征

家庭结构的稳定性对青少年的正常成长发育至关重要。家庭是他们的驿站和港湾，是青少年健康成长的土壤。特别是对于心智发育尚未成熟的小学生来说，家庭更是安全和幸福的象征，是塑造健全人格和促进心理健康发展的起点。然而，单亲家庭的学生由于家庭结构的不完整和家庭功能

---

① 方敏玲. 单亲家庭小学生的教育管理问题研究［D］. 长沙：湖南农业大学，2022.

的不健全，普遍缺乏足够的关注和关爱，也缺乏充足的安全感。如果父母无法有效应对这些问题，很可能会给他们带来心理困扰或心理障碍。

自卑心理。自卑感是指在和别人比较时，由于低估自己而产生的消极的情绪体验。对于 6 至 12 岁的单亲家庭小学生来说，他们的心理尚未成熟，无法理解家长所面临的困难，而且小学生心灵更为敏感脆弱，缺乏自我调节能力。因此，当他们受到打击时，往往会感到手足无措。特别是当他们看到同伴与父母一起嬉戏玩耍时，内心的失落和悲伤会让他们感到极度痛苦，陷入忧虑和悲伤之中。于是，他们会下意识地关闭自己的内心世界，变得更加孤僻。

自闭心理。长期的自卑心理和缺乏自信会导致小学生的个性变得越来越孤僻和懦弱。他们可能变得说话迟钝甚至越来越少，不愿意或不擅长与他人交流。当他们在生活中遇到不如意的事情时，精神更加紧绷。他们倾向于将自己的真实感受和想法深藏于心，过分保护自己，难以与他人深入交流。

焦虑心理。由于单亲家长可能因为家庭问题而情绪不稳定，这种情绪波动也会影响到他们与子女的相处。孩子需要花费大量精力来处理家庭关系的紧张，这导致他们对人际交往产生焦虑。他们可能会在公共场合感到不安和敏感，在结交朋友时害怕被评价，一旦受到不好的评价就会感到沮丧，表现出畏缩和焦虑的精神特点。

逆反心理。逆反心理是指当客观环境要求与个体需求不相符时个体所产生的一种强烈的反抗心态。在单亲家庭中，逆反心理是小学生较为常见的心理特征之一。这种心态的形成主要是因为他们缺乏安全感，同时又害怕被他人伤害，因此在试图过度保护自我时，情绪和性格容易变得极端。此外，一些单亲家庭的小学生可能渴望得到他人的赞赏和尊重，因此会故意在言语和行动上表现出与众不同的特异性，甚至会通过与他人唱反调来引起别人的关注，以彰显自我价值。①

---

① 尹群安，孟义国. 单亲家庭子女教育点滴谈[J]. 学校党建与思想教育，2012(17)：95-96.

2. 行为表现特征

受单亲家庭影响的小学生在行为方面通常表现出自我控制能力较差，经常会违反学校的纪律规定。他们对于环境的变化不够理解或无法有效控制自身情绪，容易感到焦躁和冲动，对外界的刺激反应更为强烈，而且往往无法在相当长的时间内保持冷静。当情绪失控时，他们倾向于通过大声叫喊、挥舞拳头等方式来释放自己的不满或愤怒。

冲动行为。冲动行为是指在缺乏深思熟虑的情况下过早采取行动的倾向，通常是认知控制不良的结果。Azeredo、Moreira等人的研究发现，家庭因素是对儿童冲动行为影响最直接、持久的环境因素。遗传与环境之间的相互作用很好地解释了学生不良行为的产生和变化。单亲家庭小学生的冲动行为主要表现为情绪不稳定，不高兴时喜欢大声呼喊或咆哮；行事随性，缺乏事前规划；意志薄弱，缺乏自我控制能力；不尊重长辈和老师，容易与他们顶嘴；对伤害自己的人有仇恨情绪，有报复心理。

攻击行为。攻击行为是一种以伤害他人身体或心理为目的的行为，包括对他人的敌视、伤害或破坏性行为。攻击行为通常分为身体攻击、言语攻击和关系攻击。单亲家庭小学生的身体攻击表现为咬、拧、推、撞、打、踢、抢夺或毁坏物品等；言语攻击则包括骂人、取外号、取笑他人等；关系攻击则主要表现为在背后说别人的坏话。在这些攻击行为中，身体攻击表现最为突出且占比最大。过多的攻击性行为可能导致学生品德不良，甚至走上犯罪道路。

3. 学业水平表现特征

单亲家庭小学生在学业方面表现出一些特征：缺乏学习兴趣、学习方法不正确、学习动机不明确、缺乏主动学习意愿以及学习成绩不佳等。学生的学习成绩受到主观和客观因素的影响，其中主观因素占据主导地位，但客观因素也不可忽视。由于小学生的心理发育尚未成熟，缺乏自我控制能力，因此需要父母的监督和指导。而单亲家庭小学生由于缺乏良好的家庭照顾等原因，未能养成良好的学习习惯。他们大多对学习缺乏重视，成绩不理想，也缺乏学习的主动性。在学习态度上，单亲家庭小学生呈现出消极状态，普遍认为学习无用，对各学科缺乏兴趣，并且不愿意付出努力去改变现状。这些学生容易注意力分散，意志力薄弱，很难完成自己所制定的学习目标。

4. 社会化发展表现特征

社会学者、心理学家以及其他学界学者普遍认同社会化是个体由生命开始变为社会成员并逐步适应社会的全过程。这一过程贯穿个体一生，而儿童时期则被视为其中至关重要的阶段，其社会化过程对个体的发展具有特别重要的影响。对单亲家庭学生的社会化发展加以研究，通常将亲子关系和同伴关系作为重点考察对象。大多数单亲家庭的小学生往往缺少朋友，更少有知心或无话不谈的朋友。一方面，他们可能由于自闭、自卑，因此很少会主动邀请同伴到家中做客，也很少与同伴一起参加社会实践活动。由于缺乏与同伴交流、相处的机会，他们也缺乏共同话题，因此往往会感到孤独。另一方面，他们可能对周围环境较为敏感，容易与同伴发生冲突，在冲突发生后，他们通常不擅长理性分析问题，也不试图从自身找出问题的根源，而是等待别人主动向他们道歉。因此，与朋友之间的关系可能逐渐疏远。由于家庭不和谐、老师不适当的评价方式，单亲小学生可能会避免或不愿向家长、老师倾诉内心的真实想法，导致家长与子女、老师与学生之间的沟通不畅。同伴关系的恶化，再加上与家长、老师之间的沟通困难，导致单亲小学生社会化发展的良性环境逐渐受限，问题逐渐加剧。

三、单亲家庭家庭教育的主要问题与影响因素

（一）单亲家庭家庭教育的问题分析

1. 溺爱型家庭教育

有些家长在丧偶或离异后，为了弥补孩子失去的父爱或母爱，常常溺爱孩子，事事都依着他们，导致孩子以自我为中心，缺乏责任感，不懂得尊重他人，好逸恶劳，挥金如土。

2. 高压型家庭教育

过度严厉的家庭教育容易造成孩子反叛的性格，使他们养成用暴力解决问题的思维方式。这些孩子一旦走上犯罪的道路，可能会变得极端凶恶，对社会造成严重威胁。

3. 包办型家庭教育

许多单亲家庭的孩子在生活中过度依赖父母，无论是日常生活还是活动安排，都几乎完全听从父母的决策。这种环境下，父母往往采取多种限制措施，使得孩子难以形成独立意识，对任何事务都过度依赖父母的安排，从而缺乏社会适应能力。更为严重的是，这种依赖心理甚至在进入大学后仍然延续，许多大学生仍然习惯于听从父母的一切安排，包括个人未来的规划。

4. 放任型家庭教育

部分家长因工作繁忙或追求经济收益，误以为金钱能够解决所有问题，进而忽视了对子女的教育；还有些家长因为自己的教育方式不见成效而感到束手无策，于是选择放弃对孩子的干预。这种现象在当今社会中十分普遍，尤其是在单亲家庭里表现得更为突出。这些家庭中的孩子更需要得到关怀与支持，他们渴望与父母建立更为紧密的联系，也期待有人能够倾听他们的心声。

（二）影响单亲家庭儿童发展的主要因素

学者们普遍认为，离婚使子女能够得到的经济、教育、情感、社会等方面的资源有所下降。所以，与健全的家庭相比，单亲儿童在学习和心理上更容易受到挫折，主要体现在以下几个方面：首先，单亲子女通常具有很强的自我意识，他们很难对自己进行全面和准确的认识，经常把问题归结到家人身上，缺少直面困难的勇气，遭遇挫折就会自暴自弃。其次，他们对人际关系特别敏感，过度在意他人评价，害怕被拒绝，从而缺乏自信，与人疏离，社交能力受限。再次，单亲子女还常进行不正确的社会比较，过度关注周围完整家庭孩子的家庭结构，产生心理落差。

单亲家庭儿童发展不良的原因主要包括：家庭因素方面，家长对离婚的态度和情绪状态直接影响孩子的成长。若家长心理失衡，孩子可能长期受压抑和焦虑影响。此外，家长的教育方式也可能导致不良后果，如补偿性溺爱、放任自流或过度严管。学校教育方面，受应试教育影响，学校往往重智育、轻德育，对单亲孩子的心理健康关注不足。社会压力与评价方面，离异单亲家庭常受传统文化影响，受到社会负面评价，进一步影响孩子的心理健康。此外，儿童的个性、性格和气质类型也对单亲家庭教育的结果产生影响。在相同条件下，开朗大气的孩子通常更能适应环境。

四、单亲家庭构建良好家庭教育的有效建议

（一）重建家庭功能

在家庭中，孩子通过父母的引导和教诲，内化了生活技能、社会规范和价值观，这有助于他们塑造品格、完善人性。单亲家庭由于家庭关系的变化和结构的不完整性，常常面临着家庭社会化功能的缺失问题，这使得原本应有的教育效果难以实现。因此，为了孩子的社会化健康发展，重新构建和强化家庭功能显得尤为关键。

1. 重视家庭情感弥补

夫妻关系的好坏直接关系到家庭的和谐氛围，而家庭是儿童成长的重要场所。家庭的和睦程度对孩子的心理发展和性格塑造具有深远的影响。单亲家庭的孩子本就相对缺乏来自另一位家长的关爱，如果单亲家长不能及时与孩子进行情感交流，弥补这一缺失，可能对孩子的社会化进程产生不良影响。为了有效弥补这一情感空缺，首先，单亲家长可以积极关注孩子的内心活动，主动与他们进行情感沟通，给予必要的心理支持和精神力量。这样做有助于孩子消化家庭变故带来的负面情绪，正确看待单亲家庭，并消除潜在的心理障碍。其次，单亲家长应尽快摆脱离异的伤感情绪，为孩子创造一个充满爱的环境，培养孩子健康发展所需的积极态度和品质。最后，爱应遵循适度原则。对孩子的合理要求给予满足，拒绝不合理要求，并告知原因，引导孩子正确理解和表达情绪，以避免孩子产生不

满情绪。

2. 性别角色的塑造

单亲家长在帮助孩子塑造性别角色时，可以遵循以下几个策略：首先，提升孩子对性别角色的认识和理解，根据他们的性别特点进行有针对性的培养，确保他们形成正确的性别观念。其次，努力为孩子营造一个有利于学习性别角色的环境，利用身边的资源，如亲戚、朋友等，来强化孩子对自身性别的认同。比如，在只有母亲和儿子的单亲家庭中，母亲可以安排孩子与一些值得信任的男性长辈接触，让他们在一定程度上扮演父亲的角色，以弥补父性教育的不足，帮助孩子更好地理解和接受自己的性别角色。最后，单亲家长还需关注孩子与同性及异性同伴的交往，合理控制他们与异性同伴的交往时间，引导他们正确选择同性群体，以更好地促进性别角色的认同和发展。只有当孩子对自己的性别角色有了清晰的认同，他们的行为才能更加符合性别角色的规范。

3. 强化家长的道德榜样作用

班杜拉强调了榜样对儿童成长的重要性，指出儿童通过模仿榜样实现社会化。由于儿童的模仿力强，辨别能力弱，会受到周围交往环境的影响。父母是儿童最亲近的人，影响最直接，因此他们的言行举止和道德素养都会被孩子模仿。家长要强化自身的道德榜样作用，引导单亲儿童良性社会化。首先，父母要身体力行，改正不良生活方式，践行社会主义核心价值观。其次，父母要利用传播平台弘扬优秀道德风尚，提升自身道德修养，塑造积极向上的家风，潜移默化地影响孩子。最后，父母不仅要做道德榜样，还要监督子女的道德行为，及时批评和指正子女的不良行为。

（二）提高单亲家长家庭教育思想认识

1. 提高思想认识

单亲家庭的孩子常因缺乏父母的思想指引和关怀，感受不到情感上的支持与照顾，从而易于陷入认知和情感上的偏差，以及个性心理的异常发展。他们可能感受到孤独和不安，情绪波动大，性格闭塞。对于单亲父母来说，关注孩子的心理状态至关重要，加强亲子沟通，特别是在教育方面，必须注重情感和纪律的平衡，助力孩子健康成长。教育专家强调，父母对孩子的责任缺失是一种严重的疏忽，而教育的缺失更是家庭教育中无法弥补的遗憾。实际上，个人婚姻的失败只是生活中的一个挫折，并非终点，仍有选择的机会。因此，单亲父母应当积极面对婚姻失败的阴影，勇敢地拥抱生活，并将更多的精力和关爱投入到孩子的教育中，这样才能共同创造一个更加美好的未来。[①]

2. 把握教育重点

（1）注重性别角色。

性别角色的学习在教育过程中占据举足轻重的地位。对于那些没有父亲或母亲陪伴的男孩或女孩来说，由于他们只能从单一的性别角色中学习，往往容易形成相对单一的性格特点。鉴于此，家长应当积极调动身边的资源，如亲戚、朋友中的异性角色，为孩子打造一个多元化的学习环境，让他们能够接触到更多样化的性别角色模范。这样的做法不仅有助于孩子们充分展现各自的性别角色特点，还有利于塑造他们更为完整和高尚的人格，从而将他们培养成为对社会有贡献的合格人才。

（2）注重树立信心。

单亲家庭的学生常感到自卑，学习和纪律方面表现不佳。为了帮助这类学生转变，家长需要找到孩子的闪光点，激发其兴趣，提升自信心。父母既要监督孩子完成作业，又要成为孩子的辅导员，帮助他们解决学习和成长中的问题。当孩子展现出创新思维时，家长应给予赞扬和肯定，以增强他们的兴趣和信心。此外，家长还需要成为检查员，确保孩子认真完成作业，并成为观察员，及时发现孩子的进步并予以表扬。另外，家长还应与孩子的班主任保持密切沟通，了解孩子在学校和家庭中的表现，共同致力于孩子教育。

（3）注重关爱孩子。

单亲家庭中的孩子往往心理更为敏感和脆弱，因此特别需要父母的深

---

① 凌巧.单亲家庭教育指导策略研究［D］.成都：四川师范大学，2021.

情关怀和呵护。在日常生活中，父母应当倾注更多的爱与温暖，给予孩子安全感；在学习方面，父母也应密切关注孩子的学业进展，及时给予指导和鼓励。此外，一个和睦温馨的家庭环境对于孩子的健康成长至关重要。以电影《妈妈再爱我一次》中的安雯为例，她虽然不是小强的亲生母亲，但在小强面临困境时，她毫不犹豫地担当起母亲的角色，全心全意地付出，展现了母爱的伟大与无私。这样的故事告诉我们，无论血缘关系如何，真挚的爱与关怀都是孩子成长过程中不可或缺的养分。

（4）带领孩子积极参加集体活动。

父母的离异常常会在孩子的情感上留下深刻的烙印，可能使他们感到悲伤和孤独，进而对社交活动产生抵触。为了帮助孩子走出这一心理阴影，父母需要根据孩子的年龄和性格特点，精心引导他们发现和培养自己的兴趣爱好与特长。同时，鼓励孩子与同龄的伙伴建立友谊，共同学习、合作和游戏，这样有助于他们的性格变得更加开朗和活泼。正如著名教育家苏霍姆林斯基所言，每个孩子都有自己独特的潜能和特质，就像一根独特的琴弦，只要找到正确的方式去拨动它，就能发出美妙的声音。因此，父母需要深入了解孩子的内心世界，与他们产生共鸣，引导他们发现自己的价值，进而培养自信心。自信心的培养并非一蹴而就，它需要孩子通过不断的实践活动来逐步建立。无论是学习、动手还是口头表达，每一次的参与和尝试都是孩子树立和提高自信心的基石。通过这些活动，孩子能够不断积累知识，发展智慧，增强实力，从而在内心深处建立起坚实的自信。

（三）为孩子创造和谐积极的人际交往环境

1. 重视沟通，建立良好的亲子关系

亲子间的交流互动，其独特性和重要性是其他任何交流都无法取代的。这种关系的紧密程度，直接且深刻地影响着儿童的成长和社会化过程。在家庭中，儿童的社会化过程主要通过亲子间的互动来达成。一个健康、积极的亲子关系，对于儿童的全面发展至关重要，有助于他们形成健全、积极的人格特质。相反，不良的亲子关系可能导致儿童安全感缺失、

情绪波动大，甚至影响他们的自我认知及社交能力。

首先，建立融洽的亲子关系基础在于父母与孩子之间的深度接触和有效沟通。这种互动对孩子的生理健康、行为态度以及价值观念都有着深远的影响。特别是在单亲家庭中，由于父母角色的缺失，更容易导致亲子关系的疏离。当这种关系受到损害时，孩子可能表现出更多的不良行为，如叛逆、不礼貌等。为了建立稳固的亲子关系，单亲父母应尽可能多地抽出时间陪伴孩子，增加互动的频率。陪伴是建立良好亲子关系的基石，父母应积极参与孩子的日常生活，与他们共同游戏、观看节目，培养共同的兴趣点，为进一步的沟通互动打下坚实基础。同时，父母需要敏锐地捕捉孩子的情感需求，建立一种安全、稳定的依恋关系。其次，在与孩子相处时，父母应坚持民主平等的原则，鼓励孩子主动表达、积极参与，从而形成良好的沟通氛围。父母应在子女表达自己想法和意愿时给予适当鼓励，有利于建立孩子的自信心和自尊心。如果孩子犯错，父母应在不伤害孩子自尊心的前提下加以纠正。最后，单亲家长要避免"大撒手"，将孩子交给祖父母照顾。祖父母可能会溺爱孩子，但由于年龄大、观念落后，与孩子之间缺乏共同语言和情感交流，会导致孩子出现孤僻、冷漠等人格特征，同时缺乏独立性和自主性。因此，父母的监督和教导对于孩子的发展至关重要。①

2. 发展儿童与同伴间的交往关系

家长应当充分认识到孩子同伴关系的重要性，并鼓励他们积极参与各类社交活动。在孩子的成长过程中，朋友和伙伴对其人格塑造和社交技能的培养具有无可替代的作用。得到同龄群体的接纳和认可，会让孩子感受到归属感和安全感，同时也有助于他们学习并掌握良好的社交技巧。然而，也不能忽视一个事实，那就是由于儿童的认知水平有限，他们在选择朋友时可能并不总是能够做出正确的决定。不良群体的影响可能会对孩子的成长产生消极作用，这是家长需要警惕的。因此，家长需要引导孩子学会主动选择朋友，帮助他们识别并远离那些可能带来负面影响的朋友。只有在积极、健康的交往中，孩子才能学会平等、互惠、忍让、理解和包容

---

① 陈童. 单亲家庭对儿童社会化的负面影响研究[D]. 大连：东北财经大学，2018.

等重要的社交原则，从而更好地融入社会，形成乐观开朗的人格。只要家长有决心、耐心和毅力，就能够陪伴孩子度过成长过程中的每一个难关，共同追求幸福和成功。这是一个长期而艰巨的任务，但只要家长用心去做，就一定能够取得好的结果。

皮亚杰强调了儿童间同伴交往的重要性，认为这是他们从自我中心向社会关注的重要转变。儿童时期是同伴关系构建和发展的关键时期。与同龄人的交往有助于儿童培养良好的沟通能力。如果儿童在此阶段无法与同龄人建立良好关系，将失去学习社交技能的最佳机会。通过与同伴互动，儿童学会合作、解决矛盾、道歉和求助等技能。单亲家庭的儿童，在面临家庭解体的情况下，可能会产生自卑心理，导致交往障碍。因此，单亲家长的首要任务是积极支持和鼓励孩子与同龄人接触，为他们创造一个有利于同伴交往的环境。通过参与夏令营、学校组织的活动等，孩子可以在与同伴的互动中逐渐学习交往技巧，感受同伴间的友谊和欢乐。当孩子开始体验到与同伴互动的愉悦时，他们对同伴角色的期待会增加，进而激发交友的兴趣。此外，家长应定期与孩子沟通，了解他们与同伴的交往情况，并在必要时给予适当的指导和帮助。同时，家长也应注意控制单亲子女的交友圈，引导他们结交那些具有积极向上品质的同伴。这样不仅可以减少不良影响，还能帮助孩子在同伴互动中获得更多的正面能量。通过家长的引导和支持，单亲家庭的孩子可以逐渐走出家庭变故的阴影，在与同伴的互动中得到满足，从而改善同伴关系，促进健康成长。

（四）改善家庭教育方式

1. 掌握科学的教育方法

合格的家长在教育子女时，必须掌握科学的教育方法。当前，单亲家庭在教育方式上存在一些误区，如溺爱、严厉施教和期望过高等。阿德勒强调，父母应平等对待孩子，避免溺爱。溺爱容易导致孩子缺乏独立性和自由的性格，变得任性和孤僻。而专制和粗暴的教育方式则可能使孩子精神紧张，损害自信心和决断力，影响身心健康发展。因此，单亲家庭在教育子女时，应采用科学的教育方法。首先，家长要合理把控爱的尺度和分寸，以理智的爱为基础。满足孩子的合理需求，拒绝不合理要求，并引导其培养良好的生活习惯和道德品质。在这个过程中，要注意适度严厉，避免伤害孩子自尊心。其次，家长应尊重孩子的意愿，不强迫其接受自己的观点或期望。采用鼓励式教育，激发孩子的自信心和学习动力。最后，家长要与孩子建立频繁的互动沟通，倾听其内心想法，给予足够的自由。避免过高的教育期望，以免给孩子带来压力。当家庭内部出现矛盾时，家长应保持耐心，理性处理问题，简化复杂情况。根据孩子的性格特点和认知程度，综合运用各种科学的教养方式。掌握科学的教育方法，不仅有助于子女的人格发展，也是儿童社会化健康发展的重要保障。家长应努力成为孩子成长道路上的引路人，为他们创造一个健康、快乐的成长环境。

2. 调节对子女的教育期望

在离异单亲家庭中，父母对子女的期望常出现两个极端：一是过高期望，过分追求子女的卓越表现，以考试成绩为唯一标准。这种高压可能让孩子感到沉重，产生逆反心理，甚至放弃努力。另一极端则是期望过低或缺乏期望，对子女教育冷漠，放任自流。因此，单亲家长应合理调整对子女的期望。首先，要根据子女的实际情况设定适度的期望，避免将期望转化为对子女的压力。适度的期望可以让孩子感受到家长的关心和参与。其次，家长应转变传统教育观念，认识到成绩并非衡量孩子的唯一标准，要寻找适合孩子发展的路径。在教育子女时，家长应运用恰当的方法，通过学习教育知识或咨询专家，来弥补自身在教育方面的不足。通过调整期望值和采用科学的教育方法，单亲家长可以更好地促进子女的健康成长，帮助他们建立积极的学习态度和良好的行为习惯。

3. 尊重儿童的个性化发展

儿童的个性化发展是塑造自我与人格的重要过程。这一过程不仅有助于个体的成长，更对整个青少年群体的进步起到积极的推动作用。群体的进步，离不开个体的成长与发展。因为群体是由无数个个体组成的，每个个体都是群体的一部分。童年是人生中至关重要的阶段，因此社会和家庭都应重视儿童的个性化发展。

第 二 节

留守儿童的家庭教育

一、留守儿童概况

（一）留守儿童概念

1994 年，《瞭望》杂志首次提出了"留守儿童"的概念。关于留守儿童的定义，最为显著的三个争议点分别是：留守儿童的年龄界定、父母外出务工的时长以及孩子的抚养监护者。基于这些分歧，可以这样定义农村留守儿童：那些因父母双方在农村以外地区工作，而无法与他们共同生活，被留在农村，并由其他长辈、亲属或同辈来负责照料、管理和抚养的儿童。农村地区的许多父母在育儿方式上相对缺乏科学性，其教育理念也较为滞后。相较于城市家庭，他们对子女的教育认知和关注程度往往有所不足。因此，农村家庭在孩子的成长过程中，想要营造出一个科学、积极、向上的教育环境，所面临的挑战确实更为艰巨。

（二）留守儿童家庭教育的特点

1. 打骂的粗暴教育方式仍然普遍存在

在农村地区，部分父母受到传统观念和文化程度的局限，坚守着"父母权威不可挑战，孝顺为首要美德"的信条。他们常常过度介入孩子的选择，以自己的经验作为唯一标准，对孩子的言行施加粗暴的干预。当孩子不顺从他们的意愿时，可能会受到严厉斥责甚至体罚。这些父母缺乏正确的家庭教育理念，鲜以平等的姿态与孩子进行对话，且难以通过自身的行为为孩子树立榜样。在教育方面，他们主要聚焦于孩子的考试分数，方式多为催促和命令。部分父母认为学习完全是学校老师的责任，很少主动协助孩子解决学习上的难题。他们倾向于用物质奖励来鼓励孩子，当孩子表现不佳时，则采取简单粗暴的惩罚方式，他们认为这是提高孩子学习动力的有效途径。

2. 难以营造良好的家庭教育氛围

由于物质条件的限制，农村主要经济来源仍然依赖农作物的种植。农活繁重，导致父母缺乏足够的时间来关注和教育孩子。即使有空闲时间，一些父母受到了落后习俗的影响，沉迷于赌博，整日打麻将，而忽略了对孩子的生活照料和学习指导。父母的行为对孩子产生了深远的影响，许多孩子在他们的影响下养成了不良习惯。这些孩子荒废了学业，失去了对学习的兴趣，经常无法完成作业，整天沉迷于娱乐活动中。

农村父母在孩子教育方面往往容易陷入两个极端。一方面，他们可能采取僵化固定的方式，缺乏对孩子理性、灵活的指导。另一方面，则可能溺爱纵容，特别是在隔代教育中，这种情况更为普遍。隔代教育往往表现为溺爱孩子，对孩子的各种要求都不加区分地满足。当孩子犯错时，祖辈常常认为孩子会自行改正，而不加以教导，导致孩子养成了不良习惯。许多案例表明，在溺爱的环境中成长的孩子往往更容易出现各种心理问题。[①]

二、留守儿童家庭教育的现实困境

（一）留守儿童家庭教育存在的问题

1. 留守儿童生活上缺少照料

调查发现，大部分参与隔代监护的监护人年龄超过 60 岁。随着农村青年劳动力的外出，繁重的农活和家务重担主要落在了这些老人身上。但一些老人的健康状况并不理想，这使得他们难以全身心地投入到照看留守儿童的工作中。他们的照料往往仅限于确保孩子的基本生活需求，如饮食和穿着。更令人担忧的是，部分老人因健康状况较差，反而需要留守儿童来

---

① 许向东. 农村留守儿童家庭教育及其对策研究［D］. 绵阳：西南科技大学，2018.

照顾他们。此外，在近亲监护、自我监护和同辈监护这三种监护模式中，也普遍存在对留守儿童关怀不足的问题。

2. 留守儿童学习上缺乏指导

调查发现参与隔代监护的监护人多数受教育程度偏低，他们的受教育程度大多停留在小学水平，甚至部分监护人连基本的读写能力都不具备。这种受教育程度的局限性导致监护人忽视了孩子的学习问题。很多监护人认为，即便自己未受过多少教育，生活中也并未遇到太大困扰，因此不太重视孩子的学习。受限于自身的文化水平，隔代监护人在辅导孩子功课、培养学习兴趣方面显得力不从心，只能主要照顾孩子的生活和安全。这种情况下，一些学习基础薄弱的孩子在学习中遭遇困境，难以跟上教学进度，无法完成课后作业，导致基础知识不扎实，逐渐失去学习兴趣，产生厌学情绪。同样，近亲监护、自我监护和同辈监护这三种监护模式在指导留守儿童学习上也存在明显不足。虽然单亲监护的情况相对稍好，但由于需要独自承担农活和家务，他们在指导孩子学习上也难免有所欠缺。

3. 留守儿童安全上难以保障

留守儿童因年幼和缺乏社会经验及自我保护能力，在父母缺席和监护人疏忽的情况下，极易面临各种安全隐患。这些隐患主要包括成为犯罪分子的目标，以及因环境等因素可能走上违法道路的风险。特别是在同辈监护和自我监护的情境下，这种风险更为突出。由于监护人年龄较小或缺少监护人，这部分留守儿童更容易成为犯罪分子的侵害对象。同时，许多留守儿童因各种原因不愿意与监护人分享内心感受，即便遭受侵害也倾向于保持沉默，这无疑进一步加剧了他们受到伤害的风险。

4. 留守儿童情感上缺少关爱

留守儿童由于父母长期不在身边，联系主要通过电话和网络，且频率很低，导致他们在情感上处于被忽视的状态，缺少了来自父母的关爱。正值孩子身心迅速发育的时期，这种情感与精神上的需求若长时间得不到满足，可能会逐渐积累，对他们的性格发展产生不良影响。这类孩子更容易出现敏感、自卑、孤僻和易怒等心理问题。更糟糕的是，由于与监护人之间的沟通不畅，这些问题往往难以得到及时有效的解决。这种缺乏有效沟通的情况，使得孩子可能变得更加孤僻、不合群，甚至表现出暴力倾向，有可能误入歧途，走向违法犯罪的道路。

（二）造成留守儿童家庭教育困境的原因

1. 家庭方面原因

（1）父母的角色效应弱化。

家庭环境在孩子成长过程中扮演着至关重要的角色。一个健康的家庭结构往往由父亲、母亲和孩子共同构成，这种完整的家庭结构为孩子的健康成长提供了坚实的基础。然而，留守儿童正面临着家庭结构缺失的困境。由于父母外出工作，家庭结构遭到破坏，父母的角色效应减弱，导致留守儿童在家庭教育方面受到严重影响。父母长期不在身边，家庭教育的功能受到损害，这使得留守儿童的辨别是非的能力和道德评判标准降低。这种情况无疑会对儿童的心理发展、性格塑造以及他们对世界的认知和道德观念的形成产生负面影响。此外，农村外出务工的父母普遍受教育程度较低，对家庭角色的认知不足，缺乏对家庭教育责任的认识。他们可能将孩子的需求简化为满足基本生活需求，而将教育责任推向学校。这种观念导致越来越多的父母选择外出务工，忽视了对孩子的家庭教育。一个家庭缺少了父母的角色，让孩子失去了成长的引路人。因此，需要重视留守儿童面临的家庭结构缺失问题，并努力为他们创造一个更加健康和完整的成长环境。

（2）过分依赖学校教育。

学校作为儿童成长的关键环节，除了家庭之外，它是孩子获取知识的主要来源，是传承人类文明与知识的圣地。学校的核心使命在于培养学生的知识获取能力，为未来社会与国家的发展培育各类专业人才。在这样的背景下，许多家长往往将留守儿童的教育重任完全寄托在学校身上，将学校视为留守儿童的"庇护所"。农村地区的父母普遍将学校视为至高无上的存在，认为优质的学校教育可以完全替代家庭教育的角色。因此，他们往往将教育的重任完全交给学校，自己则主要为孩子的物质生活打下基础。

然而，在当前的教育环境下，学校往往更注重学生的升学率和学科知识掌握能力，对于农村留守儿童因家庭教育缺失而产生的人性化的需求，却未能给予足够的关注。目前，农村学校在留守儿童的教育方面普遍面临着理念和方法滞后的问题。学校教育往往过于聚焦于学科知识的传授，而难以关注到留守儿童在心理、情感等方面的需求。对于留守儿童的关爱和关心不足，与他们的家长和监护人的有效沟通也存在诸多困难。除了课堂教学之外，学校对留守儿童的了解相对有限，这使得在家庭教育缺失的情况下，留守儿童很难从学校获得适当的家庭教育引导，从而可能影响他们的心理发展和道德养成。

（3）重视物质积累而忽视子女情感需求。

农村留守儿童的父母多数因文化水平有限，思想观念相对陈旧，他们往往过分关注眼前的经济利益，却忽视了长远的家庭教育意义，对儿童教育责任的认识不够深刻。许多外出务工的父母未能充分意识到问题的严重性，他们认为离开家乡是为了家庭和孩子的长远未来。这些父母对孩子的责任和关爱，往往局限于满足其物质生活需求，忽视了孩子的心理需求。他们认为，只要孩子在幼年时得到基本的生活照顾，自己定期与孩子联系并提供经济支持，就不会对孩子产生负面影响。尽管部分外出务工的父母意识到了家庭教育的重要性，但由于经济压力和对农村发展前景的担忧，他们不得不选择外出打工以获取更高的经济回报。当经济状况改善后，这些父母出于对孩子的愧疚，会更加重视孩子的学校教育，甚至不惜花费更多资金让孩子就读条件更好的学校，接受更优质的教育，希望通过这种方式来弥补家庭教育的不足，促进孩子的更好成长。然而，这种做法却忽略了孩子的情感需求。这些孩子被留在农村，失去了来自父母和家庭的关爱，逐渐失去了至关重要的家庭教育，这一现状确实令人深感痛心。

2. 学校方面原因

（1）传统的应试教育重智育、轻德育。

老师往往更关注成绩优秀的留守儿童，而对成绩较差的留守儿童可能表现出冷漠态度。随着留守儿童数量的增加，学校管理面临着很大的困难。农村地区的许多学校条件相对落后，师资力量匮乏，老师可能同时负责多个年级和班级，难以顾及所有留守学生。大部分学校也没有专门针对留守儿童的心理辅导课程，即使有少数开设，也常常流于形式，缺乏深度和系统性。因此，学校教育的方法和资源相对滞后，无法满足留守儿童的全面发展需求。留守儿童在学校学习过程中，除学科知识外，心理辅导也是非常重要的。缺乏家庭教育的留守儿童更需要学校在心理方面给予帮助和指导，这对他们的身心发展至关重要。因此，学校应该增加针对留守儿童的心理辅导课程，为其提供更多的支持和关爱，帮助他们更好地应对成长过程中的各种挑战。[①]

（2）学校的课程设置与儿童身心发展不相适应。

农村地区受限于经费、教学设施及师资力量的短缺，心理健康课程仅在少数学校得以开设。即便有此类课程，也往往因为缺乏专业教师的指导而显得形式化，针对留守儿童心理健康、人身安全及法律常识等方面的辅助教育更是严重不足。然而，这些教育内容对留守儿童的认知与沟通能力至关重要。由于长期缺乏家庭教育，学校成为留守儿童接受教育的主要场所，理应给予他们更多的支持与帮助。因此，农村留守儿童急需学校和教师的关心与指导，以弥补家庭教育缺失所带来的问题，如亲情的缺失和心理发展的障碍。心理课程对他们至关重要，可以提供必要的支持和帮助，促进他们的健康成长。

3. 社会环境方面原因

（1）外出务工常态化加剧留守儿童的产生。

近年来，随着我国城市的迅猛发展，众多农村青壮年劳动力涌入城市，成为推动城市发展的重要动力。尽管流动人口数量持续增长，但家庭化迁移趋势并未普遍出现，这背后主要受到长期存在的城乡二元结构和当前户籍制度的制约。户籍制度带来的城乡隔离，使得教育、住房、就业等方面存在诸多壁垒，如中高考地域限制、高昂的借读费用、住房与工作环境的局限，以及相对较低的收入水平等。这些因素共同限制了农民工与子

---

① 谭静. 重庆市开州区紫水乡农村留守儿童家庭教育存在的问题及对策研究[D]. 重庆：重庆三峡学院，2020.

女共同生活的可能性。此外，城乡发展不平衡、资源分配不均等也是造成这一现象的深层次原因。大量农民工为城市的发展作出了巨大贡献，但同时也给城市带来了压力。在这样的背景下，留守儿童数量逐渐增多，家庭教育问题凸显，这与农村父母与子女分居两地紧密相关。

（2）生存就业压力导致农民工忍痛与子女分离。

由于农村外出务工人员的文化水平普遍偏低，这在一定程度上限制了他们在城市中的职业选择范围。他们多数从事的是体力劳动，工作往往具有高强度和长时间的特点，同时工作和居住环境也相对较差，可能分布在工地或服务行业等各个领域。他们通过辛勤劳动赚取微薄的报酬，有时甚至会遭遇工资拖欠等困境，需要经历艰难的维权过程。这些农村外出务工人员与孩子长期分离，主要是由于现实条件的限制。由于他们从事体力劳动，并且面临着在城市中解决孩子上学问题的困难，因此大多数儿童被迫留在农村，成为留守儿童。

4. 儿童自身原因

（1）留守儿童的自控能力和自律意识不强。

16 岁以下的孩子正处于心理和生理成长的关键时期。他们的可塑性很强，但由于心智尚未完全发育，缺乏完整的价值观体系和强大的意志力，对社会环境的辨别和抵制能力有限。农村地区基础设施相对落后，娱乐教育场所稀少，留守儿童缺乏适当的娱乐活动场所，因此常涌向网吧、游戏厅等地，易受不良社会风气影响。地方政府监管不力，导致许多留守儿童养成不良习惯，甚至被不良人士引诱走上犯罪道路。近年来未成年犯罪案件不断增加，其中很多犯罪者是缺乏家庭管教的留守儿童。缺乏父母教育，使得部分留守儿童自控能力差，行为容易走偏，心理和性格问题突出。因此，留守儿童的成长之路充满着不确定性，值得引起社会的关注和担忧。

（2）留守儿童自我保护能力不强。

留守儿童由于年龄尚小，自我保护能力相对较弱，急需监护人的关爱与照顾。同时，他们的安全意识也较为薄弱。在农村地区，由于生产生活条件相对落后，安全基础设施的建设也较为滞后，导致安全隐患较多。近年来，频频报道留守儿童遭遇意外伤害的事件。当父母外出务工后，代理监护人虽能在生活上给予留守儿童一定的照顾，但在情感交流和心理疏导方面却显得力不从心。留守儿童往往缺乏日常交流的对象，他们心中的困惑和烦恼难以找到合适的倾诉渠道。有时，他们可能会选择与朋友分享，但由于年龄和经验的限制，他们的辨别能力尚不成熟，容易受到不良影响，进而结交不当的朋友，甚至走上偏离正常生活的道路。因此，监护人和老师应当时刻关注留守儿童的身心健康和成长状况，不仅要提供物质上的帮助，更要与他们进行深入的心理沟通。通过有效的交流和引导，帮助留守儿童建立正确的价值观和人生观，增强他们的自我保护能力，从而预防潜在的风险和问题。

三、支持留守儿童家庭教育的积极策略

（一）以监护人为重心，激活原生家庭教育功能

1. 增强监护人家庭教育意识，树立科学家庭教育理念

首先，一个健康、优秀的成年人，其成长背后必然有着良好的家庭教育作为支撑。在家庭教育的过程中，父母或监护人的教育理念和方法扮演着举足轻重的角色。为了实施有效的家庭教育，父母需要不断地自我反省和提升，确保自身教育理念的正确性。在教育孩子时，他们应该秉持平等、民主的态度，尊重孩子的选择权，注重培养孩子的思想品德，促进其全面发展。同时，他们应深入了解孩子的身心发展特点，因材施教，采用科学的教育方法。此外，父母还需增强自己的教养责任意识，为孩子营造一个和谐、完整的家庭环境。其次，在教育方法上，父母或监护人应避免简单粗暴的打骂教育，也不应放任自流。他们需要从孩子的视角出发，理解并尊重孩子的想法。传统教育方法与当代青少年思维可能存在的冲突，要求父母或监护人与时俱进，调整教育策略。建立民主、平等的家庭关系是关键，但这并不意味着对孩子无原则的溺爱。当孩子犯错时，父母应及时、果断地予以纠正。同时，家庭教育方法应随着孩子年龄的增长而灵活调整，以适应其身心发展的规律。最后，家庭教育并非孤立存在，它需要

与学校和社会教育相互协调，共同促进孩子的全面成长。只有这样，才能培养出合格的社会主义接班人，为社会的繁荣和发展贡献力量。①

2. 合理安排外出方式，选择就近务工

家庭作为个体最早的社会化场所和自我发展的摇篮，其影响力贯穿人的一生。特别是作为儿童成长的摇篮，家庭在他们多方面的启蒙中扮演着不可或缺的角色。因此，家长应深刻认识到家庭结构的完整对于整个家庭氛围的营造和孩子成长的重要性。对于那些因生计而需外出务工的父母，平衡工作和照顾孩子变得尤为关键，以保障家庭的和谐与孩子的健康成长。

（1）选择就近务工。

对于那些确实需要外出工作的父母，选择就近就业是一个值得考虑的策略。例如，绵阳市的农民工可以优先考虑在本地或周边地区寻找工作机会。近年来，绵阳市政府一直在努力完善城乡就业服务体系，鼓励农民工和企业家返乡创业，为他们提供了丰富的就业和创业机会。通过参与政府组织的技术培训和创业指导，农村劳动力可以在家乡附近找到合适的工作，实现灵活就业和创业梦想。尽管返乡可能意味着收入上的某种牺牲，但家庭结构的完整和孩子的健康成长是无可替代的。毕竟，孩子是家庭的未来和希望，他们的教育和发展至关重要。

（2）携带子女去打工。

对于那些条件允许的父母，携带子女一同前往打工地也是一个值得考虑的选择。2017 年，绵阳市出台了《关于进一步加强农村留守儿童关爱保护工作的实施意见》，为留守儿童随父母进城求学提供了政策上的支持。外出务工的父母应充分了解并利用这些政策，与孩子共同生活，为他们提供稳定的家庭环境。在这样的环境下，孩子不仅能够得到父母的日常照料，还能与父母进行更深入的情感交流。父母的关爱和陪伴是孩子健康成长的重要保障，无论是在学习上还是生活中，孩子得到父母的及时关注和

---

① 段成荣，吕利丹，王宗萍. 城市化背景下农村留守儿童的家庭教育与学校教育［J］. 北京大学教育评论，2014，12（03）：13-29+188-189.

帮助，才能在一个和谐、健康、稳定的环境中茁壮成长。

3. 加强亲子互动，做到缺席不缺位

（1）在外打工的父母应主动学习科学的家庭教育知识。

尽管父母身处异地，但关心和教育孩子的责任不能忽视。他们应利用业余时间，通过各类学习途径，掌握孩子的身心发展规律，提升家庭教育水平。参与培训、网络课程或家长学校等活动，加强与孩子的亲子互动，提供心灵上的支持。同时，定期与留守儿童、监护人及学校老师保持联系，了解孩子的情况，及时沟通教育问题，有效开展家庭教育活动。在沟通时，应注重方法，耐心倾听孩子的想法，多鼓励少批评，以增强其自信心，减少负面情绪。此外，有条件的父母可利用节日等时机，创造与孩子相聚的机会，增进亲子关系。留守儿童的监护人也应积极参与相关教育活动，为孩子营造良好的成长环境。

（2）外出务工前，父母要和留守儿童做好心理沟通。

父母的离开可能给孩子带来心理上的压力和不安，因此父母应提前为孩子做好心理疏导。首先，确保孩子的生活学习环境稳定，选择合适的监护人，解决生活起居和安全问题。其次，引导孩子学会自我调节，预见可能遇到的困难，并教会他们应对方法。通过深入的心理交流，帮助孩子理解父母外出务工的原因，建立积极健康的心态，勇敢面对生活中的挑战。同时，父母应与老师和亲友保持联系，确保在孩子需要时能够及时给予支持和帮助。

（二）充分动员社会力量，增加资源供给

资源是农村留守儿童家庭教育发展的基石，要想实现其目标和效果，必须确保资源的充足。鉴于政府资源有限的现状，政府应当秉持协同治理和社会支持的理念，积极动员多方力量参与公共服务的无偿供给。通过调动资金、物资、人力等资源，完善基础设施，采取切实有效的措施，大力推动农村留守儿童家庭教育的发展。

1. 加大资金支持力度

按照《关于指导推进家庭教育的五年规划（2021—2025 年）》要求，政

府应加大财政投入力度，切实保障家庭教育经费的落实。各级政府应积极拓展经费来源渠道，鼓励多元主体参与经费筹措，如营利、非营利组织以及民间慈善基金会等，共同支持家庭教育服务机构的创建与运营。同时，政府应加强对高校、家庭教育指导中心等组织和民间人才培训机构的引导与监管，提升其对农村留守儿童家庭教育重要性的认识，鼓励其积极投身家庭教育事业。此外，政府还需加大对农村教育基础设施建设的投入，争取项目赞助或扶持资金，推动乡村未来学院、留守儿童快乐家园等项目的建设。

2. 提高人力资源素质

农村留守儿童家庭教育的发展离不开专业人才的支持。因此，政府应重视提升相关人员的专业素质，加强人才培养和队伍管理。在队伍管理方面，要确保管理人员数量充足，实现定编定岗，减少人员流动，保持队伍稳定性。在人才培养方面，政府可以与高校合作，开设家庭教育相关课程，吸引并整合高素质志愿者等民间力量参与家庭教育研究和教学活动。同时，政府还应打造专业、规范的人才培训平台，构建高效、稳定、完备的培训体系，确保管理人员和专业从业人员能够全面掌握家庭教育的理论知识和技能，形成系统化的认知。

（三）营造舆论环境，争取理解和支持

农村留守儿童家庭教育的发展受到外部环境的多重影响，其中群众价值观和社会接纳度对于政策的推行与实施具有关键作用。因此，政府应积极利用主流媒体，引导舆论走向，通过多层次的社会宣传，增强群众对政策的认同和支持。同时，广泛普及相关知识，以推动政府行动取得更好的效果。

1. 加强媒体宣传

在农村地区推广家庭教育时，监护人的理解和配合至关重要。因此，加大家庭教育的宣传力度，并开展形式多样的家庭教育活动，对于吸引监护人积极参与具有重要意义。借助新媒体的快速发展，政府可以更加便捷

地利用多样化宣传模式，营造有利于家庭教育推广的舆论环境。通过微信公众号、视频平台、广播、电视、微博等线上渠道，以及报刊、宣传栏、LED户外显示屏、宣传条幅等线下媒介，全面覆盖农村地区的家庭教育宣传。宣传内容应围绕家庭教育知识和技能培训，采用简洁明了的方式，结合政策解读，提升监护人对家庭教育的重视程度和实践能力。

2. 树立典型示范

选拔和树立农村留守儿童家庭教育支持工作的典型案例，有助于传递正能量和正确方法，彰显政府对这一领域的重视和决心。同时，这也有助于提升支持主体（如政府机构、社区组织、公益团体、个人讲师等）的社会地位，为农村地区家庭教育工作的推进营造积极氛围。此外，通过举办演讲、表演等丰富多彩的活动，以灵活多样的方式传播家庭教育的成功经验，进一步推动农村留守儿童家庭教育事业的蓬勃发展。①

（四）完善政府政策，强化留守儿童家庭教育保障

外出务工人员对经济发展做出贡献，但农村留守儿童面临教育弱势。政府应重视留守儿童这一群体，发挥主导作用，统一思想，增强责任意识，制定留守儿童家庭教育实施细则，建立保障和帮扶机制，确保留守儿童得到充分的照顾和教育，以促进健康成长。

1. 推进城镇化，促进城乡平衡发展

农村留守儿童家庭教育问题核心在于父母角色的缺失。为解决这一问题，政府应积极推动农民返乡就业创业，从根本上改变外出务工的局面。为此，应调整农业产业结构，发挥地区特色，推动城镇化进程。加大农村招商引资力度，完善基础设施，努力实现全面通路，为农民提供更为便利的生活和投资环境。通过制定优惠政策，吸引企业回乡投资，为农民提供更多本地就业机会。同时，鼓励农民发掘本地特色产业，参与政府支持的农业项目，利用现代科技手段如"互联网+"推动当地经济发展。通过这些措施，将外出务工转变为返乡就业创业，从根本上解决农民收入问题，减

---

① 付雪娇. Z市农村留守儿童家庭教育的政府支持研究[D]. 武汉：华中农业大学，2023.

少留守儿童现象。

2. 完善教育制度，实现教育公平

为了保障农民工及其子女的市民待遇，减少留守儿童数量，政府需完善教育制度。确保农村留守儿童在原籍地和流入地都能享受到公平的教育资源。这要求打破户籍、入学、学籍考试等制度壁垒，逐步缩小城乡教育差距，推动基础教育均衡发展，建立城乡公平的义务教育体系。最终目标是确保每个农村留守儿童都能获得平等的教育机会，保障人民群众受教育的权利与义务，促进农民工家庭的和谐稳定发展。

鉴于当前户籍改革尚未完全实施，政府应针对农村留守儿童制定一系列惠民政策，支持他们随父母进城生活学习。许多农民工因子女户籍不在城市而承担不起高昂的入学费用，导致子女成为留守儿童。因此，教育主管部门应设立举报渠道，确保农民工子女公平的受教育权利。同时，政府应加大城市农民工子弟学校的建设力度，拓展城市教育资源。各级政府可通过财政拨款和社会募捐等方式，为这些学校提供资金支持，确保其正常运行，为农村留守儿童提供更多教育机会。[①]

第 三 节

独生子女的家庭教育

独生子女是指一对夫妇只生育（或收养）一个子女。作为我国社会现代化建设的伴生现象，独生子女已经成为我国社会的普遍现象，涵盖了两代人。一代人已组建家庭，开始教育下一代独生子女，而另一代仍生活在自己的家庭中。

独生子女家庭教育是指根据独生子女在不同生长发育阶段的特点和需求，并考虑社会影响因素和未来发展需要而实施的教育，是长辈们应自觉

---

① 肖成虎. 阜南县农村留守儿童家庭教育现状调查及对策研究［D］. 淮北：淮北师范大学，2018.

承担起的责任和义务，为独生子女的全面健康成长创造良好的家庭环境和条件。这种教育是涵盖亲情范畴、影响独生子女一生的教育，受政治、经济、文化、道德、法制等社会因素影响，与社会各阶段、各层面的教育相辅相成，相互补充、配合，为独生子女的全面发展提供支持。

自 1982 年实行计划生育政策以来，中国的独生子女数量已达 1.8 亿人，占据了总人口的 13%。社会飞速猛进使得独生子女的生活环境经历了翻天覆地的变革。他们成长在一个充满改革开放活力、市场经济繁荣、物质条件优渥、大众文化盛行、信息技术和电子媒体高度发展的时代。然而，社会转型期所带来的种种矛盾和困惑不可避免地渗透到学校和家庭教育中，对独生子女产生了复杂而深远的影响。这种新时代背景下的家庭教育挑战，对于独生子女的成长和发展提出了新的要求。

大部分独生子女中小学生在思想品德方面表现良好，具有助人为乐、诚实守信等积极品质，也具有诸如重视时间、注重实效、要求进取、鼓励竞争、追求文明健康科学生活等新的道德品质。然而，现代独生子女家庭教育也面临一系列问题：孩子生活条件优越但动手能力减弱，责任感不强；学习环境良好但心理素质脆弱，心理问题突出；表现出不合作、自我主义、享乐主义、怕吃苦等习气，以及攻击性；个人道德、创造性、独立性、勤劳节俭等方面存在缺陷。这些问题凸显了家庭教育的困难之处，尽管中国的家庭教育历史悠久，包含重视人格培养和道德教化的儒家传统，但现代独生子女家庭教育问题仍然备受关注。如果不及时矫正，这些问题将不仅影响独生子女个人发展，还会对中国的未来发展产生负面影响。

一、独生子女家庭的现状与特点

（一）亲子互动频率提高

在独生子女家庭中，父母与子女的互动更为直接和集中，因此其互动影响力也更为显著。孩子的成长过程实则是父母与子女间情感交流的过程。在这一过程中，父母的爱是孩子心理需求的基本支撑。相较于非独生子女，独生子女得到的父母之爱更为集中和深刻，这能充分满足他们的心理需求，赋予他们稳定的安全感和归属感。这种情感上的满足，有助于塑造孩子健康、自信、积极主动的性格特质，是独生子女身心健康发展的关键所在。在文化生活层面，教育因素的作用愈发凸显。现代社会中，虽然文化知识的传授主要由教师负责，但随着独生子女家庭的增多，父母对孩子未来的期望也在不断提高。他们期望孩子能在竞争激烈的社会中脱颖而出，因此越来越多地参与到孩子的文化知识教育中。亲子互动中，文化教育的内容不断丰富，父母会检查孩子的作业、辅导学习，利用业余时间带孩子参与音乐、体育、美术等课程，并与孩子共同探讨各种问题。这些已成为独生子女家庭中父母与孩子互动的重要内容。在物质生活方面，父母对孩子的需求给予更多关注。由于家中仅有一个孩子，父母不仅满足其基本生活需求，还愿意为孩子的智力发展投入更多资源。他们购买各种玩具，订阅报刊，安排外出旅游，培养孩子的特长。这些物质投入对独生子女的全面发展具有积极作用。然而，过度满足孩子的物质需求也可能导致孩子形成自私和奢侈的习惯，这对孩子培养为他人着想、平等相处的品质是不利的。因此，在物质投入的同时，父母还需关注孩子的品格培养，引导他们形成正确的价值观和生活态度。

（二）独生子女的中心地位得到强化

在传统社会中，家长扮演着家庭的核心角色。然而，在现今的独生子女家庭中，家庭的中心地位逐渐转移到孩子身上，独生子女成为家庭生活的中心。独生子女家庭中的父母花费在孩子身上的时间明显多于多子女家庭。在日常生活中，独生子女的中心地位显而易见。一些家庭在准备饭菜时，首要考虑的是孩子的口味和营养，优质的食物总是优先给孩子享用。在购物时，父母往往为孩子选购高质量的衣物、玩具和学习用品，而自己则相对节俭。即便在住房条件有限的情况下，最好的房间也常常留给孩子。据相关调查显示，许多家长倾向于满足孩子的各种需求，甚至愿意牺牲自己的生活质量来满足孩子。此外，在家庭的文化娱乐活动中，父母往往以孩子的兴趣为主导，陪孩子玩耍。这一现象既体现了父母对孩子成长的重视，也反映出独生子女家庭教育的一些偏颇。过度以孩子为中心，可能导致孩子缺乏正确的自我认知，难以接受父母的理性教育和严格要求。父母过度的关注和陪伴，可能让孩子感到失去自由空间，影响亲子关系，也阻碍了孩子独立能力的培养。同时，父母对子女的过度投入和关注，也可能导致他们产生对子女的特殊依恋心理。因此，在独生子女家庭教育中，父母需要适度调整自己的角色和期望，以促进孩子的全面健康发展。

（三）家长的心理及行为负担增大

在现今竞争激烈的社会背景下，独生子女家庭的父母常常将全部的情感和期望倾注在唯一的孩子身上，这无疑增加了孩子的心理压力和负担。父母对子女的学业和未来发展往往抱有极高的期望，这种期望背后隐藏着对孩子未来生存能力和生活质量的深深担忧。在过去的多子女家庭，父母可以将这种期望分散在多个孩子身上，而现在的独生子女家庭则往往将全部希望寄托在一个孩子身上，对成功的追求变得尤为迫切，难以接受任何形式的失败。媒体对早期教育和成功青少年的过度渲染，以及社会竞争的日益加剧，进一步加剧了独生子女家长对子女教育成功的紧张心理。他们渴望为孩子提供最好的一切，助力他们走向成功。然而，这种过度的期望和投入不仅给父母自身带来了沉重的压力，也给孩子带来了巨大的心理负担和行为压力。

二、独生子女家庭教育存在的问题

（一）偏重智育

1. 以分数衡量孩子的成功

在现代社会中，不少家长过于看重独生子女的考试成绩，将其视为衡量孩子成功的唯一标准。这种观念下，分数成为孩子在家庭地位中的重要支撑，家长的情绪也随之波动，完全受孩子的学业表现所影响。为了激励孩子提高成绩，部分家长采取了奖惩分明的措施，甚至将压岁钱与成绩挂钩，试图通过金钱和物质奖励来激发孩子的学习动力。然而，这种教育方式存在明显的弊端。它过度聚焦于学业成绩，忽视了孩子正确人生观、道德观和价值观的培养。在这种单一的评价标准下，孩子可能只注重学习成绩的提升，而忽略了个人的全面发展和社会适应能力的培养。这既不符合个体自身发展的需求，也不符合社会对现代人才的多元化要求。

2. 重"金"投资

家长普遍认为，为了孩子的成才，财力投入是必不可少的。特别是在现代独生子女家庭中，家长深信，只要愿意投入资金，就能收获相应的回报。因此，他们不遗余力地花费大量金钱和精力，为孩子聘请家教、购买各类参考书和辅导资料。甚至有些家长不惜花费几千甚至上万购买钢琴等乐器，期望通过培养孩子的艺术才能来助其一臂之力。在孩子还很小的时候，家长就急于投资孩子的兴趣培养，纷纷报名让孩子参加书法、绘画、音乐、作文、英语等兴趣班，希望孩子能够全面发展。同时，为了避开国内高考的竞争压力，一些家长还将目光转向了国外的教育市场，希望通过不同的教育途径为孩子铺设成功的道路。夸大其词的报道激发了家长们渴望子女成功的愿望，他们不惜一切代价，甚至省吃俭用，东拼西凑，将十几岁的孩子送到国外接受高中和大学教育。十几岁的独生子女还不够成熟，自控能力较差，从原本被宠爱的状态一下子转变为需要独立面对新生活的状态，无论是生活习惯、语言能力还是文化背景，都需要重新适应。他们在心理上并没有做好准备，往往会承受巨大压力，甚至影响到孩子成长，其背负着沉重的心理负担，可能走向极端。

（二）忽视对独生子女的道德培养

随着科技和社会的快速发展，现代社会对人才的要求已经发生了显著变化。除了学历和名校背景，个人的知识水平、适应能力、合作能力、竞争能力以及创新能力等综合素质成为更为重要的考量因素。然而，许多家长在教育孩子时，仍然受到传统观念和个人经验的束缚，过度强调智育，将其视为孩子成功的唯一途径。这种单一的教育观念导致家长忽视了孩子品德个性、行为习惯、情绪情感、思想志向、兴趣爱好等方面的全面培养。他们不让孩子担任班级干部，不鼓励他们参与双休日的公益劳动和学校的文体活动，而是将全部精力都放在了学习上。家长们担心非智力因素会对孩子的学业表现产生负面影响，甚至认为只要孩子掌握了足够的知识，品德素质就会自然而然地提升。然而，这种片面的教育方式往往培养出缺乏责任心、不擅长合作、动手能力差、心理脆弱的孩子。这些孩子在面对现实社会的挑战时，往往显得力不从心，难以适应和融入。因此，除了智力的培养外，家长应该重视对孩子品德和行为习惯的培养，以塑造他们成为全面发展的人才。

（三）忽视对独生子女的创新思想和行为的培养

许多家长认为创新意识和能力无法带来地位和经济收益，甚至对孩子的好奇心和求新行为进行批评，导致孩子逐渐丧失创新意识。孩子只为了追求高分，以获得家长和老师的表扬，而很少去思考他们学习的真正目的，他们被家长牵着走，毫无独立思考能力。独生子女在家长的压力下，全力以赴地致力于取得好成绩、进入理想大学，没有时间和精力去培养创新意识和参与创新活动。家长强迫孩子放弃个人兴趣和爱好，让他们从事家长和老师安排的所谓"有前途"的事业。

（四）娇宠溺爱，提供过多关心和帮助

1. 将孩子置于过于特殊的地位

如今，绝大多数城市孩子都是独生子女，家庭条件普遍较为优越。退休或闲暇在家的爷爷奶奶、外公外婆或已有一定的经济实力，或已经安享退休生活。这些长辈与孩子的父母一道，将所有的期望不约而同地寄托在独生子女身上。孩子在这种环境中，被六位长辈无微不至的关怀所包围，几乎无意识地便成为家庭的焦点。家长对独生子女的物质需求几乎是全方位满足，大量购买各种玩具、书籍、零食等，让他们自由自在地玩耍学习，毫不受拘束。长此以往，独生子女可能会形成一种唯我独尊的思想，自私自利。他们认为生活中的一切都理所应当，不懂得尊重他人的劳动成果，也不懂得勤俭节约，甚至可能不能正确认识生活目标。

2. 包办代替，忽视孩子自理能力和劳动观念的培养

在现代独生子女家庭中，家长往往过度承担了孩子的许多责任，为他

们包办了众多事务。从盛饭、穿衣到削铅笔、戴红领巾，甚至是洗手帕这样的小事，家长们都习惯性地代劳。然而，这种过度的照顾实际上养成了孩子的依赖性，使他们在面对生活琐事时缺乏自主处理的能力。家长为孩子操办生活的方方面面，虽然看似关爱备至，但实际剥夺了孩子学习生活技能和在逆境中磨炼意志的机会。这种过度保护让孩子变得越来越娇气，缺乏应对困难和挑战的能力，以及处理实际问题的技巧。

三、独生子女家庭教育的对策

家庭教育在儿童社会化过程中发挥着至关重要的作用，而亲子关系是影响其成效的关键因素。家长的教育动机、内容、理念以及方式，共同决定了教育的效果。当前，我们生活在一个开放与信息的时代，这样的时代背景使得孩子的思想和心理呈现出与以往不同的特点。这无疑给现代独生子女的家庭教育带来了新的挑战和问题。家长的文化水平、道德品质、行为习惯以及家庭环境等因素，都在无形中影响着孩子的成长。随着青少年的心理发展和社会环境的变化，家长需要不断调整家庭教育理念，重新审视教育对象，并灵活调整教育方式，以适应孩子的成长需求。

（一）家长要树立正确的教育观

家长的教育理念是塑造其教育行为、决定教育成效的关键因素。科学的家庭教育理念强调家长与孩子的相互合作与共同成长，构建双向民主化的家庭教育体系。这种理念注重以人为本，培养孩子的创新意识、实践能力和健康心理，全面提升其综合素质。同时，现代家庭教育也倡导建立科学的成才观和评价观，注重孩子的自我评价，全面、科学地评价其整体素质，因材施教，设定合理的期望目标。具体而言，家庭教育理念应涵盖以下几个方面：首先，人格教育是家庭教育的基石。它强调培养孩子的健全人格，不仅注重知识传授和智力发展，还关注孩子的情感、道德、意志等非智力因素的培养。这要求孩子具备自主、自尊的品质，言行一致，勇于承担责任，善于应对挫折。人格教育需要家庭、学校、社会等多方面的共同努力，共同塑造孩子完善的人格。其次，爱心教育是家庭教育中不可或缺的一部分。对独生子女的爱要适度,既要表达关爱,又要培养他们的回馈意识。通过让孩子体验、珍惜和传递爱,让爱充满他们的生活。过度的爱可能导致孩子对爱心变得麻木,甚至具有自私倾向,因此要对独生子女进行适当的爱心教育。此外,协作教育也是现代家庭教育的重要方面。社会需要孩子具备独立、合作和协调的能力,家长应为他们创造群体环境,促进他们建立人际关系,融入儿童社会。通过儿童之间的互相教学,培养他们的协作精神和社交能力。亲情教育在独生子女教育中具有特殊的重要性。亲情是孩子成长中的精神支柱和营养来源,通过亲情的纽带推进子女教育,让孩子学会感恩、真诚和承担责任。最后,社会化教育也是改善独生子女家庭教育的重要内容。由于独生子女缺乏与同龄人的交往机会,容易导致社交能力不足。因此,家长应提供更多社会生活机会,帮助孩子拓展社交圈子,培养他们的社交能力。

(二)家长要加强科学的家庭教育指导

家长的品行直接影响着子女的行为。家长的态度决定了家庭的氛围,民主的家长培养出平等心态的子女,而独断的家长则造就了专横的后代。家庭中的仁慈或暴虐直接塑造了子女的博爱或残忍。孟母三迁与岳母刺字,这两则故事都深刻揭示了家庭环境在塑造人一生中的关键作用。然而,现实中却常将家庭教育简化为"家教",进一步将其等同为单纯辅导孩子学业,这无疑是忽略了家庭教育的真谛。若家长未得到恰当的教育,那么子女的教育也将难以达到理想效果。现代教育理念明确指出,要教好学生,首先得教好教师;同理,要教好孩子,首要任务是教好家长。家庭教育需要科学的引导与现代技术的支持,这样,它才能稳健、和谐、持续地发展。此外,科学的家庭教育不仅关乎个体的健康成长,更是国民人文素养与高科技素养提升的重要保证。因此,必须深刻认识到家庭教育的重要性,并致力于提升其质量与效果。

1. 用现代家庭教育理念帮助家长树立正确的教育观

家庭教育指导应以孩子成长的思想、心理和生理特点为依据,凸显其方向性、时代性和民主性,以助家长形成正确的教育观念。要纠正家长

"重智轻德"的倾向，确立"成才先成人"的现代观念，全面关注孩子的发展。可以组织家长学习国家关于素质教育的政策文件，分享国内外先进的家庭教育经验，使家长掌握现代家庭教育知识和方法，确保他们的教育观念与时俱进，与孩子的成长需求相契合。家长应认识到教育孩子如同大禹治水，应引导而非压制。面对孩子的问题，有时需果断处理，但更多需引导和教育。不良的家教方式如唠叨、训斥、强迫等，常使孩子感到困扰，长期下来，可能导致亲子关系紧张。因此，家长应树立民主观念，视孩子为朋友，尊重其人格独立，给予更多空间。在宽松和谐的环境中，孩子能感到被理解，与家长建立更亲密的关系，双方以平等方式交流，从而提升家庭教育效果。

2. 用改革创新理念帮助家长掌握正确的教育方法论

家庭教育是以子女成长为核心，家长与子女间双向互动的过程，家长在其中扮演主导角色，他们的教育方式与行为直接关系到教育质量。因此，需要以创新的理念指导家庭教育方法的运用，凸显其主体性、互动性和多样性，使家长掌握正确的教育方法论。坚持互动的指导原则意味着，家庭教育指导不仅是向家长传授教育方法，更是双方共同学习、交流和提高的过程。同时，家长在教育孩子时，也应激发孩子的积极性，促进两代人间的思想交流和情感沟通，实现共同学习、共同进步。在方法层面，要根据家庭教育的特点，如天然性、权威性、情感性等，帮助家长梳理并掌握正确的教育方式，如说服教育、行为训练、家规制度、激励评价等。此外，家长还需具备多种家庭教育能力，如分析问题的能力、了解孩子的能力、评价鼓励的能力、家庭协调能力等，以全面提升家庭教育的效果。

3. 准确把握和切实推进家庭教育指导过程的三个阶段

阶段一，要以人为本，引导家长摆正家庭教育与学历教育的关系，增强全体家长积极参与的意识。在指导过程中，家长需要了解自己的需求、兴趣和挑战。家长面对孩子的行为和情绪可能感到棘手，他们期待能得到更有效的帮助。因此，制定计划时必须尊重家长意见，激发其参与和配合意识，实现指导者与被指导者的统一，使家长愿意接受指导，并将其融入自身需求，积极完善家庭教育。家长的学历、职业和社会地位并不完全决定家庭教育的质量和子女的成功。高学历并不保证能出色教育子女，而低学历的家长也可能拥有出色的教育能力。学历只是衡量接受专业教育的一个标准，并非全面反映教育能力的指标。面对如何在新时代实施家庭教育这一新挑战，应鼓励不同学历和职业背景的家长共同参与，使教育指导更贴合实际，满足家长多样化的学习需求，从而整体提升家长教育子女的水平。

阶段二，应着重合作，帮助家长正确把握家庭教育与学校教育的关联，并激发他们自主学习的动力。合作是人际关系的核心形式，它要求个体与群体成员为实现共同目标而共同努力、协调行动。应积极为家长搭建交流和互动的平台，让他们在真实案例中汲取经验，深化对教育的理解，掌握家庭教育这一充满时代价值的学问。家长参与家庭教育的指导和实践，实际上也是他们自我发展的一个重要环节。在家庭教育的过程中，家长需要不断学习新知识、总结新经验，为孩子树立勇敢、自信的榜样。这样，才能与孩子共同成长、共同进步。在构建以学习者为中心的社会中，满足学习型家庭的需求尤为重要。应努力为家长和孩子创造更多交流和互动的机会，为提升家庭教育水平创造有利条件。

阶段三，应关注长效性，帮助家长明确家庭教育与终身教育的紧密联系，并强化他们自我教育的意识。家长始终是孩子的楷模，他们的教育和影响是持续不断的。特别是在知识经济时代，科技日新月异，家长若不能与时俱进，就难以适应时代的要求。因此，家长需要树立终身学习的理念，不断更新知识，才能持续引导孩子的发展，并发挥积极的榜样作用。应引导家长深刻理解家庭教育与终身教育的关系，认识到家庭教育是孩子成长过程中不可或缺的一部分，也是实现终身教育的重要途径。同时，家庭教育也会深刻影响家长自身的终身学习，成为他们自我提升的重要桥梁。

第 四 节

二孩家庭的家庭教育

二孩家庭教育特指在国家实施全面二孩政策后，那些选择生育第二个孩子的家庭，在日常生活中展开的家长与两个孩子间的相互教育活动。这涵盖了家长根据自身的家庭教育经验，为两个孩子树立的教育榜样，以及孩子们对家长的教育反馈。本节主要关注父母和家中第一个孩子，在面对第二个孩子降临时，在认知、态度、行为和情感等核心方面所面临的挑战。针对这些挑战，提供实用的指导建议，旨在帮助家长和第一个孩子平稳度过这一特殊阶段，并推动二孩家庭教育取得理想效果。

一、二孩家庭家庭教育存在的问题

（一）家庭氛围

家庭氛围是家庭成员在互动中构建的心理环境和人际关系，它涵盖了道德观念、价值取向和审美情趣等。家庭氛围也被称为家庭心理环境，与家庭物理环境形成鲜明对比。这一氛围的形成是家庭内各种主观和客观因素的综合体现，主观因素涉及家庭成员的文化底蕴、行为习惯、生活观念、思维层次和性格特质等，客观因素有家庭的经济状况、周边环境等。

1. 二孩家庭成员的生育态度不一

二孩政策实施以来，家庭成员对于生育第二个孩子的态度多样。调查显示，34.91%的父母中有一方倾向于生育第二个孩子，而33.02%的夫妇双方都愿意；14.15%的父母是受到长辈的影响，13.21%的父母希望享受政策福利，还有4.71%的父母持其他态度。

家长想要生育第二个孩子有一些共同原因，例如受到传统观念的影响，认为多子多福，可以让家庭更加兴旺。但也存在不同声音，如一些家庭认为第二个孩子是意外，或者是看到政策放宽后想要享受其中的福利。

二孩政策放宽后，家庭成员对此看法不尽相同，这在家庭内部可能会产生不同程度的矛盾。为避免直接冲突，家庭成员通常会采取间接的方式表达自己的立场，这种含蓄的交流方式减少了直接的意见冲突，但也意味着家庭成员间很少有机会直接明了地表达自己真实的意愿。这样的沟通模式让"是否生育第二个孩子"的决策变得复杂而微妙。

（1）夫妻关系中的一方意愿强烈。

促成一些家庭决定生育第二个孩子的一个关键因素是寻求情感补偿。如果一方在家庭生活中付出较多的时间和精力，而另一方则相对较少，当一方感到夫妻间的沟通和情感支持存在不足时，空虚感便会增强。为填补这种情感上的空缺，不少人会把这份需要和期待转向孩子，以此来获得满足和补偿。

H1 爸爸："作为一位热爱孩子的私立小学数学老师，我和经常出差的妻子育有一女。家中孩子的抚养，我乐意承担，并得到丈母娘的协助。凭借教师经验，我渴望让家更加热闹，决定再要一个孩子。我自信拥有抚育两个孩子的经济和育儿能力，为他们提供良好的成长环境。尽管妻子最初因工作犹豫，但最终被我所感动，同意了我的决定。"

还有一种动机源自父母对自己童年的回忆，特别是那些来自大家庭的父母，他们怀念兄弟姐妹间那种温馨氛围，希望自己的孩子也能享受到相似的情感依托。而另一类作为独生子女长大的父母，深知孤独成长的滋味，因此不愿让自己的孩子经历同样的孤单。出于这样的考虑，他们选择再添一个孩子，让孩子们能够彼此陪伴，共同成长。

X4 妈妈："我长大的家庭非常喜欢热闹，尤其是节假日时，我们这个大家族会聚集在太婆家，共同制作汤圆，有豆沙和菜肉馅，特别的是豆沙馅的顶部有个小尖角。我们几个小孩会一边玩面团，一边尝试着做出那个标志性的尖角，虽然经常会弄得一团糟，甚至把汤团搞混，让长辈们急得团团转，但那些回忆至今令我感到温馨和快乐。生下第二个孩子之前，我看着大宝经常一个人玩耍或看动画片，缺少了和兄弟姐妹一起成长的快乐，这让我下定决心要给他一个伴。①

（2）祖辈的意愿强烈。

祖父母支持家庭增添第二个孩子有多重原因。一方面，传统观念如家族繁衍和儿孙满堂的理想促使他们倾向于拥有更多的孩子；另一方面，他们希望通过参与孙辈的养育过程来实现个人的自我价值。随着责任减轻和日常任务减少，祖父母可能感到自我价值有所下降，这种情况下，直接照顾和养育孙辈成为他们重新获得自我价值感和生活目的的途径。

S2妈妈："我和丈夫有了老大后，我们都重新投入到工作中。起初，我们并不想要第二个孩子，因为两个孩子的负担太大，工作和照顾孩子都让我们力不从心。但是，公公婆婆希望我们再生一个孩子，认为家庭热闹些更好，还说他们身体还好，可以照顾两个孩子的生活起居。他们不时给老公施加压力，让他很为难。有时，老公也会站在老人的角度考虑，和我商量生二孩的事情。"

生育二孩的原因多种多样，可能是父母的需求或与他们自己的成长经历有关，也可能受到祖辈的影响。然而，家庭成员对于生二孩的意见不一致的情况下，可能未能做好迎接新成员到来的心理准备。

（3）享受二孩政策福利，盲目跟风。

长期以来，人们习惯于每个家庭只生育一个子女，这成为一种常态。然而，当这一常态被打破时，人们重新获得了生育的选择权。在政策的支持下，生育二孩被视为彰显特权的一种方式，是前几代无法体验的。因此，生育二孩成了一种时尚，许多家庭在未经过理性思考的情况下，盲目跟风，仅仅是因为受到身边人的攀比影响。

T2妈妈最初选择生育二孩的原因相对简单，觉得既然现在二孩政策放开了，何不趁机享受这一政策红利。周围亲友的纷纷生育以及社交平台上二胎照片的传播，让她感觉似乎落后于人，内心涌起一股不甘之情，觉得自己也该跟上这股潮流。然而，二孩降生后，她才发现生活远非想象中那般轻松。两个孩子带来的巨大精力和财力压力让她倍感疲惫。T2妈妈在一

---

① 宋元. 二孩家庭教养方式研究[D]. 昆明：云南大学，2017.

定程度上是受到了亲友和社交环境的影响，没有经过充分的理性思考就盲目跟风生育了二孩。生育二孩不仅仅意味着家庭多了一个新成员，更多的是需要承担教养的责任和挑战。从孩子的出生到成年，这是一个漫长而充满挑战的过程，需要深思熟虑如何育儿。

2. 缺乏了解头胎子女的想法

自二孩政策实施以来，众多家庭开始考虑生育第二个孩子。这一决策不仅关乎父母，也牵涉到头胎子女的感受。尽管头胎子女年纪尚小，但他们的想法同样值得关注。那么，父母是否了解头胎子女对于新生命的到来持怎样的态度呢？为了解答这一问题，我们进行了问卷调查，旨在探究父母在准备生育二孩时是否与头胎子女进行了沟通。调查结果显示，高达49.05%的家长表示在准备生育二孩时并不会与头胎子女进行沟通，而37.74%的家长则表示会与头胎子女沟通，剩余的13.21%则表示对此并不确定。这一数据反映出，许多父母在准备生育二孩时并未与头胎子女进行充分的沟通，这与我们在访谈中得到的多数家长的表态相吻合。

访谈片段一：

研究者："生育二孩时会和哥哥沟通吗？"

Y6妈妈："怀上二孩是计划外，但是我们夫妻俩主张有了就生，当然是在国家政策允许的情况下。我们哥哥当时两岁都不到，孩子太小说了也不能理解，所以就没有和他沟通过。"

访谈片段二：

研究者："生育二孩时会和姐姐沟通吗？"

Z5妈妈："我是80后，家中唯一的独生女，深切感受到独生子女的孤单。小时候就希望有兄弟姐妹相伴，共同成长。结婚后，我和先生都是独生子，因此我们决定要两个孩子，让他们享受兄弟姐妹的陪伴与扶持。我们希望，无论成年后父母是否年迈，两个孩子都能相互依偎、温暖地共同生活。虽然姐姐现在还很小，但我认为她应该知晓我们的计划，因此我会与她沟通。虽然她可能会有一些情绪波动，但总的来说，她接受我们生二胎的决定，并为迎接家庭小成员的到来做好准备。"

通过访谈，可以观察到Y6妈妈和Z5妈妈的态度截然不同。虽然两位母亲都面临着头胎子女年幼而不能理解再生孩子的情况，但 Z5 妈妈更加尊重头胎子女的想法和情绪，她平等地与孩子沟通，帮助她提前准备迎接家庭小成员的到来。相比之下，Y6 妈妈认为头胎年纪太小，无法理解有兄弟姐妹的好处，因此没有与他们沟通这个问题。

3. 父亲对孩子的关爱程度不够

在家庭中，母亲与孩子之间建立的联系尤为紧密。从孕育生命开始，母亲与孩子之间便构筑了直接的纽带，无论是日常生活中的点滴互动还是深层的心理认同，母亲始终扮演着孩子最亲密抚养者的角色。同时，父亲在孩子成长的每一个阶段都扮演着不可或缺的角色。研究显示，缺乏父亲陪伴的孩子，尤其是男孩，可能在性别角色的认知、学业表现、心理调适以及情绪控制等方面面临挑战。父亲的品质，如勇敢、坚毅和挑战精神，对孩子的成长过程具有重要影响，这些特质在孩子的成长道路上同样至关重要。为了考察父亲在二孩教养中的参与度和回应度，我们设计了问卷，旨在了解父亲是否能够提供高质量的陪伴。

根据父亲参与孩子教养情况的问卷调查，数据显示，25.49% 的独生子女家庭的父亲完全符合"每天不少于 2 小时陪伴孩子"的标准，22.64% 的二孩家庭的父亲完全符合该标准。相较于独生子女家庭，二孩家庭中父亲参与孩子教养的情况较少。当被问及父亲是否总是回应孩子的交流请求时，69.62% 的独生子女家庭的父亲完全不符合，而 70.76% 的二孩家庭的父亲也完全不符合。这两组数据相近，表明无论是独生子女还是二孩家庭，父亲在孩子教养中的参与度和回应度较低。

（二）教育方式

1. 教育方法的影响

教育方法，简而言之，就是父母依据自己的教育理念，通过各种方式来影响子女的行为。美国心理学家戴安娜·鲍姆林德自 20 世纪 60 年代末起，就开始深入探索家庭教养方式。她提出了四个关键维度来评估父母的教养方式：控制（如何影响孩子的行为，如奖励和强化）、要求（父母对孩子潜能发展的期望)、亲子互动的清晰度(沟通的开放性)以及关怀与支持(父母在照顾孩子时表达的爱和投入程度)。基于这些维度,鲍姆林德将父母的教养方式划分为权威型、宽容型和专制型。后来,Maccoby 和 Martin 在鲍姆林德的基础上进行了更深入的探索,他们根据父母对孩子的要求和反应水平,进一步细化了教养方式,将其分为四种类型,增加了宽容型下的溺爱型和忽视型。虽然这四种类型无法涵盖二孩家庭中所有可能的教养方式,但它们确实反映了当前二孩家庭教养方式的典型性和代表性。在日常生活中,孩子的启蒙教育来自多个方面,如日常生活、运动、游戏和学习等。而在亲子互动中,不同的父母会有不同的教育方式。有的父母坚信不打不成器,采用较为严格的教育方式;有的父母则更倾向于与孩子讲道理,采用平等的沟通交流;还有的父母则主张顺其自然,让孩子自然成长,不过多干预。然而,一些教养行为可能对孩子的长远发展产生负面影响,因为父母对"正确"教养方式的坚持可能会导致教养方式存在差异,进而影响孩子的发展和成长。

2. 教养理念存在偏差

教育理念即父母对于孩子成长、教育及人才培养的理性思考与观点,涵盖了他们对孩子的期望、对家庭教育的态度以及对自我角色的认知。正如费孝通所言,父母有时会将个人的理想寄托在孩子身上,这既可能带来推卸责任的风险,但也是抚育过程中的一种必然。这种理想并非完全出自个人,而是深受社会期望的影响,我们的理想在很大程度上是由他人的评价所塑造的。因此,社会对人才培养的需求和期待会不知不觉地融入父母的教育理念中,孩子在这样的社会环境和家庭期望下成长。对于已经有过头胎子女养育经验的家长来说,他们在面对第二个孩子时,心态上可能更加放松,教育方式也更加倾向于给予孩子更多的自由。然而,这种放松和放手也可能导致家长在理解和践行教育理念时产生偏差和不当之处。因此,在抚养和教育孩子的过程中,家长需要不断反思和调整自己的教育理念,确保其与孩子的成长需求和社会的发展要求相契合。

（三）教养要求

1. 父母有公德教养要求，但仍需加强

社会公德作为品德教育的基础，涵盖了人际关系、社会关系和自然关系等多个方面。在二孩家庭中，父母往往由于自身教育水平的提高，对公德意识有所增强，因此对孩子的公德行为也提出了相应要求。然而，通过观察孩子的行为表现，发现孩子在遵守公德方面存在明显的差距。尤其是在爱护公物、尊老敬老、不大声喧哗、不撕扯图书以及不乱扔垃圾等方面，孩子的实际行为与父母的期望存在较大的差距。这种有要求却做不到的现象表明，父母在公德教育方面仍需加强。

2. 父母有自主性教养要求，但缺乏成效

随着儿童观的演变，儿童逐渐被视为独立的个体，其自主性的培养成为教育的重要目标。尽管儿童在成长过程中具有依赖性，但他们的自主性是通过日常亲子互动逐渐培养起来的。通过问卷调查发现，尽管父母意识到培养孩子自主性的重要性，但在实际教养过程中，这种要求并没有有效地转化为孩子的日常行为。这表明父母在培养孩子的自主性方面还需进一步改进。

3. 父母有规则意识教养要求，但不够细致

规则是人们在日常生活中必须遵守的行为准则，对于儿童来说，形成规则意识和初步遵循规则尤为重要。规则意识有助于孩子正常进行生活、游戏、学习和运动，应贯穿于他们日常生活的各个方面。然而，通过问卷和访谈发现，父母在教养过程中虽然对孩子的规则意识建立提出了要求，但这些要求往往缺乏具体的指导和细化的措施。因此，父母在培养孩子的规则意识方面需要更加具体和细致。

（四）互动方式

1. 父母与孩子之间的情感呈单向互动

丹尼尔·戈尔曼在《情商》一书中深入探讨了情感智慧（情商）的概念，

它涉及个体对情绪和情感的全面管理，包括监控、觉察、理解、调控和表达等多个方面。情感智慧在现代社会被普遍认为对个人成长和发展具有深远影响，它不仅关乎学业和工作的成功，更与个人的创造力和适应能力密切相关。因此，培养健康快乐的情感智慧显得尤为重要，它符合儿童身心发展的自然规律。孩子在社交过程中寻找自我定位，学习处理人际情感，既能够接受爱，也能给予爱，才能为未来的全面发展奠定坚实基础。

2. 同伴之间的互动缺乏依恋、缺少礼仪

同伴依恋是儿童发展中除了亲子依恋外的重要情感纽带。随着年龄的增长，孩子与同伴的接触机会逐渐增多，他们更愿意与同伴共度时光，而非仅仅与父母相处。同伴间的共同学习、游戏和运动等活动，为孩子提供了丰富的社交经验。然而，目前同伴互动中普遍存在着依恋不足和礼仪缺失的问题，这在一定程度上影响了儿童的心理健康和社交能力的发展。因此，家长和教育者需要关注并引导孩子建立健康的同伴关系，培养他们的社交技能和礼仪意识。

二、二孩家庭家庭教育的优化对策

（一）父母方面

1. 教育方法

（1）提升教育素养，优化教养方式。

父母应积极汲取当代专业育儿书籍和教育课程中的智慧，不断接纳新的育儿观念，从而提升自我教育水平。面对二孩家庭养育的挑战，父母应总结经验教训，探寻科学且合理的育儿方法，致力于优化教育策略，以增强育儿效能。传统观念如严父出孝子导致了许多家庭选择较为严苛的管教方式。然而，也存在从孩子视角出发，采用说服教育的父母。同时，过分保护和干预不仅造成孩子依赖性，还可能损害孩子的自信和动力。拥有养育首个孩子经验的二孩家庭父母，更需审视并平衡多种教养方法，以找到最适合自家孩子的育儿方式，实现教养方法的个性化和优化。

（2）关注孩子心理，平衡爱与关注。

对于拥有两个孩子的家庭而言，一个至关重要的原则是：对每一个孩子施以平等的爱和尊重。从家中的第二个孩子降生那一刻起，父母便应坚持给予二者同等的爱心。不论孩子们的性别差异，或是他们之间的年龄差距如何，都应确保对每位孩子的爱和关怀是公平无私的。

在日常生活中，随着第二个孩子的加入，家庭的关注点往往会倾斜到年幼的二孩身上，让较小的孩子接受更多的照顾。对于两个孩子年纪都较大的家庭，父母可能会对长子施加更严格的管教，期望长子在各方面表现出色，从而正面影响次子。因此，对于父母来说，当长子的生活照料需求降低时，他们应当提供更多的情感支持，尤其是父亲的角色变得至关重要。由于母亲可能需要分配更多时间照看年幼的孩子，父亲就应该花更多时间关照大孩子。确保大孩子的心理健康不仅对他们自身有益，也能积极影响到小孩子的成长和发展。①

2. 教养要求

在一些二孩家庭中，养育第二个孩子时往往会不自觉地沿用对大孩子的教养方式，这可能出现诸多问题。例如，二孩在成长过程中可能表现出对规则的漠视，单纯的鼓励措施在这种情境下可能并不奏效。相较之下，大孩子往往展现出更为沉静的一面，他们倾向于安静地玩玩具、阅读书籍或进行串珠等活动。然而，二孩通常更为活泼好动，难以长时间保持安静，他们更喜欢奔跑和跳跃。因此，家长应当充分认识到每个孩子的独特性和个体差异，并理解不同的教育方式和期望对他们可能产生不同的效果。并非所有教养模式都能普遍适用于每个孩子，家长需要根据孩子的天赋和特质来制定个性化的教育方案，以满足他们的独特需求。

（1）尊重天赋，因材施教。

父母在教育孩子时，首先要深入了解并尊重大孩和二孩各自的天赋，制定个性化的教育方案。每个孩子都是独一无二的，只有因材施教，才能充分发挥他们的潜能。

---

① 张琼. 二孩家庭教育存在的问题与对策研究[D]. 大连：辽宁师范大学，2018.

（2）遵循身心发展规律，科学培养。

陶行知强调教育需因材施教，这同样适用于家庭教育。父母在制定教育计划时，不仅要考虑孩子的天赋，还要深入了解他们的身心发展规律。由于大孩和二孩处于不同成长阶段，他们的需求和能力也有所不同，因此父母应因材施教，根据每个孩子的特点进行有针对性的培养。

（3）建立符合年龄特点的规则体系。

卢梭在《社会契约论》中阐述了自由与规则的关系，强调规则对于个体成长的重要性。家长应从小培养孩子的规则意识，让他们明白规则是生活的一部分，有助于维护秩序和促进个人成长。在制定规则时，父母应充分考虑孩子的年龄特点和理解能力，确保规则既简明易懂又切实可行。同时，父母还要引导孩子自觉遵守规则，培养他们的自律意识。

（4）以身作则，提升公德教养。

社会公德是维护社会公共生活秩序的重要基石。父母在培养孩子的公德素养时，不仅要进行口头教育，更要以身作则，为孩子树立良好榜样。通过自身的行为示范，激发孩子的认知，引导他们形成良好的公德习惯。此外，父母还可以结合讲故事、观看公益片等形式，让孩子在轻松愉快的氛围中接受公德教育，提高他们的社会公德素养。

3. 情感互动

（1）父母与孩子之间增强情感互动——鼓励孩子表达关心与爱。

传统亲子观念往往侧重于父母的付出，却忽视了孩子对父母的关心。在育儿过程中，鼓励孩子表达爱意，并及时回应其关爱之情显得尤为重要。家长应勇于表达爱，不必羞涩，通过语言和行动让孩子深切感受到爱的力量。在这样的家庭氛围下，孩子自然学会传递温暖。父母可调整角色和观念，引导孩子表达对自己的关心和爱意。当孩子表达情感时，父母应给予积极回应和拥抱，让孩子从小就学会爱与被爱。同时，父母可适时向孩子表达自己的需求，让孩子有机会展现关爱，进而培养感恩和孝顺之心。

（2）孩子之间增强情感互动——让头胎子女参与到教养中。

在迎接二孩的过程中，父母需努力保持头胎子女原有的生活节奏，避免其因弟弟妹妹的出生而感到被忽视。为增强头胎子女在家庭中的归属感，父母可鼓励他们参与二孩的教养过程。例如，让他们协助照顾弟弟妹妹，如换尿布、挑选衣物等。这样的参与让头胎子女感受到自己在家庭中的重要地位，同时也有助于培养兄弟姐妹间的互助和友爱。父母应持续鼓励和强化头胎子女的关爱行为，营造和谐友爱的家庭氛围。

（二）子女方面

1. 理解孩子的"自我中心化"

父母应深入了解孩子的身心发展特点，对儿童常见的"自我中心化"行为保持理解、宽容和耐心。针对孩子不愿意分享的特殊表现，父母不必过于强求，可以允许孩子在一定阶段内保持"独占"状态。随着孩子认知能力的逐渐提高和社交技能的日益成熟，他们自然会体验到分享的快乐，并学会与他人分享玩具、资源和喜悦。当父母的教育要求与孩子的理解能力存在差距时，父母不妨站在孩子的角度思考，寻找更加贴近孩子接受能力的教育方法。在日常生活中，父母可以通过多与孩子交流，引导他们意识到生活中存在多元的观点和看法。父母可以采用提问的方式，如"为什么会这样"或"你觉得怎么样"，激发孩子的主动思考，避免将单一的教育要求强加给孩子。这样的互动方式有助于促进孩子的思维发展和情感交流，使家庭教育更加和谐有效。

2. 欣赏不同气质类型的孩子

不同气质类型的孩子在教养方面有着不同的需求。一些孩子可能表现出"迟缓性"，更安静、内向，而另一些可能对刺激的反应更强烈，还有一些可能表现出较多的负面情绪。因此，家长需要针对每个孩子的特点，制定合理的期望和要求。

对于家庭中性格各异的孩子们，"容易性"孩子可能轻松接受某些教养要求和互动方式，然而"迟缓性"或"困难性"孩子却可能面临挑战，进而与家庭成员产生矛盾，导致消极情绪的出现。因此，二孩家庭的父母需要深入挖掘每个孩子的独特优势和特点，并以积极、鼓励的态度来引导他们。

一旦深入了解了孩子的气质类型，便能够更有针对性地选择合适的方式，调整期望，优化教养策略。同时，采用积极健康的互动方式，不仅能够缓解家庭冲突，更有助于孩子们健康、快乐地成长。

3. 关注头胎子女的心理状态

育儿时应着重关注头胎子女的内心世界，包括他们对父母的情感以及对弟弟或妹妹的接纳程度。通过增加与头胎子女的对话频率，为他们创造一些单独相处的亲子时光，使他们真切感受到父母的关爱与重视。同时，增强亲子间的互动及兄弟姐妹间的交流，让头胎子女认识到有弟弟妹妹相伴的快乐，体会到相互扶持的美好，从而有效改善亲子关系及兄弟姐妹间的情感联系。鼓励头胎子女参与家庭事务及二孩的教养，协助他们积极面对家庭新成员带来的挑战，并从中获得成就感，为身为哥哥姐姐的身份感到自豪。此外，父母应抽出时间，带领孩子们走出户外，共同领略大自然的魅力，享受与兄弟姐妹共度的欢乐时光，增进彼此间的情感纽带。

（三）家庭氛围

1. 营造温暖、和谐、宽容的家庭氛围

和谐的夫妻关系可以为孩子营造出一个充满爱意的温馨家庭氛围，让他们从小就深刻体验到亲情的深厚与温暖，进而学会关爱、关心和尊重他人。在这种充满爱的成长环境中，孩子们会自然地模仿父母的相处方式，从中学到与兄弟姐妹和谐相处的技巧，培养出宽容的心态和良好的沟通能力，从而使家庭氛围更加和谐愉快，有助于孩子全方面能力的发展。夫妻间的相互爱护与情感融洽不仅有助于双方之间的顺畅交流，还有助于在教育孩子的问题上达成共识，共同制定出更加合理、有效的教育方法。毕竟，生命本身就是一个从依赖外部环境到逐渐依赖自己的过程，而建立稳固的夫妻关系正是构建这一和谐家庭环境的基石。

2. 形成家庭成员共同的价值取向

每个人的经历都是独一无二的，要达成相同的观念并不容易。个人永远无法完全拥有他人的经验。家庭最重要的特点之一就是共通感或归属

感，这种感觉越强烈，家庭的凝聚力就越强。共通感的形成依赖于夫妻间的共同经历或创造的经历。无论夫妻是因相似而聚，还是因互补而合，他们共享的领域有限，而差异空间则相当广大。在共同的领域里，夫妻能够分享喜悦，彼此亲密无间；而在不同的领域中，他们各自承担任务，共同致力于家庭幸福的最大化。在此过程中，夫妻应认识到"我们"的概念，而非仅限于"我"与"他/她"的界限。这种从"我"到"我们"的转变，往往标志着夫妻关系的深刻和重要发展。在抚养两个孩子的道路上，夫妻之间需要相互探讨教育问题，他们应拥有各自的教育理念和做法。夫妻双方应保持平等、宽容和独立的意识，各自是完整、成熟和健康的个体，不会因对方而牺牲自我，从而构建一种成熟、健康的夫妻关系。

3. 感受与弟妹共同成长的快乐

在迎接第二个孩子到来之前，部分父母可能未能与头胎子女建立足够的沟通与交流。这导致在二孩出生后，头胎子女可能感受到被忽视，从而产生了情感上的落差，表现出如嫉妒弟妹、过度依赖父母、情绪波动等不良反应。为了缓解这些情绪，让头胎子女真正接纳弟妹，父母需采取有效措施。首先，父母应向头胎子女解释，弟弟妹妹的到来会带来许多积极的变化和好处，如多了一份陪伴和欢乐。同时，父母应确保头胎子女感受到，即使有了弟弟妹妹，他们依然被爱着，家庭的爱并没有因此减少，反而因为多了一个成员而更加丰富。此外，父母还要让头胎子女明白，多了一个弟弟妹妹，也就意味着多了一份来自兄弟姐妹之间的深厚情感。通过这些努力，父母可以帮助头胎子女逐渐适应家庭的新变化，缓解不良情绪，实现与弟妹之间的和谐共处。

4. 给予更多的父爱与陪伴

大孩子的心理健康对于年幼的孩子的成长至关重要。随着二孩子女的到来，头胎子女在日常生活中所需的关注和照料逐渐减少，这时，其往往需要更多的心理支持。特别地，父亲的参与在这一过程中显得尤为重要。因为母亲可能会将更多的时间与精力投入到照顾年幼的孩子身上，这时，父亲就应该承担起更多照顾头胎子女的责任。在游戏中，父亲可以成为孩子们的有趣玩伴，鼓励他们探索新的玩法，激发想象力；当孩子们遇到问题时，父亲会积极地与他们沟通，共同寻找解决方案，并在实践中引导他们独立思考，培养他们的解决问题的能力。因此，父亲在二孩家庭中的角色是不可替代的，需要通过更多的陪伴和支持，帮助头胎子女顺利适应家庭的新变化，同时也为整个家庭营造出更加和谐、温馨的氛围。高质量的父爱陪伴有助于孩子健康成长，男孩能从父亲身上学到果敢和坚毅，女孩则能见证父亲的责任与担当，从而形成更全面、健康的性别意识。

参考文献

REFERENCE

［1］中国教育学会. 家庭教育指导手册［M］. 北京：人民教育出版社，2020.

［2］张润林. 学校家庭教育指导工作手册［M］. 上海：华东师范大学出版社，2020.

［3］中国儿童中心. 构建新时代家校社协同育人的实践机制研究［M］. 北京：人民日报出版社，2023.

［4］特莉丝·摩尔. 家校社共育实践手册：洞察、理解并获得家长的支持［M］. 李浩英，译. 北京：电子工业出版社，2021.

［5］孙云晓. 家校合作共育：中国家庭教育的新趋势［M］. 北京：中国人民大学出版社，2020.

［6］王彩霞. 当前中国家庭教育问题研究［D］. 包头：内蒙古科技大学，2012.

［7］靖俊兰. 身体视域下小学生家庭劳动教育策略研究［D］. 黄冈：黄冈师范学院，2021.

［8］谢朝艳. 单亲家庭对子女教育的影响及对策［D］. 武汉：华中师范大学，2012.

［9］徐鸣. 6—12 岁农村留守儿童家庭教育内容的现状调查［D］. 重庆：重庆师范大学，2018.

［10］张佩娟. 独生子女价值观的家庭教育研究［D］. 郑州：河南大学，2011.